भारत की संवैधानिक विधि

डॉ० राकेश वैद्य

Copyright © 2014 Dr. Rakesh Vaidya

All rights reserved

No part of this publication may be reproduced, stored in a retrieval system, or transmitted, in any form or by means electronic, mechanical, photocopying, or otherwise, without prior written permission of the Author.

Requests for permission should be addressed to
Dr. Rakesh Vaidya (rakesh_16@in.com).

विषय - सूची

1.	सामान्य परिचय और अर्थ	8
2.	ऐतिहासिक पृष्ठभूमि	11
3.	संविधान का निर्माण	16
4.	संविधान की विशेषताएँ	19
5.	भारतीय संविधान की प्रकृति	25
6.	संविधान की प्रस्तावना	29
7.	संघ और उसका राज्यक्षेत्र	32
8.	भारतीय नागरिकता ख्भाग–2,	37
9.	मौलिक अधिकार ख्भाग–3,	42
10.	समानता का अधिकार	50
11.	स्वतन्त्रता का अधिकार	62
12.	शोषण के विरुद्ध अधिकार	87
13.	धार्मिक स्वतन्त्रता का अधिकार	90
14.	संस्कृति और शिक्षा सम्बन्धी अधिकार	94
15.	संवैधानिक उपचारों का अधिकार	97
16.	राज्य के नीति–निदेशक तत्व	103
17.	मौलिक कर्तव्य	106
18.	संघ की कार्यपालिका	108
19.	भारत का महालेखापरीक्षक	123
20.	केन्द्रीय विधायी ख्संसद,	125
21.	सर्वोच्च न्यायालय	145

2

22. भारत का नियन्त्रक एवम् महालेखापरीक्षक	159
23. राज्य कार्यपालिका	162
24. राज्य महाधिवक्ता	170
25. राज्य विधान मण्डल	172
26. राज्य न्यायपालिका	184
27. स्थानीय स्वशासन	205
28. अनुसूचित और जनजातीय क्षेत्र	210
29. कुछ पिछड़े वर्गों के लिए संवैधानिक उपबन्ध	212
30. संघ और राज्यों में सेवाएँ और लोकसेवा आयोग	219
31. अधिकरण	224
32. निर्वाचन आयोग	227
33. राजभाषा	231
34. आपात उपबन्ध	237
35. संविधान संशोधन	247
36. परिशिष्ट – 1	265
37. परिशिष्ट – 2	267
38. वाद – क्रम	269

प्रस्तावना

भारत का संविधान भारत की सर्वोच्च विधि है। यह देश के नागरिकों की सुरक्षा की ग्यारंटी ही नहीं अपितु विदेशी व्यक्तिओं का भी संरक्षण करता है जिससे इसका पाठन और भी महत्वपूर्ण हो जाता है। आज मानवाधिकारों की सुरक्षा प्रत्येक सभ्य राष्ट्र की आकांक्षा है। भारतीय संविधान मानवाधिकार के साथ नागरिकों के मौलिक अधिकारों की भी सुरक्षा करता है। प्रो डायसी के विधि शासन की झलक भारतीय संविधान में दिखाई पड़ती है। खासकर अनुच्छेद 14 की नैसर्गिगता जो विधिक कार्यवाहियों में बेहद अहम होती है। अनुच्छेद 21 जिसे डॉ बी. आर. आम्बेडकर ने संविधान की आत्मा माना है निश्चित ही सत्य साबित होता है क्यों कि यह ऐसा अधिकार है जो हमारे न्याय के मंदिर अर्थात उच्च न्यायालय और उच्चतम न्यायालय के द्वारा संरक्षित होता है। संविधान की अंतिम व्याख्या करने का अधिकार उच्चतम न्यायालय को प्राप्त है इसीलिए समय पड़ने पर उच्च न्यायालय और उच्चतम न्यायालय इसीलिए समय पड़ने पर ऐसी विधि, नियम, उप नियम, आदेश, अधिसूचना, रूढ़ि, परंपरा या संशोधन विधियों का न्यायिक पुनर्विलोकन कर उसकी संवैधानिकता की जांच करती है न्यायालयों को न्यायिक पुनर्विलोकन कारण एकी आवश्यकता क्यों पड़ी? इसके पीछे यही जवाब है कि हमारे देश में व्यवस्थापिका (Legislative) कानून निर्माण का कार्य करती है और साथ ही इसके लिए संविधान में संशोधन भी करती है किन्तु संशोधन ऐसा न हो जो हमारे संविधान के मूल स्वरुप को नष्ट करता हो, इसीलिए उच्चतम न्यायालय ने केशवानंद भारती V/S. केरल राज्य के मामले में मूलभूत ढांचे के सिद्धांत को प्रतिपादित किया और मिनर्वा मिल्स के मामले में उच्चतम न्यायालय की न्यायिक पुनर्विलोकन की शक्ति को मूलभूत ढांचे के अंतर्गत माना है।

यह कृति अधतन जानकारियों के साथ हिंदी भाषी छात्रों व पाठकों को ध्यान में रखते हुए लिखी गई है जो निश्चित ही विधि स्नातक, न्यायिक और प्रशासनिक प्रतियोगिता में शामिल होने वाले अभ्यर्थियों के लिये लाभप्रदः साबित होगी फिर भी इस पुस्तक में कोई कमी या त्रुटि होती है तो ऐसे सुझाव स्वागत योग्य है।

डॉ राकेश वैद्य,

(LL.M., Ph.D) व्याख्याता विधि,

पी. जी. कॉलेज, बालाघाट.

आभार

इस पुस्तक को लिखते समय मुझे मेरे आचार्य डॉ. आनंद पवार, एसोसिएट प्रोफेसर, विधि, आर. जी. एन. यू एल., पटियाला, डॉ. एम. के. साहू, विभागाध्यक्ष, सम्बलपुर वि. वि., ओडिसा, परिवार के सदस्य, साथी प्राध्यापकगण, व्याख्याता, मित्रगण तथा अन्य से जो प्रोत्साहन और सहयोग प्राप्त हुआ है उसके लिए मै सदा आभारी रहूँगा।

विशेष तौर पर मेरे पूज्य पिता जी और माता जी जिन्होंने इस पुस्तक लेखन के दौरान प्रोत्साहन और स्नेह दिया जिससे यह कृति लिख में मुझे पाने में सक्षम हो सका।

मै डॉ बी. आर. आम्बेडकर, डॉ. जय नारायण पाण्डेय, एम लक्षिमीकांत, सुभाष कश्यप, और एन. वी. परांजपे जैसे प्रख्यात संविधानविद का हृदय से आभारी हूँ जिनकी बहुमूल्य कृतियों की सहायता से यह ग्रन्थ लिख पाने में सफल हुआ।

अंत में इस रचना को साकार और मूर्त रूप प्रदान करने के लिए “वाइट फॉल्कन पब्लिशिंग कंपनी” की निदेशक सुश्री नवसंगीत कौर को धन्यवाद देना चाहूंगा।

डॉ राकेश वैद्य

व्याख्याता विधि,

पी. जी. कॉलेज, बालाघाट

RAJIV GANDHI NATIONAL UNIVERSITY OF LAW PUNJAB

Dr. Anand Pawar
Associate Professor of Law
Former Acting Vice-Chancellor
Hidayatullah National Law University,
Raipur

प्राक्कथन

मैंने श्री राकेश वैद्य द्वारा लिखित "भारत की संवैधनिक विधि" का अध्यन किया, अध्यन के दौरान मैंने पाया कि श्री वैद्य ने पुस्तक में अत्यंत सरल और बोधगम्य भाषा का प्रयोग किया है, जो निश्चित ही विधि और प्रतियोगी परीक्षाओं के छात्रों के लिए उपयोगी सिद्ध होगी।

मै अपने पूर्व छात्र श्री राकेश वैद्य को इस सराहनीय कार्य के लिए शुभकामना प्रदान करता हूँ...

डॉ आनंद पवार
एसोसिएट प्रोफेसर, विधि,
राजीव गांधी राष्ट्रीय विधि, विश्वविद्यालय,
पटियाला, पंजाब.

Mohindra Kothi, The Mall, Patiala (Punjab)
147001, www.rgnul.ac.in,
Fax no. – 01752304189, Email:
ap.rgnul@gmail.com, Mob: +919781029799

अध्याय 1
सामान्य परिचय और अर्थ
(General introduction and meaning)

---

1. सामान्य परिचय : भारतीय संविधान भारत की सर्वोच्च विधि है। भारत की समस्त विधियाँ और क़ानून इसी से संचालित होते हैं। भारत का राष्ट्रपति, प्रधानमंत्री, राज्यों के राज्यपाल, सर्वोच्च और उच्च न्यायालयों के सभी न्यायाधीश, और सभी संवैधानिक और वैधानिक पद संविधान के अनुरूप चलते हैं। यदि इनमें से किसी ने भी संविधान की मर्यादा का उल्लंघन किया है तो उसे संविधान के अनुसार दण्डित किया जा सकता है। सन् 1940 के अगस्त प्रस्ताव में ब्रिटिश सरकार ने प्रथम बार भारतीयों की संविधान सभा गठित की जाने की माँग को स्वीकार किया।[1] इसके पश्चात् सन् 1946 में इंग्लैण्ड के तत्कालीन प्रधानमंत्री क्लीमेण्ट एटली ने भी भारतीय संविधान के निर्माण पर सहमति दी।

2. अर्थ : शब्द 'संविधान' अंग्रेजी के 'Constitution' शब्द का हिन्दी अनुवाद है, सामान्य बोलचाल की भाषा में जिसका अर्थ होता है, किसी शरीर की बनावट या ढाँचा किस प्रकार का है। यहाँ संविधान से आशय ऐसे सिद्धान्त या नियम से है जिससे राज्यों की सरकारें जनता के अधिकारों और उनको अधिशासित करती हैं। संविधान शब्द का प्रथम बार प्रयोग ब्रिटिश सम्राट हेनरी द्वितीय ने किया था।[2] 'Constitution' शब्द की उत्पत्ति

---

1 डॉ० एन०वी० परांजपे, "भारत का वैधानिक और संवैधानिक इतिहास", सेन्ट्रल लॉ एजेन्सी, पुनः मुद्रण संस्करण पृ० 11।
2 डॉ० एस०सी० सिंहल, "तुलनात्मक शासन एवं राजनीति", लक्ष्मी नारायण अग्रवाल पब्लिकेशन, आगरा पृ० 89।

'Constituere' शब्द से हुई है जिसका शाब्दिक अर्थ होता है "स्थापित करना"। अतः "संविधान ऐसी संस्था है जिसमें नागरिकों के कल्याण से लेकर और उनको शासित करने वाले नियमों का संग्रह है। स्विस विद्वान चार्ल्स बोर्जो ने संविधान की परिभाषा देते हुए कहा है कि "संविधान वह मूलभूत विधि है जिसके अनुसार राज्य का शासन संगठित होता है और व्यक्ति के समाज के प्रति सम्बन्ध उचित रीति से निर्धारित होते हैं।"[3] महान दार्शनिक अरस्तु ने कहा है कि "संविधान से राज्य में निवास करने वाले नागरिकों के आपसी सम्बन्ध निर्धारित होते हैं।"

3. परिभाषाएँ : संविधान पर कई विधिवेत्ताओं और कई विद्वानों ने परिभाषाएँ दी हैं, उनमें से कुछ परिभाषाएँ निम्न प्रकार से हैं।...

(1). प्रो० डायसी के अनुसार – "संविधान उन नियमों का संग्रह है जिसमें वह अपनी संप्रभु शक्ति के प्रयोग कर जनता में वितरित करता है।"

(2). लिकाक के अनुसार – "संविधान सरकार का रूप है।"

(3). डॉ० भीमराव अम्बेदकर के अनुसार – "संविधान एक मौलिक दस्तावेज है यह एक ऐसा दस्तावेज है, जो राज्य के तीनों अंगों कार्यपालिका, विधायिका और न्यायपालिका की स्थिति एवम् शक्तियों को स्पष्ट करता है। यह केवल राज्य के अंगों का सृजन ही नहीं करता अपितु उनके प्राधिकार को परिसीमित भी करता है, और उन्हें निरंकुश होने से रोकता भी है।"

(4). ऑस्टिन के अनुसार – "संविधान वह है जो सर्वोच्च शासन व्यवस्था का निर्माण करे।"

इस प्रकार हम कह सकते हैं कि "संवैधानिक विधि से तात्पर्य ऐसी विधि से है जो राज्य के अंगों, उनकी शक्तियों, कार्य कलापों, और आपसी सम्बन्धों को

---

[3] डॉ० सुभाष कश्यप और विश्वप्रकाश गुप्त, "राजनीति कोष", चौथा संस्करण 2011, हिंदी माध्यम कार्यान्वयन निदेशालय, दिल्ली वि०वि० प्रकाशन पृ० 91।

विनियमित करती है, संविधान कहलाती है।" किन्तु एक संवैधानिक विधि में निम्न बातों का होना आवश्यक है...

- ➢ संविधान की सर्वोच्चता,
- ➢ शक्ति पृथकीकरण सिद्धान्त,
- ➢ मौलिक अधिकार और मौलिक कर्तव्य का समावेश,
- ➢ संविधान में संशोधन का सिद्धान्त और,
- ➢ स्वतन्त्र न्यायपालिका।

इन सिद्धान्तों के बगैर एक स्वस्थ संविधान की कल्पना नहीं की जा सकती है। किसी देश का संविधान उसकी राजनीति व्यवस्था का वह बुनियादी साँचा–ढाँचा निर्धारित करता है जिसके अन्तर्गत उसकी जनता शासित होती है। यह राज्य की विधायिका, कार्यपालिका, और न्यायपालिका, जैसे प्रमुख अंगों की स्थापना करता है, उनकी शक्तियों की व्याख्या करता है, उनके दायित्वों का सीमांकन करता है और उनके पारस्परिक तथा जनता के साथ सम्बन्धों का विनियमन करता है।[4]

---

[4] डॉ० सुभाष कश्यप "हमारा संविधान", नेशनल बुक ट्रस्ट, प्रथम संस्करण पृ० 01।

अध्याय 2
ऐतिहासिक पृष्ठभूमि
(Historical Background)

1. **सन् 1600 का राजलेख [चार्टर – Charter]** – इंग्लैण्ड की महारानी एलिजाबेथ प्रथम द्वारा 31 दिसम्बर 1600 को यह राजलेख जारी किया गया। प्रारम्भ में यह पन्द्रह वर्ष के लिए जारी किया गया था। किन्तु लाभ न होने पर इंग्लैण्ड का सम्राट तीन वर्ष के पहले सूचना देकर कम्पनी के अधिकार-पत्र को समाप्त भी कर सकता था। ईस्ट इण्डिया कम्पनी [East India Company] का पूर्ण नाम "The Governor and Company of Merchants of London trading in to the East Indies" था।[5]

2. **सन् 1683 का राजलेख [Charter]** – इस राजलेख से सन् 1683 में मद्रास में एक सामुद्रिक न्यायालय की स्थापना की गई। इस न्यायालय के न्यायाधीश को "जज-एडवोकेट" कहा जाता था। इस न्यायालय का अधिकार-क्षेत्र सम्पूर्ण मद्रास में था।

3. **सन् 1687 का राजलेख** – इस राजलेख से मद्रास में नगर-निगम और उसमें मेयर न्यायालय की स्थापना की।

4. **सन् 1773 का रेग्युलेटिंग एक्ट** – इस अधिनियम का संवैधानिक महत्व है, इस अधिनियम द्वारा बंगाल के गवर्नर को "गवर्नर-जनरल" नाम दिया गया। इस पद पर सुसज्जित होने वाले प्रथम गवर्नर-जनरल लार्ड वारेन हेस्टिंग थे। इसी अधिनियम द्वारा सन् 1774 में कलकत्ता में एक सर्वोच्च न्यायालय की स्थापना की गई। जिसमें एक मुख्य न्यायाधीश तथा तीन अन्य न्यायाधीश नियुक्त किए गए।

---

[5] डॉ० एन०वी० परांजपे, "भारत का वैधानिक और संवैधानिक इतिहास", सेंट्रल लॉ एजेन्सी पृ० 11।

5. सन् 1784 पिट्स का इण्डिया एक्ट – सन् 1773 के रेग्युलेटिंग एक्ट के दोषों को दूर करने के लिए सन् 1781 में एक अधिनियम पास किया गया जिसे एक्ट ऑफ़ सेटलमेंट (बन्दोबस्त अधिनियम) कहा जाता है। इसके पश्चात् पिट्स का इण्डिया एक्ट पारित किया गया। इसे तत्कालीन ब्रिटिश प्रधानमंत्री विलियम पिट के नाम पर "पिट्स का इण्डिया एक्ट" नाम दिया गया। पिट्स के इण्डिया एक्ट के द्वारा कम्पनी के व्यापारिक और राजनीतिक अधिकारों को पृथक कर दिया गया। व्यापारिक कार्य अब भी कम्पनी के डायरेक्टरों के हाथ में थे, किन्तु राजनीतिक अधिकार बोर्ड ऑफ़ कण्ट्रोल के पास चला गया। इससे यह प्रतीत होने लगा कि अब भारत में जल्द ही सम्राट का शासन स्थापित होने वाला है।

6. लार्ड कार्नवालिस की न्यायिक योजना – लार्ड कार्नवालिस ने तीन न्यायिक योजनाएँ प्रथम सन् 1787 में, द्वितीय सन् 1790 में, और तृतीय सन् 1793 में दीं जो निम्नानुसार हैं...

<u>प्रथम सन् 1787</u> : प्रत्येक जिले के लिए कलेक्टर की नियुक्ति कर दी जो अंग्रेज अधिकारी होता था। कलेक्टर को राजस्व न्यायालय के अलावा दाण्डिक न्यायालय के दण्डाधिकारी और दीवानी न्यायालय के न्यायाधीशों की भूमिकाएँ निभानी पड़ती थीं।

<u>द्वितीय सन् 1790</u> : सदर निजामत न्यायालय को वापस कलकत्ते में स्थापित किया गया जो पहले मुर्शिदाबाद में था। सदर निजामत न्यायालय को गवर्नर–जनरल तथा कौंसिल के नियन्त्रण में दे दिया गया। किन्तु बाद में गवर्नर–जनरल और उसकी कौंसिल के स्थान पर एक मुख्य न्यायाधीश और दो अन्य न्यायाधीशों की नियुक्ति की गई। कलेक्टरों के पास अब भी दण्डाधिकारी की शक्ति थी, उसे अपनी अधिकारिता के अन्दर गिरफ़्तारी का वारंट जारी करने का अधिकार अभी भी प्राप्त था।

<u>तृतीय सन् 1793</u> : इस योजना को कार्नवालिस कोड भी कहा जाता है, क्योंकि इसमें व्यापक परिवर्तन किए गए। पहले की न्यायिक योजना में कलेक्टर को असीमित शक्ति दे दी गई थी। वह अपने ही आदेश के विरुद्ध

अपील सुनता था जो कि नैसर्गिक और सम्यक नियम के विरुद्ध था, इसीलिए तृतीय न्यायिक योजना में कलेक्टर की शक्ति में कमी की गई। यह कहना अतिश्योक्ति नहीं होगा कि कलेक्टर के पर कुतर (अधिकार विहीन करना) दिए गए थे। कलेक्टर से शक्ति छीनकर दीवानी मामलों में प्रत्येक जिले में सिटी दीवानी न्यायालय की स्थापना की गई। उसमें प्रतिश्रुत (Covenanted) अंग्रेज को नियुक्त किया जाता था। जिला कलेक्टर को राजस्व मण्डल के अधीन कर दिया गया, तथा अन्य न्यायिक कार्य से पृथक कर दिया गया। यह कहा जा सकता है कि कलेक्टर को भू–राजस्व सम्बन्धी अधिकार तक सीमित कर दिया गया था। इसके पश्चात कार्नवालिस कोड का सबसे महत्वपूर्ण क़दम वकील (अधिवक्ता) वर्ग का सृजन करना था। वकील सदर दीवानी न्यायालय से सनद प्राप्त करके वकालत प्रारम्भ कर सकते थे।

7. सन् 1833 का राजलेख – इस राजलेख के द्वारा बंगाल के गवर्नर–जनरल के स्थान पर भारत के गवर्नर–जनरल का पद सृजित कर दिया गया। भारत के पहले गवर्नर–जनरल लार्ड विलियम बैंटिक बनाए गए। इस राजलेख का एक और महत्पूर्ण क़दम था, विधि आयोग की स्थापना करना।

8. सन् 1853 का राजलेख – यह कम्पनी का अन्तिम राजलेख था। पहली बार विधान परिषद और विधान मण्डल जैसी व्यवस्था को भारत की जनता से रूबरू कराया गया।

9. सन् 1858 का भारत शासन अधिनियम – इस अधिनियम से भारत का शासन इंग्लैड के सम्राट के अधीन चला गया। गवर्नर–जनरल के पद में वायसराय जोड़ दिया गया। भारत के पहले गवर्नर–जनरल और वायसराय लार्ड कैनिग बने।

10. सन् 1892 का भारत शासन अधिनियम – भारत में पहली बार अप्रत्यक्ष रूप से नामांकन प्रक्रिया की शुरुआत हुई, जो बाद में निर्वाचन प्रणाली रूप

लेने वाली थी। विधान परिषद में बजट पर प्रश्न करने की प्रथा की शुरुआत हुई।

11. भारत शासन अधिनियम, 1909 – इसे मार्ले–मिंटो सुधार भी कहा जाता है क्योंकि लार्ड मार्ले इंग्लैण्ड में भारत सचिव तथा लार्ड मिंटो भारत के वायसराय थे। लार्ड मिंटो ने मुसलमानों के लिए पृथक से निर्वाचन व्यवस्था का निर्माण किया था, जिससे सांप्रदायिकता को बढ़ावा मिला। इस अधिनियम से पहली बार किसी भारतीय को वायसराय की परिषद में नियुक्त होने का अवसर मिला, वो प्रथम भारतीय सत्येन्द्र पाल थे।

12. भारत शासन अधिनियम, 1919 – इस अधिनियम को मांटेग्यु–चेम्सफोर्ड सुधार कहा गया। इस अधिनियम की प्रमुख विशेषता यह रही कि प्रान्तों में स्थानीय स्वायत्तता स्थापित की गई, द्वैध शासन (Diarchy) प्रथा को शुरू किया गया। सेन्ट्रल असेम्बली में द्वि–सदन वयवस्था शुरू की गई। प्रथम राज्य परिषद और द्वितीय केन्द्रीय विधान मण्डल नाम से जाने गए। दो प्रमुख सूचियाँ प्रथम केन्द्र सूची और द्वितीय राज्य सूची जोड़ी गई। भारत में लोक सेवाओं में भरती हेतु प्रथम बार केन्द्रीय लोक सेवा आयोग की स्थापना की गई।

13. पूना पैक्ट – भारत में अगस्त 1932 में इंग्लैण्ड के प्रधानमंत्री रैमजे मैकडोनाल्ड ने अल्पसंख्यकों के प्रतिनिधित्व पर एक योजना प्रस्तुत की जिसके अनुसार मुस्लिम, सिख, ईसाई, यूरोपियों, और आंग्ल–भारतियों के निर्वाचन में स्थान के साथ–साथ भारत की पिछड़ी दलित जातियों को भी पृथक से निर्वाचित किए जाने की व्यवस्था की थी। दलितों की पृथक से निर्वाचन व्यवस्था का गाँधी जी ने पुरज़ोर विरोध किया तब डॉ० बी०आर० अम्बेदकर ने कांग्रेस के नेताओं से मिलकर एक समझौता करना पड़ा जिसे पूना – पैक्ट नाम दिया गया, जिसके कारण दलितों का पृथक से निर्वाचन न करके निर्वाचन में स्थान आरक्षित कर दिया गया।

14. भारत शासन अधिनियम, 1935 – यह व्यापक और विशाल अधिनियम था, कालांतर में इसे मिनी संविधान कहा जाने लगा, क्योंकि इस अधिनियम में 14 भाग, 321 धाराएँ, और 10 अनुसूचियाँ थीं। द्वैध शासन प्रणाली प्रान्तों से हटाकर केन्द्र में जोड़ दी गई। तीसरी सूची समवर्ती सूची जोड़ दी गई। इस अधिनियम से 1937 में भारत के सर्वोच्च न्यायालय और भारतीय रिजर्व बैंक ने कार्य करना प्रारम्भ कर दिया।

15. भारतीय स्वतन्त्रता अधिनियम, 1947 – इस अधिनियम से भारत को आज़ादी प्राप्त हुई जैसा कि इंग्लैण्ड के तत्कालीन प्रधानमंत्री क्लीमेण्ट एटली ने घोषणा की थी कि 30 जून 1947 तक भारत को स्वतन्त्र कर दिया जाएगा। इंग्लैण्ड के प्रधानमंत्री की घोषणा पर अमल करते हुए भारत के वायसराय लार्ड माउंटबेटन ने दो डोमेनियनों भारत और पाकिस्तान को पृथक राष्ट्र बनाने की घोषणा की, 15 अगस्त 1947 को भारत आज़ाद हुआ।

अध्याय 3
संविधान का निर्माण

"संविधान कितना भी अच्छा क्यों न हो, वे लोग जो इसे चलाने वाले हैं, यदि वे अच्छे नहीं हैं तो संविधान अच्छा नहीं होगा, इसके विपरीत संविधान कितना भी बुरा क्यों न हो, वे लोग जो इसे चलाने वाले हैं, अच्छे निकले तो संविधान अच्छा प्रमाणित होगा।"

(डॉ० बी०आर० अम्बेदकर)

[संविधान सभा को संबोधित करते समय अपने अभिभाषण में कहा था]

1. संविधान सभा का गठन : सर्वप्रथम संविधान सभा के बारे में एम०एन० राय द्वारा 1934 में विचार व्यक्त किया गया था। किन्तु आधिकारिक तौर पर संविधान सभा का गठन सन् 1946 में कैबिनेट मिशन योजना के अधीन किया गया। संविधान सभा के लिए नवम्बर में चुनाव किया गया, जिसमें कुल 389 सीटें सुनिश्चित की गई, जिसमें से 292 सीटें ब्रिटिश प्रान्तों से, 04 आयुक्त क्षेत्र[6] से तथा 93 देशी रियासतों से चुनकर आने थे। किन्तु 296 सीटों का ही चुनाव सम्भव हो सका। इन सीटों में निम्नलिखित पार्टियों ने क़ब्जा किया[7] जो इस टेबल के माध्यम से देखा जा सकता है–

क्र०	**पार्टी का नाम**	**जीती गई सीटों का ब्यौरा**
01	कांग्रेस	208
02	मुस्लिम लीग	73
03	यूनियनिस्ट	01
04	यूनियनिस्ट मुस्लिम	01
05	यूनियनिस्ट अनुसूचित जातियाँ	01
06	कृषक प्रजा	01

[6] आयुक्त क्षेत्र में दिल्ली, अजमेर–मारवाड़, कुर्ग और ब्रिटिश बलूचिस्तान थे।

[7] सुभाष कश्यप, "हमारा संविधान", नेशनल बुक ट्रस्ट, इण्डिया पृ० 28 और 29।

07	अनुसूचित जाति संघ	01
08	सिख	01
09	कम्युनिस्ट	01
10	स्वतन्त्र	08
	योग	296

2. संविधान की रचना : संविधान सभा की पहली बैठक 9 दिसम्बर 1946 को सम्पन्न हुई। किन्तु अलग राष्ट्र पाकिस्तान की माँग पर अड़े मुस्लिम लीग ने इस बैठक का बहिष्कार किया। सभा को सुचारू रूप से चलने के लिए सभी सदस्यों ने सबसे वरिष्ठ सदस्य डॉ० सच्चिदानन्द सिन्हा को अस्थाई अध्यक्ष चुना किन्तु दो दिन बाद यानी 11 दिसम्बर 1946 को डॉ० राजेंद्र प्रसाद को स्थाई अध्यक्ष चुन लिया गया। इस तरह संविधान सभा का प्रथम कार्य सम्पन्न हुआ। सर बी०एन० राव को संवैधानिक सलाहकार नियुक्त किया गया। 29 अगस्त 1947 को डॉ० बी०आर० अम्बेदकर को प्रारूप समिति का अध्यक्ष नियुक्त किया गया। इस समिति में निम्नलिखित सदस्य थे...

➢ डॉ० बी०आर० अम्बेदकर,[8]

➢ अल्लादी कृष्णास्वामी अय्यर,

➢ कन्हैयालाल माणिकलाल मुंशी,

➢ एन० गोपाल स्वामी आयंगर,

➢ सैयद मोहम्मद सादुल्ला,

➢ एन० माधव राव, (बी० एल० मित्र के स्थान पर नियुक्त किए गये।)

➢ टी० टी० कृष्णामचारी। (1948 में डी० पी० खेतान की मृत्यु पर इन्हें सदस्य बनाया गया।)

प्रारूप समिति ने अन्तिम रूप से 14 नवम्बर 1949 को संविधान पेश किया, जिस पर संविधान सभा के अध्यक्ष और 284 सदस्यों ने हस्ताक्षर कर 26

---

[8] Chairman of Drafting Committee

नवम्बर 1949 को संविधान अंगीकृत किया, किन्तु पूर्ण संविधान 26 जनवरी 1950 को लागू किया गया। इस नूतन संविधान में प्रस्तावना, 395 अनुच्छेद, और आठ अनुसूचियाँ थीं। सभी समितियों में प्रारूप समिति अहम थी, संविधान के शिल्पकार और संविधान के जनक डॉ० बी०आर० अम्बेदकर को प्रथम विधि मंत्री बनाया गया।

संविधान की अन्य महत्वपूर्ण समितियाँ...

क्र०	समिति का नाम	अध्यक्ष का नाम
01	संघ समिति	पं० जवाहरलाल नेहरु
02	प्रान्त समिति	सरदार पटेल
03	प्रारूप समित	डॉ० बी०आर० अम्बेदकर
04	संचालन समिति	डॉ० राजेंद्र प्रसाद
05	झंडा समिति	जे०पी० कृपलानी

अध्याय 4
संविधान की विशेषताएँ

"भारत के संविधान को विश्व के कई संविधानों को छानने के बाद निर्मित किया गया है।"

[संविधान सभा में दिया गया अभिभाषण। C.A.D. Vol. 7, पृ. 35–38।]

(डॉ० बी०आर० अम्बेदकर)

भारतीय संविधान यद्यपि कई देशों के संविधान से मिलकर बना है, परन्तु इससे इसकी मौलिकता पर कोई प्रभाव नहीं पड़ता है। संविधान में न केवल भारतीय नागरिकों के लिए वरन् विदेशी नागरिकों के लिए भी प्राण एवम् दैहिक स्वतन्त्रता के अधिकार की व्यवस्था की गई है जो अन्तरराष्ट्रीय मापदण्ड के अनुरूप एक शिष्ट देश का उदाहरण है। भारतीय संविधान की निम्नलिखित विशेषताएँ हैं जो उसे तमाम विश्व के संविधानों से अलग करती हैं...

1. संप्रभुत्ता पर आधारित संविधान – संविधान का निर्माण वयस्क प्रतिनिधित्व के आधार हुआ है। और वह भारत के नागरिकों का प्रतिनिधित्व करती है, इस आधार पर कहा जा सकता है कि भारत के संविधान का निर्माण पूर्ण संप्रभुता के आधार पर हुआ है।

2. व्यापक और विस्तृत संविधान – भारत का संविधान विश्व के सभी संविधानों से बड़ा और व्यापक संविधान है, मौलिक संविधान में एक प्रस्तावना,

22 भाग, 395 अनुच्छेद[9] और आठ अनुसूचियाँ थी, किन्तु वर्तमान में बारह अनुसूचियाँ है।

3. कठोर और लचीलेपन का समावेश – कठोर संविधान ऐसा संविधान होता है जिसमें परिवर्तन सरलता से नहीं किए जा सकते हैं। इसके ठीक विपरीत ऐसा संविधान जिसमें सरलता से परिवर्तन और संशोधन किया जा सकता है, उसे लचीला संविधान कहा जाता है। भारतीय संविधान में कठोर और लचीले दोनों गुणों का समावेश है। संविधान के अनुच्छेद (368) में संविधान के संशोधन के बारे में उपबन्ध किया गया है। संविधान संशोधन तीन प्रकार से किए जाते हैं...

1. साधारण बहुमत – ½ बहुमत [Majority] से,
2. विशेष बहुमत – ⅔ बहुमत [Majority] से,
3. विशेष तथा राज्यों के अनुसमर्थन द्वारा – इस संशोधन में जटिल विषय आते हैं, जैसे महाभियोग, संघ और राज्यों के बीच विधायी और न्यायिक शक्ति का विस्तार, इत्यादि।

4. एकात्मकता की ओर झुकाव – भारतीय संविधान के अनुसार भारत में संघात्मक शासन व्यवस्था का निर्माण किया गया है, जो निम्न प्रकार से परिलक्षित होता है – लिखित संविधान, संविधान की कठोरता, केन्द्र और राज्य के मध्य शक्ति का पृथकीकरण, और स्वतन्त्र न्यायपालिका। किन्तु भारत के संविधान का झुकाव एकात्मकता की ओर भी है। सर आइवर जेनिग्स ने भी "federation with a centralizing tendency" कहा। इकहरी नागरिकता, मज़बूत और शक्तिशाली केन्द्र, आपातकालीन व्यवस्था, आदि ऐसे मामले है जिसमें भारत का संविधान केन्द्रोन्मुख नज़र आता है।

---

[9] मूल रूप से संविधान में 395 अनुच्छेद ही रहेंगे, किन्तु संशोधन के पश्चात् कितने भी उप–अनुच्छेद जोड़े जा सकते हैं।

5. संसदीय शासन प्रणाली – संसदीय शासन प्रणाली ब्रिटिश संविधान से ली गई है, और भारत में सरकार इसी व्यवस्था के अन्तर्गत कार्य करती है, संसदीय शासन प्रणाली की यह विशेषता रहती है कि सत्ता जनता के प्रतिनिधियों के हाथों में रहती है। ब्रिटेन की तरह भारत में भी राष्ट्रपति नाममात्र की कार्यपालिका है, वास्तविक सत्ता प्रधानमंत्री के हाथों में है। इसी प्रणाली को संसदीय प्रणाली कहा जाता है।

6. नागरिकता[10] – भारत के सभी राज्यों और केन्द्र शासित प्रदेशों में एकल नागरिकता का प्रावधान संविधान के अनूठे लक्षण को प्रदर्शित करता है।[11] किन्तु अमरीका जैसे बड़े देश में भी दोहरी नागरिकता का प्रचलन है, अर्थात् जो जिस राज्य में रहता है, उसको उस राज्य और अमरीका दोनों की नागरिकता मिलती है।

7. मौलिक अधिकार – मौलिक अधिकार से तात्पर्य ऐसे अधिकार से है जो संविधान द्वारा जनता को दिए जाते हैं और राज्य न तो उनको कम कर सकता है और ना ही छीन सकता है। मौलिक अधिकारों की संख्या प्रारम्भ में 7 (सात) थी, किन्तु 44वें संविधान से, 1978 से सम्पत्ति का अधिकार मौलिक अधिकारों की श्रेणी से हटा दिया गया है और उसे अनुच्छेद 300(1) के अन्तर्गत विधिक अधिकार की श्रेणी में डाल दिया गया है। संक्षिप्त रूप से मौलिक अधिकार निम्न प्रकार से हैं...

---

[10] भारतीय नागरिकता की विस्तृत जानकारी हेतु कृपया अध्याय–8 का अवलोकन करें।
[11] भारत में भी जम्मू–कश्मीर राज्य को छोड़कर समस्त राज्यों में एकल नागरिकता का प्रचलन है।

क्र०	मौलिक अधिकार का नाम	अनुच्छेद
1	समानता का अधिकार	14 से 18 तक।
2	स्वतन्त्रता का अधिकार	19 से 22 तक।
3	शोषण के विरुद्ध अधिकार	23 से 24 तक।
4	धार्मिक स्वतन्त्रता का अधिकार	24 से 28 तक।
5	संस्कृति एवम् शिक्षा सम्बन्धी अधिकार	29 से 30 तक।
6	संवैधानिक अधिकारों का अधिकार	32।

8. **निदेशक तत्व** — राज्य के नीति और निदेशक तत्व को संविधान में रखना यह प्रदर्शित करता है कि राज्य में कल्याणकारी व्यवस्था पर बल दिया गया है। राज्य के निदेशक तत्व को सर्वप्रथम 1945 के तेज बहादूर सप्रू प्रतिवेदन में मौलिक अधिकार से हटा कर अलग किया जो न्यायालय में अप्रवर्तनीय था। उसके पश्चात् बी०एन०राव के सुझाव पर मौलिक अधिकार को भाग–3 और निदेशक तत्व को भाग–4 में रखा गया।

9. **मौलिक कर्तव्य** — मौलिक कर्तव्य संविधान के अनुच्छेद 51(A) में उल्लिखित है। जिसे 42वें संविधान 1976 में प्रविष्ट किया गया है। मौलिक कर्तव्यों को रूस के संविधान से लिया गया है। मौलिक कर्तव्यों की संख्या ग्यारह है।

10. **स्वतन्त्र न्यायपालिका** — भारतीय संविधान में न्यायपालिका को स्वतन्त्र रखा गया है, इसके पीछे यह कारण है कि न्याय को कोई भी बाधित न कर सके। न्याय सभी व्यक्तियों को बराबर और समान रूप से मिले। भारत में सर्वोच्च न्यायालय को संविधान की अन्तिम व्याख्या करने का अधिकार है। अतः न्यायपालिका को संविधान का सजग प्रहरी माना जाता है।

11. लोकतान्त्रिक व्यवस्था – भारत में भी नए संविधान के प्रादुर्भाव से लोकतन्त्र की स्थापना की गई है, भारत का राष्ट्रपति भी जनता द्वारा चुनकर आता है वंशानुगत रूप से नहीं।

12. आपातकालीन उपबन्ध – भारतीय संविधान में आपातकालीन उपबन्ध किए गए हैं जो निम्न प्रकार से हैं...

- ➤ अनुच्छेद (352) – युद्ध, या बाह्य आक्रमण या 'सशस्त्र विद्रोह'[12] के कारण भारत या उसके राज्यक्षेत्र के किसी भी भाग में सनाक्त है तो भारत का राष्ट्रपति आपातकाल की घोषणा कर सकता है।
- ➤ अनुच्छेद (356) – राज्यों में संवैधानिक तन्त्र विफल हो जाने पर राज्यपाल के प्रतिवेदन पर राष्ट्रपति शासन लगा सकता है।
- ➤ अनुच्छेद (360) – वित्तीय आपातकाल राष्ट्रपति के समाधान पर लगाया जा सकता है, किन्तु भारत में अभी तक वित्तीय आपातकाल नहीं लगाया गया है।
- ➤

13. निर्वाचन व्यवस्था और वयस्क मताधिकार – भारत में स्वतन्त्र और निष्पक्ष निर्वाचन आयोग की व्यवस्था के साथ–साथ वयस्क मताधिकार के सिद्धान्त को भारत के संविधान में रखा गया है। भारत में लगभग सभी निर्वाचित पदों और महत्वपूर्ण चुनाव जैसे लोकसभा, विधानसभा आदि के निष्पक्ष चुनावों को लोक प्रतिनिधित्व अधिनियम की सहायता से करवाती है। डॉ० अम्बेदकर ने संविधान सभा में वयस्क मताधिकार के सम्बन्ध में कहा था कि "एक व्यक्ति एक वोट"। इन चुनाव में सभी भारत के नागरिक जिन्होंने अठारह वर्ष की

---

[12] संविधान के 44वें संशोधन 1978 के द्वारा आंतरिक विद्रोह के स्थान पर शब्द "सशस्त्र" विद्रोह जोड़ दिया गया है।

आयु प्राप्त कर ली है, अपने मत का प्रयोग कर अपना प्रतिनिधि चुन सकते हैं।[13]

14. **पिछड़े वर्गों के लिए विशेष उपबन्ध** – कुछ विशेष वर्गों के लिए संविधान में प्रबन्ध किए गए हैं, जो निम्नानुसार है...

> ➢ अनुच्छेद (330) – लोकसभा में अनुसूचित जाति [S.C.] और अनुसूचित जनजाति [S.T.] के सदस्यों के लिए सीटों में आरक्षण।
>
> ➢ अनुच्छेद (331) – लोकसभा में आंग्ल-भारतीय समुदाय के सदस्यों को राष्ट्रपति द्वारा अनुच्छेद (81) के उपबन्धों के अधीन दो सदस्यों को मनोनीत करने का अधिकार है।
>
> ➢ अनुच्छेद (332) – राज्यों की विधानसभाओं में अनुसूचित जाति और जनजाति के लिए सीटों में आरक्षण।
>
> ➢ अनुच्छेद (333) – राज्यों की विधानसभाओं में आंग्ल-भारतीय समुदाय के सदस्य को राज्यपाल द्वारा अनुच्छेद (170) के उपबन्धों के अधीन एक सदस्य को मनोनीत करने का अधिकार है।
>
> ➢ अनुच्छेद (338) – अनुसूचित जाति के लिए राष्ट्रीय आयोग।
>
> ➢ अनुच्छेद 338 (A) – अनुसूचित जनजाति के लिए राष्ट्रीय आयोग।

---

[13] देखे अनुच्छेद (326) भारतीय संविधान, 1950।

अध्याय 5
भारतीय संविधान की प्रकृति
(Nature of Indian Constitution)
"Federation with a centralizing tendency" (Ivoire Jenigs)

प्रकृति के आधार पर संविधान दो प्रकार का होता है...

1. एकात्मक।
2. संघात्मक।

1. एकात्मक संविधान : एकात्मक संविधान से आशय ऐसी व्यवस्था से है जिसमें शासन किसी एक व्यक्ति के पास रहता है, जैसे ब्रिटेन, फ़्रान्स जापान, चीन, इटली, नॉर्वे, स्वीडन, स्पेन और बेल्जियम। इन देशों में एकात्मक संविधान है। दूसरे शब्दों में एकात्मक संविधान वह संविधान है जिसमें शक्ति का हस्तांतरण नहीं होता है, कोई एक संस्था समस्त राज्य को चलाती है, उसे एकात्मक संविधान कहा जाता है। भारतीय संविधान में एकात्मक संविधान के निम्नलिखित लक्षण हैं...

- ➢ **राज्यपाल की नियुक्ति** – राज्यों के राज्यपाल राष्ट्रपति के प्रसाद–पर्यन्त पद धारण करते हैं।[14] अतः वे राज्य विधान मण्डल के प्रति जवाबदार न होकर केन्द्र के प्रति जवाबदार होता है, वह चाहे तो कई विधेयकों को राष्ट्रपति के पास भेज सकता है।

- ➢ **नए राज्यों का गठन और संसद की शक्ति** – नए राज्यों के गठन, उनकी सीमाओं में परिवर्तन संविधान के अनुच्छेद (3) के अनुसार केवल संसद ही कर सकती है। भारतीय संघ में कोई राज्य या राज्य क्षेत्र एक बार जुड़ तो सकता है परन्तु सरलता से पृथक नहीं

---

[14] देखें अनुच्छेद (155) और (156) भारतीय संविधान, 1950।

हो सकता, क्योंकि भारतीय संविधान में इस तरह की कोई व्यवस्था नहीं है, जबकि इसके विपरीत अमरीका के संविधान में वहाँ के राज्य किसी करार के माध्यम से जुड़े हैं तथा सरलता से पृथक हो सकते हैं।

- राज्य सूची और समवर्ती सूची में नियम बनाने की संसद की शक्ति – यदि राज्यसभा को यह प्रतीत होता है कि राष्ट्रहित में राज्य सूची में संसद को नियम बनाने की आवश्यकता है, तो वह दो–तिहाई बहुमत वाला संकल्प पारित करेगी। इस प्रकार संसद राज्य सूची में कोई विधि या नियम बना सकता है जो भारत सम्पूर्ण राज्य क्षेत्र में लागू होगा।
- अखिल भारतीय सेवाएँ – अखिल भारतीय सेवाएँ जैसे भारतीय प्रशासनिक सेवा, भारतीय पुलिस सेवा, भारतीय विदेश सेवा, भारतीय राजस्व सेवा और भारतीय वन सेवा जैसे पदों पर नियुक्ति केन्द्र सरकार करती है, इनके कनिष्ट अधिकारी इसके सीधे नियन्त्रण में रहते हैं।

2. संघात्मक संविधान : संघात्मक संविधान वह संविधान होता है जिसमें सत्ता का हस्तांतरण होता है, अर्थात् केन्द्र और राज्यों में परस्पर शक्ति बंटी रहती है और दोनों परस्पर स्वतन्त्र कार्य करते हैं। इसके विपरीत एकात्मक संविधान में सत्ता केन्द्र सरकार में निहित होती है। संघात्मक सविधान के लक्षण निम्न प्रकार से हैं...

- संविधान का लिखित होना – संघात्मक संविधान की प्रथम विशेषता यह है कि वह लिखित होना चाहिए। लिखित संविधान से शासन को सरल और सुनियोजित तरीके से चलाया जा सकता है।
- संविधान की सर्वोच्चता – किसी भी संघात्मक संविधान में संविधान सर्वोच्च होता है। भारतीय संविधान में इस प्रकार का गुण उपस्थित

है, क्योंकि भारत में शक्ति पृथकीकरण के सिद्धान्त को अपनाया गया है अतः चाहे वह विधायिका हो, कार्यपालिका हो या न्यायपालिका क्यों न हो कोई भी संविधान से बड़ा नहीं है अर्थात् संविधान सर्वोच्च है।

- केन्द्र और राज्यों के मध्य शक्ति का बंटवारा – संघात्मक संविधान में यह विशेषता रहती है कि केन्द्र सरकार और राज्यों की सरकारों के मध्य शक्ति का बंटवारा (विभाजन) रहता है।[15] केन्द्र और राज्य में शक्ति का विभाजन इस तरह से भी प्रतीत होता है जैसा कि भारत के संविधान में सातवीं अनुसूची में तीन प्रकार कि सूचियाँ दी गई हैं। प्रथम केन्द्र सूची जिसमें केवल केन्द्र क़ानून बनाता है, द्वितीय राज्य सूची जिसमें राज्य सरकारें क़ानून बनाती हैं और तृतीय सूची समवर्ती सूची कहलाती है, जिसमें दोनों सरकारों को क़ानून बनाने का अधिकार है, किन्तु विवाद की स्थिति में केन्द्र सरकार के नियम प्रभावी होते हैं।
- संविधान में सरलता से संशोधन न होना – संघात्मक संविधान की एक और विशेषता यह भी है कि संविधान लगभग अपरिवर्तनशील रहता है और उसमें सरलता से परिवर्तन नहीं किया जा सकता है।
- स्वतन्त्र और निष्पक्ष न्यायपालिका – भारतीय संविधान में संघात्मक संविधान का एक और गुण यह भी है कि भारत की न्यायपालिका स्वतन्त्र और निष्पक्ष है। यदि लोकतान्त्रिक संविधान में न्यायपालिका को स्वतन्त्र और निष्पक्ष नहीं रखा जाएगा तो निश्चित ही अच्छे न्याय की कल्पना नहीं की जा सकती है। भारत की न्यायपालिका में पुनर्विलोकन के सिद्धान्त को अपनाया गया है, जिसके अनुसार भारत के दोनों वरिष्ठ न्यायालय (सर्वोच्च न्यायालय और उच्च न्यायालय) संसद से पारित किसी भी विनियम, अध्यादेश, नियम,

---

15 इस प्रकार का लक्षण कनाडा के संविधान का भी है।

आदेश, रुढ़ि और परम्परा जो विधिक रूप से लागू है, उसका न्यायिक पुनर्विलोकन कर सकते हैं। यदि उन्हें लगता है तो वह ऐसे नियमों को अविधिमान्य कर शून्य या उस मात्रा तक अमान्य कर सकते हैं जिस मात्रा तक वह नियम संविधान से असंगत हैं।[16]

---

[16] सर्वोच्च न्यायालय अनुच्छेद (32) व (137) के तहत न्यायिक पुनर्विविलोकन कर सकता है।

अध्याय 6
संविधान की प्रस्तावना
(Preamble of the Constitution)

"प्रस्तावना संविधान निर्माताओं के विचारों को जानने की कुंजी है।"
सर्वोच्च न्यायालय, [इन रि बेरूबरी यूनियन मामले में कहा]

भारतीय संविधान की प्रस्तावना निम्नलिखित है...

"हम भारत के लोग, भारत को एक **सम्पूर्ण प्रभुत्व सम्पन्न समाजवादी, धर्मनिरपेक्ष, लोकतान्त्रिक गणराज्य**[17]

बनाने के लिए,

तथा उसके समस्त नागरिकों को,

सामाजिक, आर्थिक और राजनैतिक **न्याय**,

विचार, अभिव्यक्ति, विश्वास, धर्म

और उपासना की **स्वतन्त्रता**,

प्रतिष्ठा और अवसर की समता

प्राप्त करने के लिए,

तथा उन सब में

व्यक्ति की गरिमा और **राष्ट्र की एकता और अखण्डता**[18]

सुनिश्चित करने वाली बन्धुता बढ़ाने के लिए दृढ़ संकल्प होकर अपनी इस संविधान सभा में आज दिनांक 26 नवम्बर 1949 ई० (मिति मार्गशीर्ष शुक्ल सप्तमी, संवत दो हजार छ: विक्रमी) को एतद्द्वारा इस संविधान को अंगीकृत, अधिनियमित और आत्मार्पित करते हैं।"

---

[17] 42वें संविधान संशोधन, 1976 से जोड़ा गया है।
[18] तत्रैव।

1. क्या प्रस्तावना संविधान का अंग है?

इस सम्बन्ध में कई संविधानविदों में एकरूपता नहीं है। कोई इसे संविधान का परिचय मानता है तो कोई इसे जानने और समझने की कुंजी। सर्वोच्च न्यायालय ने **इन रि बेरूबरी यूनियन**[19] के मामले में यह अभिनिर्धारित किया था कि प्रस्तावना संविधान का अंग नहीं है। किन्तु **केशवानन्द भारती बनाम केरल राज्य**[20] के मामले में इन रि बेरूबरी में दिए गए अपने निर्णय को बदलते हुए निर्धारित किया कि "प्रस्तावना संविधान का अंग है।"

2. क्या प्रस्तावना में संशोधन किया जा सकता है या नहीं?

इस सम्बन्ध में पुनः सर्वोच्च न्यायालय के समक्ष यह प्रश्न आया, क्या प्रस्तावना में संशोधन किया जा सकता है या नहीं? तो सर्वोच्च न्यायालय ने निर्धारित किया कि प्रस्तावना संविधान का अंग है अतः संविधान संशोधन द्वारा उसमें संशोधन किया जा सकता है। किन्तु संविधान संशोधन में तर्कसंगत निर्बन्धन लगाते हुए कहा कि संशोधन से संविधान का मूलभूत ढाँचा नष्ट नहीं किया जा सकता।[21]

3. प्रस्तावना के आवश्यक तत्व...

- संप्रभुत्ता [Sovereignty] – संप्रभुता से आशय होता है किसी अन्य देश के न तो नियन्त्रण में और ना ही किसी देश के अधीन होना, परन्तु अपनी स्वतन्त्र विदेश नीति का निर्धारण करना ही संप्रभुत्ता कहलाता है। किन्तु 1949 में जब भारत ने राष्ट्रकुल की सदस्यता ली तो कई संविधानवेत्ताओं का कहना था कि भारत ब्रिटेन के सीधे नियन्त्रण में है, परन्तु भारत ने सदस्यता लेते समय कहा था कि वह राष्ट्रकुल का सदस्य स्वेच्छा से बना है, इससे उसकी संप्रभुत्ता पर कोई प्रभाव नहीं पड़ता। संविधान की प्रस्तावना में प्रयुक्त शब्द

---

19 A.I.R. 1960, S.C. 845।

20 A.I.R. 1973, S.C. 1461।

21 केशवानन्द भारती बनाम केरल राज्य, A.I.R. 1973, S.C. 1461। इस मामले को आधारभूत ढाँचे का सिद्वांत (Doctrine of Basic Structure) कहा जाता है।

"हम भारत के लोग" से सिद्ध होता है कि प्रभुत्ता जनता के हाथों में है, जनता ने प्रतिनिधियों को चुना और प्रतिनिधियों ने संविधान का निर्माण किया।

➤ **समाजवादी [Socialist]** – संविधान की प्रस्तावना में प्रयुक्त समाजवादी शब्द का तात्पर्य भारतीय अर्थव्यवस्था के अनुरूप उत्पादन, पूंजी, भूमि, आदि का ऐसा ताना–बाना तैयार हो सके जो ग़रीब और अमीर के बीच की खाई को पाट सके। प्रारम्भ में यह प्रस्तावना में नहीं था, किन्तु 42वें संशोधन के पश्चात् 1976 में इसे जोड़ा गया।

➤ **धर्मनिरपेक्ष [Secular]** – भारत एक धर्मनिरपेक्ष राज्य है, इसका यह अभिप्राय नहीं है कि भारत में धार्मिकता नहीं है, वास्तविकता यह है कि सभी व्यक्तियों को अपने धर्म और धर्म को मानने की पूरी आजादी है किन्तु राज्य का कोई विशेष धर्म नहीं होगा और वह किसी विशेष धर्म की सहायता नहीं कर सकता।

➤ **अखण्डता [Integrity]** – देश की सर्वोच्चता बनाए रखने के लिए 42वें संशोधन, 1976 से अखण्डता शब्द को जोड़ दिया गया है। इससे अभिप्राय यह है कि सभी व्यक्तियों को अपने देश की एकता और अखण्डता को अक्षुण्ण बनाए रखना नितांत आवश्यक है।

संविधान के 42वें संशोधन, 1976 से यह तो स्पष्ट हो गया है कि संसद को संशोधन की शक्ति प्राप्त है, किन्तु जब तक **केशवानन्द भारती बनाम केरल राज्य**[22] का मामला सर्वोच्च न्यायालय द्वारा उलट नहीं दिया जाता जब तक यह कहा जा सकता है कि संसद प्रस्तावना में संशोधन तो कर सकती है, किन्तु मूलभूत ढाँचे को नष्ट नहीं कर सकती।

---

[22] A.I.R. 1973, S.C. 1461।

अध्याय 7
संघ और उसका राज्यक्षेत्र
[The Union and it's Territory]

"भारत का संविधान परिसंघ न होते हुए केवल संघ है।" (डॉ० बी०आर० अम्बेदकर)

---

1. संघ और उसका राज्यक्षेत्र :

अनुच्छेद [1]. संघ और उसका राज्यक्षेत्र में निम्नलिखित सम्मिलित होंगे...

1. भारत, अर्थात् इण्डिया, राज्यों का संघ होगा।
2. राज्य और उनके राज्यक्षेत्र वे होंगे जो पहली अनुसूची में विनिर्दिष्ट हैं।
3. भारत के राज्यक्षेत्र में :-
    a. राज्यों के राज्यक्षेत्र,
    b. पहली अनुसूची में विर्निदिष्ट संघ राज्यक्षेत्र, और
    c. ऐसे अन्य राज्यक्षेत्र जो अर्जित किए जाएँ, समाविष्ट होंगे।

जैसा कि डॉ० बी०आर० अम्बेदकर ने कहा है कि भारत का संविधान परिसंघ [Federal] ना होकर संघ [Union] है। क्योंकि परिसंघ में राज्य किसी करार के माध्यम से जुड़ते हैं और सरलता से अलग हो सकते हैं, किन्तु भारतीय संविधान में संघ [Union] को अपनाया गया है जिसके अनुसार कोई राज्य या क्षेत्र एक बार भारत के साथ जुड़ जाते हैं तो फिर सरलता से अलग नहीं हो सकते। इसीलिए संविधान निर्मात्री सभा ने संघ [Union] के सिद्वांत को अपनाया है। प्रसिद्ध संविधान विशेषज्ञ डॉ० पी०के० त्रिपाठी मानते हैं कि भारत होने तो चला था परिसंघ, परन्तु होकर रह गया संघ।

2. नए राज्यों का प्रवेशन या स्थापन :

अनुच्छेद [2]. संसद अपनी शक्ति का प्रयोग कर संघ में नए राज्यों का प्रवेश या उनकी स्थापना कर सकता है, यह उसकी निहित शक्ति है चाहे तो वह उन राज्यों में कोई शर्त आधिरोपित कर सकता है या नहीं।

अनुच्छेद [3]. नए राज्यों का निर्माण और वर्तमान राज्यों के क्षेत्रों, सीमाओं या नामों में परिवर्तन – संसद विधि द्वारा –

a. किसी राज्य में उसका राज्यक्षेत्र अलग करके अथवा दो या अधिक राज्यों को या राज्यों के भागों को मिलाकर अथवा किसी राज्यक्षेत्र को किसी राज्य के भाग से मिलाकर नए राज्य का निर्माण कर सकती है।
b. किसी राज्य का क्षेत्र बढ़ा सकेगी।
c. किसी राज्य का क्षेत्र घटा सकेगी।
d. किसी राज्य की सीमाओं में परिवर्तन कर सकेगी।
e. किसी राज्य के नाम में परिवर्तन कर सकेगी।

अर्थात् यद्यपि संसद साधारण बहुमत से नए राज्यों के गठन, उनकी सीमाओं में परिवर्तन, क्षेत्र या नाम में परिवर्तन कर सकती है किन्तु इसके लिए उसे राष्ट्रपति की पूर्व–अनुमति से संसद में विधेयक पेश किया जाना चाहिए, उस राज्य विधान मण्डल को विचारार्थ भेजा जाना चाहिए और ऐसे विधान मण्डल को चाहिए कि वह अविलम्ब समयावधि में ऐसे विधेयक को अपनी टिप्पणी सहित संसद में वापस कर दे।

इस सम्बन्ध में **बाबूलाल पराटे बनाम बम्बई राज्य**[23] का मामला महत्वपूर्ण है जब कोई राज्य विधान मण्डल अपनी नकारात्मक राय प्रस्तुत करता है तो भी संसद उस नकारात्मक राय को मानने के लिए बाध्य नहीं है, वह चाहे तो उस राय या आपत्ति को नकार सकती है। किन्तु जम्मू–कश्मीर राज्य के मामले में संसद जम्मू–कश्मीर राज्य के विधान मण्डल की सहमति के बिना संसद के किसी भी सदन में विधेयक पेश नहीं कर सकती।

---

[23] A.I.R. 1960, S.C. 51।

3. राज्यों का उदय, भारत में विलय और राज्य पुनर्गठन आयोगः

भारत को जब भारत स्वतन्त्रता अधिनियम, 1947 से स्वतन्त्र घोषित किया गया तो उसके समक्ष समस्या यह थी कि उसे 15 अगस्त 1947 के पूर्व समस्त देशी रियासतों का भारत में विलय कर लेना था। भारत में ब्रिटिश भारत की नौ रियासतें और देशी रियासतों की संख्या 600 थी, जिनमें से 542 देशी रियासतों को छोड़कर शेष पाकिस्तान में सम्मिलित हो गईं, 539 ने स्वेच्छा से भारत में विलय कर लिया। किन्तु तीन देशी रियासतें जूनागढ़, हैदराबाद और जम्मू–कश्मीर ने भारत में विलय से मना कर दिया। इन देशी रियासतों को मनाने के लिए सरदार पटेल की अध्यक्षता में "समझौता समिति" का गठन किया गया जिसने समझदारी से कार्य करते हुए देशी रियासतों का भारत में विलय किया। सर्वप्रथम जूनागढ़ को जनमत द्वारा भारत में मिलाया गया।[24]

इसके पश्चात हैदराबाद रियासत जो भारत से चारों ओर से घिरी थी यहाँ हिन्दुओं की संख्या काफी थी। वहाँ निजाम का शासन था, वह चाहता था कि हैदराबाद स्वतन्त्र राज्य बने। किन्तु राज्य में अराजकता फैल गई। अराजक दल का नेतृत्व बाग़ी कासिम रिजवी कर रहा था। निजाम ने भारत सरकार से शाँति और भारत में विलय के लिए आग्रह किया, तत्कालीन गृहमंत्री सरदार पटेल ने पुलिस कार्यवाही द्वारा एक ऑप्रेशन चलाया जिसका नाम "ऑप्रेशन पोलो" था, इस कार्यवाही से अराजक तत्व शाँत हो गए और निजाम के आग्रह पर हैदराबाद रियासत को भारत में विलय कर लिया गया। विलयीकरण के लिए अन्तिम स्वतन्त्र रियासत जम्मू–कश्मीर रह गई थी, यहाँ पर हिन्दू राजा हरिसिंह का शासन था, महाराजा हरि सिंह भारत में विलय या पाकिस्तान में विलय दोनों के लिए तैयार नहीं थे। इसी दौरान

---

[24] जब देशी रियासतों की विलयीकरण नीति अपनाई जा रही थी तो जूनागढ़ के नवाब ने कोई सहमति नहीं जताई। जब भारत में विलयीकरण के लिए कहा गया तो नवाब ने मना कर दिया गया। स्थिति हाथ से निकलती देख जूनागढ़ के नवाब ने पाकिस्तान में विलय की बात कही जिसे जूनागढ़ की जनता ने नकार दिया। नवाब ने पाकिस्तान में शरण ली और भारत सरकार ने जनमत एकत्रित कर जूनागढ़ को भारत में शामिल कर लिया।

जम्मू–कश्मीर पर कबायली लोगों के आक्रमण शुरू हो गए जिससे घबराकर महाराजा ने भारत सरकार से सैनिक कार्यवाही की माँग की। भारत सरकार ने महाराजा का आग्रह स्वीकार कर लिया और जम्मू–कश्मीर में सैनिक कार्यवाही कर एक विशेष अनुबन्ध पर जम्मू–कश्मीर राज्य का भारत में विलय किया। सरदार पटेल के इस दूरदर्शी और विलयीकरण कार्य के कारण उन्हें "भारत का बिस्मार्क" कहा जाता है। ब्रिटिश प्रान्त और देशी रियासतों को मिलकर निम्न प्रकार के भारतीय राज्य बनाए गए...

क्र०	राज्य की श्रेणी	सम्बन्धित राज्य
1.	State "A"	ब्रिटिश और 216 देशी रियासतों को मिलाकर 10 राज्य बनाए गए जो इस प्रकार थे... असम, बिहार, बम्बई, मद्रास, उड़ीसा, पंजाब, संयुक्त प्रान्त, पश्चिम बंगाल, आंध्रा और मध्य प्रदेश
2.	State "B"	275 देशी रियासतों में प्रशासनिक फेरबदल कर निम्न राज्य बनाए गए इनकी संख्या 8 थी. .. हैदराबाद, जम्मू–कश्मीर, मध्य भारत, मैसूर, सौराष्ट्र, राजस्थान, ट्रावन्कोर और कोच्ची।
3.	State "C"	इस खण्ड में 61 देशी रियासतों को मिलाकर 10 राज्य बनाए गए, जो इस प्रकार थे... अजमेर, भोपाल, दुर्ग, बिलासपुर, हिमांचल प्रदेश, मणिपुर, त्रिपुरा, दिल्ली, कच्छ और विन्ध्य प्रदेश।
4.	State "D"	अंडमान और निकोबार द्वीप समूह को इस श्रेणी में रखा गया।

4. धर आयोग [Dhar Commission] :

भाषाई आधार पर राज्यों के पुनर्गठन के लिए सन् 1948 में धर आयोग की स्थापना की गई इसके अध्यक्ष न्यायमूर्ति एस०के० धर थे। इन्होंने भाषाई आधार पर राज्यों के पुनर्गठन की बजाय प्रशासनिक दृष्टि से राज्यों के पुनर्गठन की वकालत की, जिसे कांग्रेस सरकार ने अमान्य कर दिया।

5. जे०वी०पी० समिति :

धर आयोग की अनुशंसाओं को अमान्य करते हुए कांग्रेस ने दिसम्बर 1948 में एक नई समिति का निर्माण किया जिसे "जे०वी०पी०" समिति कहा गया, जिसका उद्देश्य भाषा के आधार पर राज्यों के पुनर्गठन की विधिमान्यता को देखना था। किन्तु इस समिति ने भी भाषा के आधार पर राज्यों के पुनर्गठन पर आन्तरिक रूप से सहमति दी। इस समिति में जवाहर लाल नेहरु, वल्लभ भाई पटेल और पट्टाभि सीतारमैया थे।

6. न्यायमूर्ति फजल अली आयोग :

अक्तूबर 1953 में भारत सरकार ने भाषा के आधार पर मद्रास राज्य से कुछ क्षेत्र निकालकर आंध्रप्रदेश राज्य का निर्माण कर दिया, जिसके कारण भाषा के आधार पर राज्य बनाने का दबाव तेज हो गया और एक कांग्रेसी आन्दोलनकर्ता पुट्टु श्रीरामुलु की भूख हड़ताल के दौरान मृत्यु हो गई। जब आंध्रप्रदेश का निर्माण भाषा के आधार पर हुआ तो सरकार पर भाषा के आधार पर राज्यों को बनाने का दवाब तेज हो गया इस कारण दिसम्बर 1953 में सरकार ने न्यायमूर्ति फ़जल अली आयोग का निर्माण किया। इस आयोग के अध्यक्ष न्यायमूर्ति फ़जल अली, तथा दो सदस्य के०एम० पणिक्कर और हृदय नाथ कुंजुर थे। इस आयोग की अनुशंसा पर 1956 में संसद ने राज्य पुनर्गठन अधिनियम पारित किया। 1 नवम्बर 1956 तक भारत में 14 राज्य, 5 केन्द्र–शासित प्रदेश थे। किन्तु वर्तमान में 28 राज्य, 7 केन्द्र–शासित प्रदेश हैं।

अध्याय 8
भारतीय नागरिकता [भाग–2]
(Indian Citizenship)

1. परिभाषा एवम् सामान्य परिचय :

नागरिक शब्द से ऐसा व्यक्ति अभिप्रेत है जो किसी राज्य के प्रति निष्ठा से आबद्ध होता है और उसे राज्य सरकार से संरक्षण प्राप्त करने का अधिकार होता है।[25] दूसरे शब्दों में "जिसे कुछ सामाजिक और राजनीतिक अधिकार प्राप्त होते हैं, वह नागरिक कहलाता है।"

2. संविधान के प्रारम्भ से नागरिकता : संविधान के प्रारम्भ से नागरिकता में निम्नलिखित सम्मिलित होंगे...

अनुच्छेद (5). अधिवास द्वारा उन लोगों को भारतीय नागरिकता प्राप्त होगी...

अनुच्छेद (5(a)). जिसका जन्म भारत में हुआ हो,

अनुच्छेद (5(b)). जिसके माता या पिता में से किसी एक ने भारत में जन्म लिया हो।

अनुच्छेद (5(c)). जिसने संविधान के प्रारम्भ होने से पहले कम से कम पाँच वर्ष मामूली तौर पर भारत में निवास किया हो।

अधिवास शब्द का व्यापक अर्थ निकलता है, परन्तु संविधान में इसे परिभाषित नहीं किया गया है, किन्तु **प्रदीप जैन बनाम यूनियन ऑफ़ इण्डिया**[26] के मामले में सर्वोच्च न्यायालय ने कहा कि "अधिवास से तात्पर्य ऐसे स्थाई निवास और स्थान से है जहाँ पर उस व्यक्ति का अनिश्चित काल

---

25 देखें वेबसाइट "इनसाइक्लोपीडिया अमेरिकाना", http://www.britannica.com/EBchecked/topic/118828/citizenship

26 A.I.R. 1984, S.C. 1420

तक रहने की मंशा हो।" **सेन्ट्रल बैंक ऑफ़ इण्डिया बनाम रामनारायण**[27] के मामले में कहा कि "अधिवास से तात्पर्य ऐसे स्थान से है जहाँ कोई स्थाई तौर पर निवास कर रहा हो और वर्तमान में उसे छोड़कर जाने की कोई भी मंशा न हो।"

अनुच्छेद (6). पकिस्तान से प्रवास द्वारा नागरिकता : ऐसे व्यक्ति जो पकिस्तान से भारत को प्रवास कर आए हैं उन्हें भारतीय नागरिक समझा जाएगा।

अनुच्छेद (8). भारत से बाहर रहने वालों को भारतीय नागरिकता : ऐसे व्यक्तियों के लिए भारतीय नागरिकता का प्रबन्ध करता है जो भारत शासन अधिनियम, 1935 के अनुसार भारतीय क्षेत्र में जन्मे थे किन्तु बाहर जाकर मामूली रूप से बस गए थे। ऐसे व्यक्तियों को अनुछेद (5) की शर्तों को पूरा करना होगा तभी वे भारतीय नागरिक माने जाएँगे।

3. संसद द्वारा बनाई गई विधि द्वारा नागरिकता का अर्जन :

अनुच्छेद (11) के अनुसार संसद नियम बना कर नागरिकता के नियम बना सकती है और संशोधन कर सकती है। इसी शक्ति का प्रयोग करके संसद ने भारतीय नागरिकता अधिनियम, 1955 बनाया है।

4. भारतीय नागरिकता अधिनियम, 1955 द्वारा नागरिकता का अर्जन : इस अधिनियम द्वारा निम्नलिखित तरीके से भारतीय नागरिकता हासिल की जा सकती है...

- जन्म द्वारा – ऐसे व्यक्ति जिनका जन्म 26 जनवरी 1950 या उसके बाद हुआ वे व्यक्ति भारत के नागरिक माने जाएँगे। अर्थात् संविधान के लागू होने से जो व्यक्ति भारत में पैदा हुए हैं या होंगे वे भारतीय नागरिक कहलाएँगे।
- वंशावली द्वारा नागरिकता – ऐसे व्यक्ति जो भारत के नागरिक नहीं हैं किन्तु जिनके माता या पिता भारतीय नागरिक थे वे भी पंजीयन

[27] A.I.R. 1955, S.C. 36

द्वारा भारतीय नागरिक बन सकते हैं। इसके अतिरिक्त ऐसे बच्चे जिनके माता या पिता भारत के लिए राजनयिक या भारत सरकार की सेवा हेतु विदेश में रहते हैं, भले ही उनके बच्चे विदेश में पैदा हुए हों, उन बच्चों को भारतीय नागरिक माना जाएगा।

➢ देशीयकरण द्वारा नागरिकता [Citizenship by naturalization] – ऐसा व्यक्ति जो भारत का नागरिक नहीं है, किन्तु बनना चाहता है तो उसे निम्नलिखित शर्तों का पालन करना होगा...

a. भारत के प्रति सकारात्मक सोच,
b. जिस देश का वह नागरिक है उसका परित्याग करे,
c. आवेदन करने से पहले कम से कम एक वर्ष भारत में मामूली तौर पर रह रहा हो,
d. अच्छे शील का होना चाहिए,
e. संविधान के भाग–17 के अनुसार एक भाषा का ज्ञाता होना चाहिए।

इसके अतिरिक्त, यदि वह व्यक्ति कला, विज्ञान, दर्शन, साहित्य, विश्व–शाँति और मानव विकास के क्षेत्र में काम कर चुका हो तो उसे भी भारतीय नागरिकता सरलता से प्राप्त हो सकती है।

➢ पंजीकरण द्वारा – ऐसे व्यक्ति जो भारत के नागरिक नहीं हैं, पंजीकरण का आवेदन देकर भारत की नागरिकता अर्जित कर सकते हैं। किन्तु पंजीकरण के लिए वही आवेदन दे सकने में सक्षम होंगे जो ऐसे आवेदन से पूर्व भारत में मामूली तौर पर पाँच वर्ष रहे हों।

➢ अर्जित क्षेत्र के विलयीकरण द्वारा – यदि भारत सरकार किसी भू–भाग को भारत में विलय कर लेती है तो उस भू–भाग के नागरिक स्वतः ही भारत के नागरिक बन जाते हैं। उदाहरण के

लिए गोवा, पाण्डीचेरी, दमन और द्वीव आदि भारत सरकार के अर्जित क्षेत्र है।

5. PIO कार्ड [Person of Indian Origin][28] जो भारतीय मौलिक के लोग भारत वापस आना चाहते हैं उनके लिए 2002 में यह योजना चलाई गई थी। इसके अधीन निम्नलिखित शर्तें थीं...

- किसी समय उसने भारतीय पासपोर्ट धारित किया हो,
- जिसका पति या पत्नी भारतीय हो,
- जिसके माता या पिता भारत शासन अधिनियम, 1935 के अन्तर्गत भारत में जन्मे थे।

6. नागरिक संशोधन अधिनियम, 2003 : लक्ष्मीमल सिंघवी की अध्यक्षता वाली समिति ने 16 देशों (जो ब्रिटिश कॉमनवेल्थ के सदस्य हैं) में बसे भातीय मौलिक के विदेशी नागरिकों को ओवर सीजर (समुद्र पारीय) नागरिकता प्रदान की है।

7. अप्रवासीय भारतीय सम्मेलन, 2005 : मुंबई में 2005 में प्रधानमंत्री डॉ० मनमोहन सिंह के नेतृत्व में अप्रवासीय भारतीय सम्मेलन हुआ जिसमें निर्णय लिया गया कि ऐसे भारतीय जो कॉमनवेल्थ के सदस्य हैं उनको दोहरी नागरिक प्रदान की जाएगी।

8. नागरिकता की समाप्ति :

- संविधान द्वारा: अनुच्छेद (7) के अनुसार – पकिस्तान को प्रवास करने वाले व्यक्ति भारत के नागरिक नहीं माने जाएँगे, और अनुच्छेद (10) के अनुसार – संसद द्वारा नागरिकता के अधिकार विधि द्वारा भंग किए जा सकते हैं।[29]

---

[28] देखें वेबसाइट, "गृह विभाग", http://mha.nic.in/pioscheme
[29] इब्राहीम वजीर बनाम बम्बई राज्य, A.I.R. 1954, S.C. 229।

➢ नागरिकता अधिनियम, 1955 द्वारा नागरिकता की समाप्ति – परित्याग करने पर – जब वह व्यक्ति किसी दूसरे देश की नागरिकता को ग्रहण कर लेता है तो भारत की नागरिकता समाप्त हो जाती है और सरकार द्वारा वंचित करने पर – यदि उस व्यक्ति ने धोखे से, भारत सरकार के विरुद्ध युद्ध छेड़ा हो, लगातार सात वर्षों से भारत से बाहर रह रहा हो या भारतीय महिला का विदेश में शादी कर लेने से सरकार द्वारा नागरिकता से वंचित किया जा सकता है।

अध्याय 9
मौलिक अधिकार [भाग–3][30]
(Fundamental Rights)

1. ऐतिहासिक पृष्ठभूमि : मौलिक अधिकार को सर्वप्रथम 1945 के 'तेज बहादुर सप्रू' प्रतिवेदन के आधार पर दो भागों में बांटा गया था, प्रथम जो न्यायालय में प्रवर्तनीय होगा और द्वितीय जो न्यायालय में प्रवर्तनीय नहीं होगा। बाद में संवैधानिक सलाहकार बी०एन० राव के सुझाव पर न्यायालय में प्रवर्तनीय भाग को भाग–3 मौलिक अधिकार में और अप्रवर्तनीय भाग को भाग–4 में रखा गया जो मौलिक कर्तव्य कहलाया। विश्व में मौलिक अधिकारों का प्रारम्भ सन् 1215 में इंग्लैड के शासक जॉन द्वारा प्रदत्त मैग्नाकार्टा से होता है, मैग्नाकार्टा का शब्दिक अर्थ होता है, 'अधिकार पत्र'। सन् 1791 में अमरीकी अधिकार पत्र (Bill of Rights) में भी नागरिकों के मौलिक अधिकार का समावेश किया गया है।

2. परिभाषा :

- ऐसे अधिकार जो किसी व्यक्ति के जीवन और गरिमा के लिए अति आवश्यक होते हैं, और संविधान द्वारा प्रद्दत किए जाते हैं, मौलिक अधिकार कहलाते हैं।
- **गोलकनाथ बनाम पंजाब**[31] के मामले में सर्वोच्च न्यायालय के न्यायाधीश सुब्बाराव ने मौलिक अधिकार को नैसर्गिक और अहस्तान्तरित कहा है।

---

30 "भाग–3 मौलिक अधिकार हमारे संविधान का सबसे आलोकित भाग है" – डॉ० बी०आर० अम्बेदकर

31 A.I.R. 1967, S.C. 1643।

- **मेनका गाँधी बनाम भारत संघ**[32] के मामले में न्यायमूर्ति पी०एन० भगवती ने मौलिक अधिकार को स्वतन्त्रता के संघर्ष का परिणाम कहा है।

3. मौलिक अधिकारों की संख्या और प्रकार:

मौलिक अधिकारों की संख्या प्रारम्भ में सात थी, किन्तु 44वें संशोधन, 1978 से सम्पत्ति के मौलिक अधिकार को हटाकर अनुच्छेद 300(A) में कर दिया गया है, इस प्रकार मौलिक अधिकारों की संख्या छः हो गई है। मौलिक अधिकारों का वर्णन अनुच्छेद (12) से (35) तक में किया गया है, जो इस प्रकार हैं...

- अनुच्छेद (12). राज्य की परिभाषा,
- अनुच्छेद (13). मौलिक अधिकार से असंगत या उनका अल्पीकरण करने वाली विधियाँ,
- अनुच्छेद (14 से 18). समानता का अधिकार,
- अनुच्छेद (19 से 22). स्वतन्त्रता का अधिकार,
- अनुच्छेद (23 से 24). शोषण के विरुद्ध अधिकार,
- अनुच्छेद (25 से 28). धार्मिक स्वतन्त्रता का अधिकार,
- अनुच्छेद (29 से 30). संस्कृति और शिक्षा सम्बन्धी अधिकार,
- अनुच्छेद (32). संवैधानिक उपचारों का अधिकार।

इस प्रकार हम देखते हैं कि संविधान में मौलिक अधिकार अनुच्छेद (12) से अनुच्छेद (14) तक वर्णित हैं, किन्तु अधिकारों के वर्णन के आधार पर इनकी संख्या छः होती है जिनकी व्याख्या इस प्रकार है...

4. राज्य की परिभाषा (अनुछेद–12) :

---

32 (1978), S.C.C. 248।

वैसे तो भारतीय संविधान में राज्य शब्द की परिभाषा नहीं दी हुई है, किन्तु राज्य शब्द की परिधि में सरकार या उनकी अन्य संस्थाओं को लाने और उनका दायित्व निर्धारित करने के लिए राज्य शब्द को अनुच्छेद (12) में रखा गया है।

"राज्य की परिभाषा के अन्तर्गत आता है..."

1. भारत सरकार और संसद,
2. राज्यों की सरकार और राज्य विधान मण्डल,
3. स्थानीय प्राधिकारी – स्थानीय प्राधिकारी से तात्पर्य ऐसे अधिकारी से है, जिसे कोई नियम, विधि, उप–विधि, आदेश, या अधिसूचना जारी करने की शक्ति होती है। जैसे नगरपालिका, विद्युत मण्डल और ग्राम पंचायतें इस श्रेणी में आते हैं। **मुहम्मद यामीन बनाम टाउन एरिया कमेटी**[33] के मामले में नगरपालिका ने एक उपविधि निर्मित करके शहर के थोक विक्रेताओं पर बिक्री की दर बढ़ा दी थी, जिसे न्यायालय ने सही माना और इस तरह स्थानीय निकाय भी राज्य शब्द की परिधि में आ गए।
4. अन्य प्राधिकारी – अन्य प्राधिकारी भी स्थानीय प्राधिकारी की तरह ही राज्य माना जाता है। **राजस्थान विद्युत मण्डल बनाम मोहनलाल**[34] के मामले में सर्वोच्च न्यायालय ने अभिनिर्धारित किया कि यह आवश्यक नहीं है कि वही राज्य शब्द की परिधि में आता हो जो राज्य की संप्रभु शक्ति का प्रयोग करता हो, परन्तु वह भी राज्य माना जाएगा जो इस निमित्त उपविधियाँ सृजित करता हो। जैसे सहकारी समिति, निगम और बीमा आयोग इत्यादि। किन्तु **अम्बिका प्रसाद मोहंती बनाम उड़ीसा इंजीनियरिंग कॉलेज और अन्य**[35] के मामले न्यायालय ने कहा कि निजी कॉलेज राज्य शब्द के अन्तर्गत नहीं आते हैं। एक नवीन मामले में सर्वोच्च न्यायालय न निर्धारित किया कि राज्य शब्द

---

[33] A.I.R. 1952, S.C. 115।
[34] A.I.R. 1967, S.C. 1857।
[35] A.I.R. 1989, ओडिशा 173।

में कौन आता है या नहीं वह इस बात पर निर्भर करता है कि उसकी शक्ति का संचालन कैसा है और प्रशासन का वास्तविक स्रोत क्या है।

5. मौलिक अधिकार से असंगत या उनका अल्पीकरण करने वाली विधियाँ (अनुच्छेद–13) :

मौलिक अधिकार से असंगत या उनका अल्पीकरण करने वाली विधियाँ इस अनुच्छेद द्वारा शासित होती है जो इस प्रकार है...

- अनुच्छेद 13(1). इस संविधान के प्रारम्भ से ठीक पहले भारत के राज्यक्षेत्र में प्रवृत्त सभी विधियाँ उस मात्र तक शून्य होंगी जिस तक वे इस भाग के उपबन्धों से असंगत हैं।
- अनुच्छेद 13(2). राज्य ऐसी कोई विधि नहीं बनाएगा जो इस भाग द्वारा प्रदत्त अधिकारों को छीनती है या न्यून करती है और इस खण्ड के उल्लंघन में बनाई गई प्रत्येक विधि उल्लंघन की मात्रा तक शून्य होगी।
- अनुच्छेद 13(3)[a]. "विधि" शब्द के अन्तर्गत भारत के राज्यक्षेत्र में विधि का बल रखने वाला कोई अध्यादेश, आदेश, उपविधि, नियम, विनियम, अधिसूचना, रूढ़ि या प्रथा है।
- अनुच्छेद 13(3)[b]. "प्रवत्त विधि" के अन्तर्गत भारत के राज्यक्षेत्र में किसी विधान मण्डल या अन्य सक्षम प्राधिकारी द्वारा इस संविधान के प्रारम्भ से पहले पारित या बनाई गयी विधि है जो पहले ही निरसित नहीं कर दी गई है,
- अनुच्छेद 13(4). इस अनुच्छेद की कोई बात अनुच्छेद (368) के अधीन किए गए इस संविधान के किसी संशोधन को लागू नहीं होगी।

अनुच्छेद (13) उन विधियों को असंवैधानिक बनाता है जो भाग–3 या संसद द्वारा पारित किसी नियम, उप–नियम, अध्यादेश, आदेश या ऐसी विधि जो

नागरिकों के मौलिक अधिकारों से असंगत है, चाहे ऐसी कोई विधि या उसका कोई भाग उस समय पूर्णतः या विशिष्ट क्षेत्रों में प्रवर्तन में नहीं है। **केशव माधव मेनन बनाम मुंबई राज्य**[36] के मामले में सर्वोच्च न्यायालय ने अनुच्छेद (13) में तीन सिद्धान्त बताए हैं –

- पृथकीकरणीयता का सिद्धान्त [Doctrine of Severability]
- ग्रहण का सिद्धान्त [Doctrine of Eclipse]
- अधित्याग का सिद्धान्त [Doctrine of Waiver]।

इन तीन सिद्धान्तों के आधारों पर सर्वोच्च न्यायालय ने मौलिक अधिकारों को जन सामान्य में लोकप्रिय बनाया है, इस खण्ड की व्याख्या इस प्रकार है...

(1). **पृथकीकरणीयता का सिद्धान्त [Doctrine of Severability]** : पृथकीकरणीयता के सिद्धान्त का प्रतिपादन किसी अधिनियम की संवैधानिकता की जाँच के लिए होता है। पृथकीकरणीयता का सिद्धान्त संविधान के अनुच्छेद 13(1) और 13(2) में सम्मिलित है। पृथकीकरणीयता से तात्पर्य "मूल से पृथक करना" अर्थात् जब किसी अधिनियम का कोई भाग नागरिकों के मौलिक अधिकार या भाग–3 से असंगत हो तो यह आवश्यक नहीं कि न्यायालय उस पूरे अधिनियम को अवैध करार करे परन्तु वैध भाग को उस अवैध भाग से सरलता से पृथक किया जा सकता है तो केवल अवैध भाग को निकाला जाएगा। पर यदि अवैध भाग वैध भाग से इस प्रकार संसक्त जुड़ा है कि यदि अवैध भाग को वैध भाग से पृथक किया जाए तो पूरे अधिनियम का स्वरूप बदल जाएगा तो न्यायालय उस पूरे अधिनियम को अविधिमान्य करार करेगा। **ए०के० गोपालन बनाम मद्रास**[37] के मामले में न्यायालय ने कहा कि यदि किसी अधिनियम का कोई अवैध भाग वैध भाग से पृथक किया जा सकता है तो पूरा अधिनियम अवैध नहीं होगा। **सैयद कासिम रिजवी बनाम**

---

36 A.I.R. 1951, S.C.R. 228।

37 A.I.R. 1950, S.C. 27।

हैदराबाद[38] के मामले में अभिनिर्धारित किया गया है, कि संविधान के निर्माण के पहले की विधियाँ पूर्णतः शून्य नहीं होती हैं, केवल उस मात्रा तक ही शून्य होती हैं जोकि नागरिकों के मौलिक अधिकार या भाग-3 से असंगत हों।

(2). ग्रहण का सिद्धान्त [Doctrine of Eclipse] : ग्रहण के सिद्धान्त को आच्छादन का सिद्धान्त भी कहते हैं, यह संविधान के अनुच्छेद 13(1) पर आधारित है। भौगोलिक स्थिति के अनुसार ग्रहण उसे कहा जाता है जब किसी प्रकाशीय स्रोत और उसके पिण्ड के मध्य कोई आकाशीय पिण्ड आ जाता है, जिससे प्रकाशीय पिण्ड का प्रकाश उसके पिण्ड को नहीं मिलता तो ऐसी स्थिति को ग्रहण कहा जाता है। ठीक उसी प्रकार संवैधानिक स्थिति में ग्रहण के सिद्धान्त को सर्वोच्च न्यायालय ने **भीखाजी बनाम मध्य प्रदेश**[39] के मामले में प्रतिपादित किया है, संविधान पूर्व विधियाँ प्रारम्भ से शून्य नहीं होतीं परन्तु मौलिक अधिकारों के अतिक्रमण से कुछ समय के लिए उस विधि पर ग्रहण लग जाता है, और जब ऐसे अतिक्रमण को ठीक कर लिया जाता है तो ऐसी विधि पुनः जी उठती है, इसे ही ग्रहण का सिद्धान्त कहा जाता है।

(3). अधित्याग का सिद्धान्त [Doctrine of Waiver] : कर आयुक्त[40] के मामले में सर्वोच्च न्यायालय ने अभिनिर्धारित किया कि कोई भी व्यक्ति स्वेच्छा से अपने मौलिक अधिकार का त्याग नहीं कर सकता।

6. मौलिक अधिकारों पर संसद द्वारा संशोधन और सर्वोच्च न्यायालय की विधिमान्यता :

शंकरी प्रसाद बनाम बिहार राज्य[41] – इस मामले में सर्वोच्च न्यायालय ने कहा कि "अनुच्छेद (368) के अधीन संविधान संशोधन 'विधि' नहीं है अतः संसद संविधान के किसी भी भाग में संशोधन कर सकती है"।

---

[38] 1953, S.C.R. 589।
[39] A.I.R. 1955, S.C. 781।
[40] A.I.R. 1959, S.C. 149।
[41] A.I.R. 1951, S.C. 458।

गोलख नाथ बनाम पंजाब राज्य[42] – इस मामले में सर्वोच्च न्यायालय ने निर्णित किया कि अनुच्छेद 13(2) में प्रयुक्त विधि के अन्तर्गत सभी प्रकार की विधि, संसद द्वारा निर्मित विधि और संविधान संशोधन आते हैं, यदि इनमें से किसी के द्वारा भी नागरिकों के मौलिक अधिकारों का अतिक्रमण होता है तो न्यायालय ऐसे संशोधन को अविधिमान्य कर सकता है।

24वाँ संविधान संशोधन, 1971 – इस मामले में सर्वोच्च न्यायालय द्वारा गोलक नाथ के मामले में दिए गए निर्णय को बदलने के लिए संसद ने 24वें संविधान संशोधन के द्वारा संविधान के अनुच्छेद 13(4) को जोड़ दिया "इस अनुच्छेद की कोई बात अनुच्छेद (368) के अधीन किए गए इस संविधान के किसी संशोधन को लागू नहीं होगी"।

केशवानन्द भारती बनाम केरल राज्य[43] – इस ऐतिहासिक मामले में सर्वोच्च न्यायालय ने 24वें संविधान संशोधन को विधिमान्य कर दिया और गोलख नाथ के मामले में दिए अपने निर्णय को उलटते हुए निर्णित किया कि संसद की संशोधन करने की शक्ति असीमित नहीं है, यद्यपि वह संविधान में संशोधन तो कर सकती है, परन्तु मौलिक संविधान के ढाँचे में परिवर्तन नहीं कर सकती। इसी मामले को मूलभूत ढाँचे का सिद्धान्त [Doctrine of Basic Structure] कहा जाता है। 42वाँ संविधान संशोधन, 1976 केशवानन्द भारती के मामले से उत्पन्न परेशानी को दूर करने के लिए संसद ने 42वाँ संविधान संशोधन बिल पास किया। इस संशोधन अधिनियम के द्वारा अनुच्छेद (368) में दो नए खण्ड जोड़ दिए गए खण्ड (4) और खण्ड (5), खण्ड (4) में यह उपबन्ध किया गया कि अनुच्छेद 368 के अधीन किए गए संविधान संशोधन को किसी भी न्यायालय में चुनौती नहीं दी जा सकेगी और खण्ड (5) यह उपबन्ध करता है कि संसद के संशोधन शक्ति का कोई परिसीमन नहीं कर सकता है।

---

[42] A.I.R. 1968, S.C. 1643।
[43] A.I.R. 1973, S.C. 1461।

मिनर्वा मिल्स और अन्य बनाम भारत संघ और अन्य[44] – इस मामले में सर्वोच्च न्यायालय ने अनुच्छेद 368 के खण्ड (4) और खण्ड (5) को अविधिमान्य कर दिया है, क्योंकि ये खण्ड संसद को असीमित संशोधन की शक्ति प्रदान करते थे, निश्चित ही इसके प्रयोग से संविधान का मूलभूत ढाँचा नष्ट होता था।

---

[44] A.I.R. 1980, 2 S.C. 591 ।

अध्याय 10
समानता का अधिकार (Right to Equality)
अनुच्छेद 14 से 18 तक

"क़ानून की नज़र में सब समान है, और क़ानून धर्म से ऊपर है।" –डॉ० अम्बेदकर

---

1. समता के अधिकार का अर्थ और परिभाषाएँ:

- प्रो. जेनिंग्स के अनुसार – "जो समान है उनके लिए समान विधि और समान व्यवहार किया जाना चाहिए, शासन विधि द्वारा शासित होना चाहिए।"
- प्रो. वी०एन० शुक्ल के अनुसार – "समानों के साथ समान विधि लागू किया जाना चाहिए न कि असमानों के साथ।"
- समाजशास्त्री आर० वीरेन के अनुसार – "समानता का अधिकार ठीक वैसा ही है, जैसा कि किसी सैनिक को उसका हथियार दे दिया गया हो।"

2. अनुच्छेद (14). विधि के समक्ष समता और विधियों के समान संरक्षण: "राज्य भारत के नागरिकों को विधि के समक्ष समता और विधियों के समान संरक्षण से वंचित नहीं करेगा।"

प्रारम्भ में अनुच्छेद (14) को सम्मिलित नहीं किया गया था, किन्तु इसकी आवश्यकता आरम्भ से ही महसूस की जा रही थी अतः संविधान निर्मात्री सभा ने बाद में इस अनुच्छेद को संविधान में जोड़ा। प्रस्रो० डायसी के "विधि शासन" की तरह हमारे संविधान में समता के सिद्धान्त को अपनाया गया है। ब्रिटेन में विधि शासन से तात्पर्य है कि सभी व्यक्ति चाहे वो शासक ही क्यों न हो, विधि से बड़ा नहीं हो सकता अर्थात् विधि की नज़रों में सभी समान हैं। ठीक इसी तरह, भारत में भी समता के सिद्धान्त को अपनाया गया

है। अनुच्छेद (14) में दो पदों का उल्लेख किया गया है – 1. विधि के समक्ष समता और 2. विधियों का समान संरक्षण।

> विधि के समक्ष समता – इस पद को ब्रिटेन से लिया गया है। यह धारणा थोड़ी संकुचित प्रतीत होती है क्योंकि इस पद के अनुसार विधि के समक्ष सभी बराबर है किन्तु इस अवधारणा का भी अपवाद है। जो यह सुनिश्चित करता है कि सामान्यतः कुछ विशेष वर्ग के लोगों को उन्मुक्ति प्राप्त है जैसे राष्ट्रपति, राज्यपाल, विदेशी राजनयिक और न्यायाधीश इत्यादि।

> विधियों का समान संरक्षण – इस पद को अमरीका से लिया गया है। यह सकारात्मक प्रतीत होती है, इस धारणा के अनुसार एक जैसी विधि सभी व्यक्तियों पर लागू की जाती है, जिसे भारतीय संविधान के अनुच्छेद (14) में समाहित किया गया है।

किन्तु हर व्यक्ति एक समान नहीं होता है, उनकी योग्यताओं, परिस्थितियों और आवश्यकताओं में अन्तर होता है, इसीलिए कभी-कभी यह आवश्यक हो जाता है कि विधान मण्डल उनके लिए भिन्न-भिन्न विधियों का निर्माण करे और भिन्न-भिन्न व्यवहार करे। अनुच्छेद (14) तर्कसंगत वर्गीकरण (Reasonable Classification) की अनुमति देता है किन्तु वर्ग विधान का निषेध करता है। **गुजरात राज्य बनाम श्री अम्बिका मिल्स**[45] के मामले में न्यायालय ने कहा यदि किसी विशेष वर्ग के सभी सदस्यों के साथ कोई विधि समान व्यवहार करती है तो यह नहीं कहा जा सकता कि वही व्यवहार अन्य वर्ग के सदस्यों के साथ भी किया जाना चाहिए।

3. **समता का नया दृष्टिकोण** "नैसर्गिक न्याय का सिद्धान्त और मनमानेपन से संरक्षण"

---

[45] A.I.R.1974, S.C. 1300।

सर्वप्रथम सर्वोच्च न्यायालय ने **ई० पी० रोयप्पा**[46] के मामले में समता के नए आयाम को प्रतिपादित किया और तर्कसंगत वर्गीकरण के सिद्धान्त को अस्वीकार कर दिया। **मेनका गाँधी बनाम भारत संघ**[47] के मामले में सर्वोच्च न्यायालय ने अभिमत दिया कि "समता और मनमानापन एक साथ नहीं हो सकते क्योंकि समता एक गतिशील अवधारणा है, और मनमानेपन में हमेशा असमानता रहती है।" **डी० एस० नकरा बनाम भारत संघ**[48] के मामले में न्यायालय ने कहा कि "अनुच्छेद (14) वर्ग विधान को रोकता है, ना कि तर्कसंगत वर्गीकरण को।"

अनुच्छेद (14) और नैसर्गिक न्याय का सिद्धान्त – "नैसर्गिक न्याय से तात्पर्य ऐसी प्रक्रिया से है जो समस्त व्यक्तियों को जीवन जीने या राज्य द्वारा प्रदत्त अधिकारों के तर्कसंगत प्रयोग से है। जो प्रत्येक व्यक्ति में निहित होते हैं।" **सेन्ट्रल वाटर ट्रांसपोर्ट कॉर्पो. बनाम ब्रजोनाथ गंगोली**[49] के अपने महत्वपूर्ण मामले में सर्वोच्च न्यायालय ने कहा कि "नैसर्गिक न्याय के आभाव में लिए गए निर्णय या आदेश असंवैधानिक होते हैं। उक्त मामले में अपीलार्थी ब्रजोनाथ इस कॉर्पो. में उच्च पद पर कार्यरत था, इस कॉर्पो. के नियम की धारा 9(i) के अनुसार किसी भी कर्मचारी को 3 माह का नोटिस देकर या 3 माह का वेतन देकर सेवा से पृथक किया जा सकता था और अपीलार्थी को बिना कोई जानकारी दिए सेवा से बर्ख़ास्त कर दिया गया था, जिसे न्यायालय ने नैसर्गिक न्याय के सिद्धान्त के विरुद्ध मानते हुए असंवैधानिक माना।

4. वर्गीकरण के आधार :

1. भौगोलिक स्थिति,
2. राज्य के हित में,

---

[46] A.I.R. 1978, S.C. 1974।
[47] A.I.R.1978, S.C. 507।
[48] A.I.R.1983, S.C. 130।
[49] A.I.R. 1986, S.C. 157।

3. न्यायालिन प्रक्रिया,
4. प्रशासनिक अधिकारियों की विवेक शक्ति,
5. व्यक्तियों की प्रकृति के आधार पर,
6. शिक्षा के आधार पर वर्गीकरण किया जा सकता है।

5. धर्म, मूलवंश, जाति, लिंग, या जन्म–स्थान के आधार पर विभेद प्रतिषेध, अनुच्छेद (15) :

15(1). उपरोक्त आधारों पर नागरिकों से न तो राज्य भेदभाव करेगा और
15(2). ना ही कोई नागरिक दूसरे नागरिक से –
15(2)(a). दुकानों, सार्वजनिक भोजनालयों, होटलों और मनोरंजन में प्रवेश याय
15(2)(b). राज्य निधि से चलने वाले, चाहे वो पूर्णतः या आंशिक रूप से क्यों ना हो, कोई कुओं, तालाबों, स्नानघाटों, सड़कों और सार्वजनिक समागम के स्थानों के उपयोग, में कोई निर्योग्यता, दायित्व या शर्त के अधीन नहीं होगा।
15(3). इस अनुच्छेद की कोई बात राज्य की स्त्रियों और बालकों के लिए कोई विशेष उपबन्ध करने से निवारित नहीं करेगी।
15(4). इस अनुच्छेद की या अनुच्छेद 29(2) की कोई बात राज्य को सामाजिक और शैक्षिक दृष्टि से पिछड़े हुए नागरिकों के किन्हीं वर्ग की उन्नति या अनुसूचित जाति, जनजाति के लिए कोई विशेष उपबन्ध करने से निवारित नहीं करेगी।[50]
15(5). इस अनुच्छेद या अनुच्छेद 19(1)[g]. की कोई बात राज्य को सामाजिक और शैक्षिक दृष्टि से पिछड़े हुए नागरिकों के किन्हीं वर्ग की उन्नति या अनुसूचित जाति, जनजाति के लिए कोई विशेष उपबन्ध करने से निवारित नहीं करेगी, जहाँ तक ऐसा विशेष प्रावधान अनुच्छेद 30(1) में दिए गए अल्पसंख्यक शैक्षिक संस्थान के अतिरिक्त अन्य शैक्षिक संस्थानों में,

---

[50] संविधान का पहला संशोधन, 1951 से जोड़ा गया।

जिसमें गैर—सरकारी शैक्षिक संस्थान सम्मिलित हैं, चाहे सरकार द्वारा सहायता प्राप्त हों या सहायताप्राप्त ना हों, उनके प्रवेश से सम्बन्धित है।[51]

अनुच्छेद 15(1) के अनुसार राज्य द्वारा नागरिकों से धर्म, मूलवंश, जाति, लिंग, या जन्म—स्थान के आधार भेदभाव नहीं किया जाएगा, जैसा कि **दत्तात्रेय बनाम बम्बई राज्य**[52] के मामले में कहा गया कि राज्य द्वारा नागरिकों के साथ भेदभाव करना अनुचित है। अनुच्छेद 15 के खण्ड (2) में नागरिकों के द्वारा दूसरे नागरिकों के प्रति भेदभाव को प्रतिबन्धित किया गया है, इस अनुच्छेद के अनुसार कोई भी नागरिक दूसरे नागरिकों के साथ सार्वजनिक और लोकहित के क्षेत्र में भेदभाव नहीं करेगा। अनुच्छेद 15 का खण्ड (3) स्त्रियों और बालकों के लिए विशेष व्यवस्था करता है, इसके पीछे कारण यह है कि पुरुषों की अपेक्षा महिलाएँ और बालक शारीरिक एवम् मानसिक रूप से कमज़ोर होते हैं। पुरुषों से बराबरी करने हेतु महिलाओं और बालकों के लिए हमारे संविधान के अनुच्छेद 15(3) और 16(4) में व्यवस्था की गई है। **युसूफ अब्दुल अजीज बनाम बम्बई**[53] के मामले में भारतीय दण्ड संहिता की धारा (497) 'जारकर्म' की संवैधानिकता को चुनौती दी गई थी, चुनौती का आधार यह दिया गया था, कि जारकर्म करने पर केवल पुरुषों को ही दण्डित किया जाता है, महिला को जारकर्म करने के 'उत्प्रेरक' के रूप में दण्डित नहीं किया जाता। अतः अनुच्छेद 15(1) लिंग के आधार का अतिक्रमण करता है। सर्वोच्च न्यायालय ने कहा भारतीय दण्ड संहिता की धारा (497) संवैधानिक है, क्योंकि धारा (497) में वर्गीकरण लिंग के आधार पर नहीं परन्तु महिलाओं की सामाजिक स्थिति को देखकर किया गया है जो सही है। ठीक इसी तरह अनुच्छेद 15 के खण्ड (4) में सामाजिक और शैक्षिक रूप से पिछड़े वर्गों के लिए विशेष व्यवस्था की गई है। इस खण्ड के अनुसार राज्य चाहे तो

---

[51] संविधान का 93वाँ संशोधन, 2005 से जोड़ा गया।
[52] A.I.R. 1953, BOM 311।
[53] A.I.R. 1954, S.C. 321।

सामाजिक और शैक्षिक रूप से पिछड़े वर्गों के लिए विशेष उपबन्ध कर सकता है, यह विशेष उपबन्ध सरकारी नौकरी में आरक्षण, लोक महत्व के क्षेत्र में अनुसूचित वर्गों की सहभागिता के लिए आरक्षण आदि हो सकता है। इस खण्ड को संविधान में प्रथम संशोधन द्वारा 1951 में जोड़ा गया है। इस संशोधन को पारित करने का उद्देश्य **मद्रास राज्य बनाम चम्पाक दोराई राजन**[54] के मामले से हुई परेशानी को दूर करने था। आरक्षण के मुद्दे पर यह बड़ा महत्वपूर्ण मामला था, इस मामले में मद्रास सरकार ने एक आदेश जारी करते हुए मेडिकल और इजीनियरिंग कॉलेज में दाखिले के लिए आरक्षण की व्यवस्था की थी, जिसके अनुसार ब्राह्मण जाति के वर्गों के लिए कुछ सीटें निर्धारित थी और बाकी सीटें अन्य वर्गों के लिए आरक्षित थी। ब्राह्मण वर्ग के अभ्यर्थी अधिक योग्य होने के बावजूद भी निर्धारित सीटों के अतिरिक्त प्रवेश नहीं मिल रहा था, जबकि अन्य समुदाय के अभ्यर्थियों को सामान्य अंकों में प्रवेश मिल रहा था। सर्वोच्च न्यायालय ने अनुच्छेद 15(1) के आधार पर मद्रास सरकार के इस आदेश को असंवैधानिक कहते हुए शून्य कर दिया, इसके बाद एक अन्य मामला **बालाजी बनाम मैसूर**[55] के मामले में सर्वोच्च न्यायालय ने कहा कि आरक्षण सामाजिक और शैक्षिक दृष्टि से पिछड़े हुए नागरिकों के उत्थान हेतु है ना कि केवल सामाजिक रूप से पिछड़े या आर्थिक रूप से पिछड़ों के लिए। किन्तु **बालाजी बनाम मैसूर**[56] के इस मामले को **मण्डल आयोग**[57] के मामले में उलटते हुए (Supercede) निर्णय सुनाया कि शब्द पिछड़े वर्ग में वर्गीकरण किया जा सकता है, और पिछड़े वर्ग से सम्पन्न वर्ग (Creamy Layer) को पृथक कर आरक्षण दिया जा सकता है, आरक्षण 50% से अधिक नहीं होना चाहिए, किन्तु विशेष परिस्थिति में 50% से अधिक भी किया जा सकता है। एक अन्य मामले में सर्वोच्च न्यायालय ने

---

[54] A.I.R. 1952, S.C. 226।
[55] A.I.R. 1963, S.C. 649।
[56] तत्रैव।
[57] इंद्रा साहनी बनाम भारत संघ, A.I.R. 1993, S.C. 477।

स्पष्ट किया है कि उच्च जाति की महिला यदि अनुसूचित जाति के लड़के से विवाह करती है तो वह आरक्षण का लाभ नहीं ले सकती है, क्योंकि यह आरक्षण केवल सामाजिक और शैक्षिक दृष्टि से पिछड़े वर्गों के लिए है।[58]

6. लोक नियोजन में अवसर की समानता, (अनुच्छेद 16) :

16(1). राज्य के अधीन पदों पर नियोजन और नियुक्ति के सम्बन्ध में सभी नागरिकों को अवसर की समानता होगी।

16(2). राज्य के अधीन पदों और नियोजन में धर्म, मूलवंश, जाति, लिंग, उद्‌भव, जन्म स्थान, निवास के आधार पर न तो अपात्र होगा और ना ही उनमें विभेद किया जाएगा।

16(3). राज्य के पिछड़े नागरिकों की लोकसेवाओं में सहभागिता हेतु निवास के आधार पर वर्गीकरण किया जा सकता है।

16(4). पिछड़े वर्गों के नागरिकों के लिए आरक्षण का प्रावधान किया गया है।

16(4–A). इस अनुच्छेद की कोई बात राज्य को अनुसूचित जाति और अनुसूचित जनजाति के पक्ष में, जिनका प्रतिनिधित्व राज्य में कम है या प्रस्नोन्नति के मामले में वरिष्ठता के साथ आरक्षण देने से निवृत्त नहीं करेगी।[59]

16(4–B). इस प्रयोजन के अधीन यदि पिछड़े वर्गों के कोई पद इस वर्ष नहीं भरे गए हैं तो शेष बचे पदों के लिए अगले वर्ष पृथक से वर्ग मानकर नियुक्ति की जाएगी, चाहे सीमा 50% से ज्यादा क्यों न हो।[60]

सर्वप्रथम 1953 में पिछड़े वर्गों के लिए कांग्रेस सरकार ने काका साहब कालेलकर आयोग की स्थापना की थी। इस आयोग ने सन् 1955 में अपनी रिपोर्ट पेश की जिसमें लगभग 2400 जातियों को सामाजिक और शैक्षिक रूप

---

[58] डॉ० नीलिमा बनाम डीन पी०जी० स्टडीज एग्रीकल्चर यु०टी०डी० आंध्र प्रदेश, A.I.R. 1993, आंध्र प्रदेश 229।

[59] देखें संविधान का 85वाँ संशोधन 2001, जो से प्रवृत्त माना जाएगा।

[60] देखें संविधान का 81वाँ संशोधन 2000।

से पिछड़ी तथा 850 जातियों को अति पिछड़ी माना था। जिसे सरकार ने अस्वीकार कर दिया। इसके पश्चात् 1979 में बी०पी० मण्डल की अध्यक्षता में दूसरे पिछड़ा वर्ग आयोग की स्थापना की गई, इस आयोग ने 1980 में अपनी रिपोर्ट दी जिनके अनुसार भारत में लगभग 3740 जातियाँ पिछड़ी हुई है। प्रारम्भ में मण्डल आयोग की अनुशंसाओं (Recommendations) को क्रियान्वित नहीं किया गया।

किन्तु 1990 में विश्वनाथ प्रताप सिंह सरकार ने इसे अपनाते हुए एक अधिसूचना निकाली जिसमें "पिछड़े वर्गों" के लिए 27% आरक्षण की व्यवस्था कर दी गई थी, किन्तु देशभर में इस अधिसूचना का विरोध किया गया। इसके पश्चात 1991 में पी०वी० नरसिन्हाराव सरकार ने दोबारा पिछड़े वर्गों के लिए 27% आरक्षण लागू कर दिया, किन्तु इस सरकार के आरक्षण में ग़रीब सवर्णों के लिए भी 10% आरक्षण की व्यवस्था थी। मामला सर्वोच्च न्यायालय तक पहुँच गया तब देश के सर्वोच्च न्यायालय ने **इंद्रा साहनी और अन्य बनाम भारत संघ और अन्य**[61] के मामले में नए दिशानिर्देश दिए। जो इस प्रकार हैं...

1. पिछड़े वर्गों से मलाईदार परत (Creamy layer) को हटाकर आरक्षण दिया जाएगा।
2. विशेष व्यवस्था के अलावा राज्य में 50% से ज्यादा आरक्षण नहीं दिया जाएगा।[62]
3. आरक्षण का आधार केवल सामाजिक और शैक्षिक तौर से पिछड़े नागरिकों के लिए है न कि आर्थिक आधार पर पिछड़े व्यक्तियों के लिए।
4. सरकार को इस दिशा में आवश्यक क़दम उठाने का निर्देश भी दिए।

---

[61] A.I.R. 1992, S.S.C. 217।
[62] किन्तु सरकारी सेवाओं में आरक्षण की 50% की सीमा को 81वें संशोधन से हटा लिया गया है।

7. अस्पृश्यता [Untouchability], (अनुच्छेद 17) :

"A member of the lowest-caste Hindu group or a person outside the caste system, contact with whom is traditionally held to defile members of higher castes."[63]

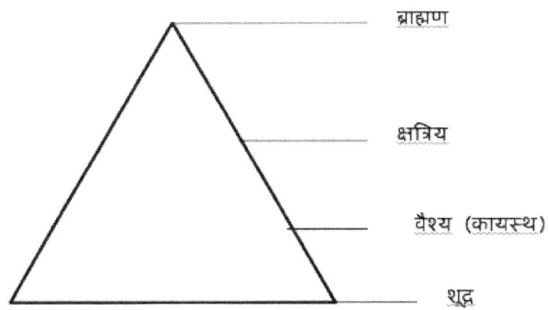

यह पिरामिड भारत के वर्ण व्यवस्था से सम्बंधित है. जिसमे ब्राह्मण वर्ण का सदस्य जन्म से ही से श्रेष्ठ, क्षत्रिय राजपाठ सँभालने के लिए, वैश्य व्यापार से एवं कारबार हेतु और शूद्र जन्म से अस्पृश्य।

1. डॉ० बसन्ती लाल बाबेल के अनुसार "एक सवर्ण जब किसी हरिजन को इसीलिए नहीं छूता है, क्योंकि वह निम्न जाति अथवा वर्ण का है, इसे ही अस्पृश्यता कहा जाता है।"

2. लोकमान्य तिलक के अनुसार "अस्पृश्यता का कोई शास्त्रीय आधार नहीं है, परमेश्वर के घर का दरवाजा किसी के लिए बन्द नहीं और यदि वह बन्द हो जाए तो परमेश्वर नहीं।"

3. डॉ० अम्बेदकर ने अपनी पुस्तक 'हू वर द शुद्राज' में लिखा है कि "एक सभ्यता के बारे में और क्या कहा जा सकता है जिसने लोगों के एक बहुत

---

[63] Available at, http://www.oxforddictionaries.com/definition/english/untouchable?q=Untouchability#untouchable_11, last view 10/11/2012 at 2:00 P.M.

बड़े वर्ग को विकसित किया जिसे एक मानव से हीन समझा गया और जिसका स्पर्श मात्र प्रदूषण फैलाने का पर्याप्त कारण है"।

"अस्पृश्यता" का अर्थ होता है "ना छुआ जा सकने वाला या जिसको छुआ नहीं जा सकता हो।" कालांतर में वर्ण व्यवस्था के बाद जब जाति व्यवस्था ने भारतीय समाज को जकड़ लिया तो एक नई विभेदकारी बुराई छुवाछुत का प्रादुर्भाव हुआ जिसने सम्पूर्ण हिन्दू समाज में अपनी पैठ बना ली। वैसे तो अंग्रेजो से लड़ने के लिए क्रांतिकारियों की कमी नहीं थी, किन्तु दासता रूपी जीवन यापन करने वाले इन दलितों के सामाजिक सुधार के प्रयास अब भी नाकाफ़ी थे, ऐसे में डॉ० बी०आर० अम्बेदकर जैसे महान मानवतावादी, क्रांतिकारी, देशभक्त और पिछड़ी जातियों के हिमायती समाज में आगे आए और इन पिछड़ी जातियों को सवर्णों के बराबर अधिकार दिलाने में महत्वपूर्ण योगदान दिया। डॉ० बी०आर० अम्बेदकर जी के प्रयासों के कारण ही आज पिछड़ी जातियों को संवैधानिक अधिकार (मूलतः वोट देने का अधिकार और मौलिक अधिकार) प्राप्त हुआ।

अनुशास्ति : अस्पृश्यता को भारतीय संविधान के अनुच्छेद (17) द्वारा पूर्णतः प्रतिबन्ध लगा दिया गया है। किन्तु छुआछूत को रोकने के लिए सर्वप्रथम 1955 में संसद द्वारा अस्पृश्यता (अपराध) निवारण अधिनियम, 1955 पारित किया गया, जिसमें छुआछूत करने वालों के लिए कठोर दण्ड का प्रावधान था। इसके पश्चात् 1976 में भारतीय संसद ने इसका नाम बदल कर "नागरिक अधिकार संरक्षण अधिनियम, 1955" कर दिया। कालांतर में इसका नाम "अनुसूचित जाति और अनुसूचित जनजाति (अत्याचार–निवारण) अधिनियम, 1989" कर दिया गया है, जिसे अधिक प्रभावी और मजबूत बनाया गया है। इस विषय के माध्यम से लेखक की सभी नागरिकों से अपील है कि अपने पड़ोस में किसी भी व्यक्ति के साथ छुआछूत का व्यवहार न करें और ना ही होने दें।

8. उपाधियों का अन्त, (अनुच्छेद 18) :

संविधान के अनुच्छेद 18 द्वारा उपाधियों का अन्त कर दिया गया है। किन्तु इसका यह मतलब नहीं कि समस्त प्रकार की उपाधियों को समाप्त किया गया है, विद्या (Ph.D.) और सेना–सम्बन्धी उपाधियों को अभी भी मान्यता है। स्वतन्त्रता के पूर्व हिज – हाईनेस, सर, चौधरी, दीवान, राय–बहादुर, राय–साहब और जमीन्दार आदि उपाधियाँ प्रचलित थी, जिसे संविधान द्वारा समाप्त कर दिया गया है। किन्तु आधिकारिक तौर पर सन् 1954 से भारत सरकार ने निम्नलिखित उपाधियाँ देना प्रारम्भ किया...

- भारत रत्न – यह भारत का सर्वोच्च नागरिक सम्मान (उपाधि) है। सूर्य की प्लैटिनम छवि के संग भारत रत्न देवनागरी लिपि में खुदा हुआ, एक पीपल के पत्र पर यह अलंकार उन व्यक्तियों को दिया जाता है, जिन्होंने अपने क्षेत्र में विशिष्ट योगदान दिया हो। इसे एक वर्ष में केवल तीन व्यक्तियों को ही दिया जा सकता है। भारत रत्न को प्रारम्भ में मरणोपरान्त नहीं दिया जाता था किन्तु 1966 में लाल बहादुर शास्त्री के साथ मरणोपरान्त भारत रत्न देने की प्रथा प्रारम्भ की गई।
- पद्म विभूषण – यह सरकार द्वारा दिया जाने वाला दूसरा बड़ा नागरिक सम्मान है। यह किसी भी क्षेत्र में बहुमूल्य योगदान के लिए दिया जाता है। इसमें सरकारी कर्मचारियों द्वारा की गई सेवाएँ भी सम्मिलित होती हैं।
- पद्म भूषण – पद्म भूषण सम्मान भारत में किसी भी क्षेत्र में उच्च स्तर की उल्लेखनीय सेवा के लिए प्रदान किया जाता है। इसमें सरकारी कर्मचारियों द्वारा की गई सेवाएँ भी सम्मिलित होती हैं।
- पद्म श्री – भारत में किसी भी क्षेत्र में उल्लेखनीय सेवा के लिए प्रदान किया जाता है। इसमें सरकारी कर्मचारियों द्वारा की गई सेवाएँ भी सम्मिलित हैं।

ये समस्त अलंकरण भारत सरकार द्वारा प्रदत्त किए जाते हैं अतः इसके दुरुपयोग की सम्भावना से इनकार नहीं किया जा सकता, इसीलिए सर्वोच्च न्यायालय ने **बालाजी राघवन बनाम भारत संघ**[64] जिसे अलंकरण का मामला भी कहते हैं। इस मामले में इसके दुरुपयोग को रोकने के लिए इसके इस्तेमाल को नाम के सामने या बाद में प्रयोग करने को सर्वोच्च न्यायालय ने निषेध किया है।

---

[64] A.I.R. 1996, S.C. 770।

अध्याय 11
स्वतन्त्रता का अधिकार
[Right to Freedom]
(अनुच्छेद 19 से 22)

"जहाँ क़ानून नहीं होते वहाँ स्वतन्त्रता नहीं होती"। (लॉक)

1. सामान्य – परिचय, अर्थ और परिभाषा :

शब्द 'स्वतन्त्रता' अंग्रेजी के 'फ़्रीडम' और लैटिन के भाषा के शब्द 'लिबर्टी' का पर्यायवाची है। 'Freedom' शब्द की उत्पत्ति अंग्रेजी भाषा के 'Free' शब्द से हुई है, प्राचीन यूरोप में दासप्रथा चरम में थी अतः जो व्यक्ति किसी का दास नहीं था वह फ़्री यानि स्वतन्त्र कहलाता था।

"सम्मान और स्वतन्त्रता से जीना–मरना हर मनुष्य का जन्मसिद्ध अधिकार है, इसके लिए सदैव संघर्ष करना महापुण्य का कार्य है।"————————डॉ० बाबासाहेब अम्बेदकर

"संविधान के अनुच्छेद 19(1) (a) में नागरिकों को विचार अभिव्यक्ति का अधिकार मौलिक अधिकार के रूप में प्रदान किया गया है। ऐसे में मुंबई बन्द का विरोध किए जाने पर किसी को धार्मिक भावनाएँ भड़काने का आरोप लगाकर गिरफ़्तार कर लेना बिल्कुल गलत है।" ————————न्यायमूर्ति काटजू[65]

2. वाक् स्वतन्त्रताएँ, अनुच्छेद (19) :

---

[65] उपर्युक्त कथन न्यायमूर्ति मार्कण्डेय काटजू ने शिवसेना प्रमुख बाल ठाकरे की मौत के बाद मुम्बई बन्द के विरुद्ध फेसबुक पर 18 नवम्बर को कमेण्ट देने वाली 21 साल की शाहीन और रेनु श्रीनिवासन को गिरफ़्तार किए जाने के विरोध में कहा था। न्यायमूर्ति काटजू वर्तमान में प्रेस कौंसिल के चेयरमेन हैं, और सर्वोच्च न्यायालय के पूर्व न्यायाधीश भी रह चुके हैं। उन्होंने मुम्बई पुलिस के इस कृत्य को संविधान और भारतीय दण्ड संहिता की धारा (341) और (342) के अधीन गलत बताया है, और दोनों लड़कियों की गिरफ़्तारी को मौलिक अधिकार के हनन का दोषी भी माना है।

अनुच्छेद (19). वाक् स्वतन्त्रताएँ...

1. सभी नागरिकों को
    a. वाक् और अभिव्यक्ति की स्वतन्त्रता,
    b. शाँतिपूर्ण और निरायुध सम्मेलन करने की स्वतन्त्रता,
    c. संगम या संघ बनाने की स्वतन्त्रता,
    d. भारत में कहीं भी संचरण (जाने) की स्वतन्त्रता,
    e. भारत में कहीं भी निवास और बस जाने की स्वतन्त्रता[37],
    f. निरसन[66]
    g. कोई व्यापार, वृत्ति, उपजीविका और कारोबार करने की स्वतन्त्रता।

किसी भी लोकतान्त्रिक देश की सबसे बड़ी और महत्वपूर्ण विशेषता यह होती है कि उस देश के नागरिकों को अपने विचारों को अभिव्यक्त करने की स्वतन्त्रता हो। जनता की आवाज ही परमात्मा की आवाज हो सकती है।[67] सच्चे मायने में एक स्वस्थ लोकतन्त्र के लिए विचारों की अभिव्यक्ति का स्वतन्त्र होना आवश्यक है। भारतीय संविधान में भी नागरिकों को अपने विचार और अभिव्यक्ति की स्वतन्त्रता के लिए अनुच्छेद (19) में व्यवस्था की गई है। अनुच्छेद (19) में प्रयुक्त किए गए शब्द 'नागरिक' का सर्वोच्च न्यायालय ने **पश्चिम बंगाल राज्य बनाम सुबोध गोपाल बोस**[68] के मामले में अर्थान्वयन करते हुए कहा कि "नागरिक शब्द में केवल भारत के नागरिक सम्मिलित है, अन्य व्यक्ति नहीं। अनुच्छेद (19) में निम्नलिखित प्रकार की स्वतन्त्रताएँ हैं...

---

[66] इस खण्ड में पहले सम्पत्ति के अनिवार्य अर्जन, अधिग्रहण और बेचने का अधिकार था, जिसे संविधान के 44वें संशोधन, 1978 द्वारा अनुच्छेद 19(1)[f] की श्रेणी से हटा दिया गया।
[67] "Voice of the people maybe voice of God." ....Sir Henrymaine |
[68] A.I.R. 1954, S.C. 92 |

1. वाक् और अभिव्यक्ति की स्वतन्त्रता,
2. शाँतिपूर्ण और निरायुध सम्मेलन करने की स्वतन्त्रता,
3. संगम या संघ बनाने की स्वतन्त्रता,
4. भारत में कहीं भी संचरण (जाने) की स्वतन्त्रता,
5. भारत में कहीं भी निवास और बस जाने की स्वतन्त्रता, और
6. कोई व्यापार, वृत्ति, उपजीविका और कारोबार करने की स्वतन्त्रता।

1. **वाक् और अभिव्यक्ति की स्वतन्त्रताः** संविधान का अनुच्छेद 19(1)[a] इसका प्रबन्ध करता है, जिसके अनुसार भारत के प्रत्येक नागरिक को अपनी बात रखने का, सुनने का तथा बोलने का अधिकार है। वह अपनी अभिव्यक्ति किसी भी माध्यम से, चाहे वह बोलकर, समाचार–पत्रों में या अंकों, चिन्हों या संकेतों के जरिये कर सकता है। **इण्डियन एक्सप्रेस समाचार–पत्र बनाम भारत संघ**[69] के मामले में न्यायालय ने कहा है कि व्यक्ति की गरिमा, सोचने की शक्ति, सत्य शोधक तथा सामाजिक उन्नति ही अभिव्यक्ति की स्वतन्त्रता का मौलिक उद्देश्य होना चाहिए। वाक् एवम् अभिव्यक्ति की स्वतन्त्रता में निम्न प्रकार के अधिकार सम्मिलित हैं...

> जानने का अधिकार (सूचना का अधिकार – 2005) – सभी नागरिकों को जानने और सूचना प्राप्त करने का अधिकार प्राप्त है, जो कि अनुच्छेद (21) के अधीन भी एक प्रकार का मौलिक अधिकार है। **पीपुल्स यूनियन फॉर सिविल लिबर्टीज बनाम भारत संघ**[70] के मामले में सर्वोच्च न्यायालय ने नवीन सन्देहास्पद चुनाव सुधार को असंवैधानिक करार दिया। सरकार ने बाद में सर्वोच्च न्यायालय के इस आदेश को लोक–प्रतिनिधित्व अधिनियम में संशोधन कर धारा (33) में जोड़ दिया, जिसके अनुसार प्रत्येक चुनाव के उम्मीदवार को

---

[69] A.I.R. 1985, 1 S.C.C- 614।
[70] A.I.R. 2004, S.C. 211।

निम्नलिखित जानकारी देना आवश्यक हो गया है, ताकि पसन्द के उम्मीदवार को चुनते समय उसकी वस्तुस्थति की जानकारी मतदाता को हो...

- उम्मीदवार को नामांकन भरते समय अपना समस्त आपराधिक रिकॉर्ड बताना होगा।
- नामांकन भरने से माह पहले उम्मीदवार किसी आपराधिक गतिविधियों में सम्मलित तो नहीं था या आरोपी बनाया गया हो जिसमें कम से कम 1 वर्ष की सज़ा का प्रावधान हो।
- उम्मीदवार और उसके परिवार की चल-अचल और बैंक सम्पत्ति की जानकारी।
- उम्मीदवार की सार्वजनिक लेनदारियाँ तो नहीं, उसकी जानकारी।
- उम्मीदवार की शैक्षिक जानकारी।

अभिव्यक्ति की स्वतन्त्रता में प्रेस की स्वतन्त्रता भी सम्मिलित है, क्योंकि बढ़ते हुए परिवेश में इलेक्ट्रॉनिक मीडिया और प्रिण्ट मीडिया नागरिकों के लिए आवश्यकता और सामान्य जिन्दगी का हिस्सा बन गए हैं। ऐसे में प्रेस की स्वतन्त्रता भी वाक् एवम् अभिव्यक्ति की स्वतन्त्रता के लिए अति महत्वपूर्ण है। **रोमेश थापर बनाम मद्रास राज्य**[71] के मामले में सर्वोच्च न्यायालय ने कहा है कि समाचार-पत्र पर इस आधार पर रोक नहीं लगाई जा सकती कि उनका सम्पादन किसी और राज्य से किया जा रहा है। एक और महत्वपूर्ण मामले में सर्वोच्च न्यायालय ने यहाँ तक कह दिया कि किसी व्यक्ति का पासपोर्ट जब्त कर विचारों की अभिव्यक्ति और विदेश में जाने पर रोक नहीं लगाई जा सकती है।[72] **इण्डियन एक्सप्रेस न्यूज पेपर्स (बम्बई) प्रा० लि० और अन्य बनाम भारत संघ और अन्य**[73] के मामले में सर्वोच्च न्यायालय ने स्पष्ट रूप से

---

[71] A.I.R. 1950, S.C. 124।
[72] मेनका गाँधी बनाम भारत संघ, A.I.R. 1978, S.C. 597।
[73] A.I.R. 1986, S.C. 515।

कह दिया है कि वाक् एवम् अभिव्यक्ति की स्वतन्त्रता में प्रेस की स्वतन्त्रता सम्मिलित है।

पूर्व–सेंसर (Pre-Censor) प्रेस की स्वतन्त्रता में पूर्व–सेंसर नहीं लगाया जा सकता है। यदि कोई विधि किसी बात को प्रकाशन होने से पूर्व रोक (Censor) लगाती है तो ऐसी विधि अनुच्छेद 19(1)[a]. का उल्लंघन करती है। जैसा कि **ब्रिज भूषण बनाम दिल्ली**[74] के मामले में सर्वोच्च न्यायालय ने विचार व्यक्त किया है कि ऐसा कोई आदेश या विधि मान्य नहीं की जाएगी जो समाचार–पत्र को छापने से पूर्व सरकार की अनुमति लेनी को आवश्यक बनती हो।

2. शाँतिपूर्ण और निरायुध सम्मेलन करने की स्वतन्त्रताः अनुच्छेद 19(1)[b]. भारतीय नागरिकों को शाँतिपूर्ण और निरायुध तरीके से सभा, सम्मेलन और जुलूस करने की अनुमति प्रदान करता है। कभी–कभी इसे वाक् एवम् अभिव्यक्ति की स्वतन्त्रता के साथ जोड़ दिया जाता है, क्योंकि यह जनता के विचारों को अभिव्यक्त करने का एक सबसे सशक्त माध्यम है। हेट स्पीच देने पर भी गिरफ़्तार किया जा सकता है, इस प्रकार के कृत्य को न तो भाषण की स्वतन्त्रता कहा जा सकता है, और ना ही सम्मेलन करने की स्वतन्त्रता। गौरतलब है कि 24 दिसम्बर 2013 को आदिलाबाद के एक जलसे में मजलिस–ए–इत्तेहादुल मुसलमीन (एमआईएम) के विधायक अकबरुद्दीन ओवैसी ने खुलेआम मुसलमानों को हिन्दुओं के खिलाफ उकसाया था, जिसके कारण सांप्रदायिक संकट हो गया था, बाद में हैदराबाद पुलिस ने उसे गिरफ़्तार कर भारत को गहरे संकट से उबार लिया।

3. संगम या संघ बनाने की स्वतन्त्रताः अनुच्छेद 19(1)[c]. में सभी भारतीय नागरिकों को स्वेच्छा से संघ या संस्था बनाने का अधिकार है, साथ ही उनमें

---

[74] A.I.R. 1950, S.C. 129।

सम्मिलित होने और हटने का अधिकार भी सम्मिलित है। संघ या संस्था कई प्रकार की हो सकती है, उदाहरण के लिए महिलाओं द्वारा गठित की गई संस्था जो केवल खास वर्ग की महिलाओं के लिए निर्मित की गई है तो उसमें केवल उसी वर्ग की महिलाएँ सम्मिलित हो सकती हैं, अन्य वर्ग की महिलाएँ नहीं और पुरुष उस संस्था के सदस्य नहीं बन सकते। किन्तु यदि संस्था का ऐसा कोई उद्देश्य नहीं है तो कोई भी भारत का नागरिक उसका सदस्य बन सकता है। **सोजान फ्रांसिस बनाम एम०जी० विश्वविद्यालय**[75] में केरल उच्च न्यायालय ने कहा कि विश्वविद्यालय/ महाविद्यालय में अनुशासन बनाए रखने के लिए प्रबन्धन मण्डल का निर्णय अहम होता है। अनुचित संगम को शिक्षण संस्थाओं में प्रतिबन्धित किया जा सकता है। संघ का निर्माण करने का सभी नागरिकों को अधिकार प्राप्त है, किन्तु यह अधिकार पूर्णतः नहीं है, इस पर तर्कसंगत निर्बन्धन लगाए जा सकते हैं, प्रथम देश की प्रभुता और अखण्डता के लिए और द्वितीय लोक व्यवस्था और सदाचार के मुद्दे पर।

4. भारत में कहीं भी संचरण (आने–जाने) की स्वतन्त्रता : भारत में केवल भारत के नागरिकों को अबाध्य रूप से घूमने का अधिकार है, उन्हें यह अधिकार संविधान के अनुच्छेद 19(1)[d]. से प्राप्त होता है, जबकि विदेशी व्यक्तियों को यह सीमित रूप से प्राप्त है। एक मामले में न्यायालय ने कहा कि कोई नागरिक एक राज्य से दूसरे राज्य में भ्रमण ही नहीं अपितु एक स्थान से दूसरे स्थान में भी भ्रमण कर सकता है।[76] एक अन्य मामले[77] में सर्वोच्च न्यायालय ने कार्यपालिक दण्डाधिकारी की गुंडा अधिनियम में मनमानी शक्ति को अनुच्छेद 19(1)[d]. का अतिक्रमण माना किन्तु **एन०बी० खरे बनाम**

---

[75] 2003(2) KLT 582।
[76] गुरबचन सिंह बनाम बम्बई राज्य, A.I.R. 1952, S.C. 221।
[77] A.I.R. 1961, S.C. 293।

दिल्ली[78] के मामले में न्यायालय ने कार्यपालिक दण्डाधिकारी की आपातकालीन शक्ति को उचित मानते हुए भ्रमण के निर्बन्धन को उचित माना है। अनुच्छेद 19(1)[d] पर अनुच्छेद 19 के खण्ड (5) द्वारा निम्नलिखित रूप से निर्बन्धन लगाए जा सकते हैं, यदि वह...

➤ साधारण जनता की भलाई हेतु अपेक्षित हो, या
➤ जनजाति के हितों के लिए हो।

5. भारत में कहीं भी निवास और बस जाने की स्वतन्त्रता – अनुच्छेद 19(1)[e]. के अनुसार भारत के नागरिकों को भारत में कहीं भी निवास करने की स्वतन्त्रता प्राप्त है। किन्तु यह भी पूर्णरूपेण अधिकार नहीं है इस पर भी अनुच्छेद 19 के खण्ड (5) द्वारा निर्बन्धन लगाए जा सकते हैं।

6. कोई व्यापार, वृत्ति, उपजीविका और कारोबार करने की स्वतन्त्रता : अनुच्छेद 19(1)[g]. के अनुसार नागरिक भारत में कोई वृत्ति, उपजीविका, व्यापार और कारोबार कर सकता है। किन्तु सरकार उस पर तर्कसंगत निर्बन्धन लगा सकती है...

➤ साधारण जनता के हित हेतु,
➤ तकनीकी वाले कारोबार में न्यूनतम योग्यता का निर्धारण करके, और
➤ किसी ऐसे नागरिक को पुन्तः या भागतः निष्काषित करके।

कारोबार से आशय वैध कारोबार से है, अवैध कारोबार और व्यापार से नहीं है।[79] एक अन्य मामला **चिंतामन राव बनाम मध्य प्रदेश**[80] में सर्वोच्च न्यायालय ने कहा कि सरकार अपने लाभ के लिए किसी अन्य कार्य को बन्द कर मजदूरों को दूसरे कार्य में लिप्त होने के लिए मजबूर नहीं कर सकती है।

---

[78] A.I.R. 1950, S.C. 211।
[79] उत्तर प्रदेश राज्य बनाम करतार सिंह, A.I.R. 1964, S.C. 1135।
[80] A.I.R. 1951, S.C. 118।

तर्कसंगत निर्बन्धन की कसौटी और अनुच्छेद 19(1)[a]. पर निर्बन्धन

अनुच्छेद 19(1) की स्वतन्त्रता पूर्ण (Absolute) नहीं है, उस पर तर्कसंगत निर्बन्धन लगाए जा सकते हैं। तर्कसंगत निर्बन्धन से आशय ऐसी रोक से है जिसमें ऐसे मापदण्ड होने चाहिए जिससे नागरिकों के मौलिक अधिकारों का अतिलंघन नहीं होना चाहिए। अनुच्छेद 19(1)[a]. पर निर्बन्धन के आधार इस प्रकार हैं...

1. राज्य की सुरक्षा :– बलवा आदि अन्य कार्य से राज्य की सुरक्षा भंग होने की आशंका है तो ऐसा निर्बन्धन युक्ति युक्त होगा।[81]

2. भारत की विदेश नीति :– भारत अपने पड़ोसी देशों के साथ मैत्रीपूर्ण सम्बन्ध रखने हेतु स्वतन्त्र है। इसीलिए विदेशी राज्यों के प्रति नागरिकों को भी सकारात्मक रुख अपनाना चाहिए, ईर्ष्या और मिथ्या बातों को नहीं फैलाना चाहिए।

3. लोक व्यवस्था – **रोमेश थापर बनाम मद्रास राज्य**[82] के मामले में उत्पन्न कठिनाई को समाप्त करने के लिए संसद द्वारा प्रथम संशोधन 1951 में किया गया जिसके कारण सरकार अनुच्छेद 19(2) में लोक व्यवस्था के आधार पर निर्बन्धन लगा सकती है।

4. शिष्टाचार और सदाचार – ऐसे कृत्य जो सामाजिक और लोक शिष्टाचार को हानि पहुँचाते हैं, उन्हें भी निर्बन्धित किया जा सकता है। उदाहरण के लिए अश्लील कार्य को करने पर भारतीय दण्ड संहिता द्वारा कार्यवाही की जा सकती है।

5. न्यायालय की अवमानना – न्यायालय के कार्यों का कोई भी गुणावगुण नहीं कर सकता है, इसीलिए न्यायालय की गरिमा को रखने के लिए न्यायालय अवमानना अधिनियम, 1971 पारित किया गया है, न्यायालय की

---

[81] A.I.R. 1952, S.C. 329।
[82] A.I.R. 1950, S.C. 124।

अवमानना दो प्रकार से होती है एक आपराधिक और दूसरी सिविल। यह एक आधारभूत धारणा है।[83]

6. मानहानि – अभिव्यक्ति की स्वतन्त्रता का यह आशय कदापि नहीं है कि इसकी आड़ लेकर कोई किसी व्यक्ति की मानहानि करेगा, यदि असत्य बातों का प्रकाशन किया गया है तो उसके विरुद्ध (IPC) की धारा 499 के अधीन कार्यवाही की जा सकती है।

7. भारत की प्रभुता और अखण्डता – कोई भी व्यक्ति भारत की प्रभुता और अखण्डता के विरुद्ध कार्य नहीं करेगा और ना ही ऐसा कथन कहेगा जिससे भारत की साख को खतरा हो।

8. आपराधिक कार्य – आपराधिक कार्य में संलिप्त व्यक्तियों को अनुच्छेद 19(1) का लाभ प्राप्त नहीं होता है, क्योंकि इससे सामान्य जन को क्षति होने की सम्भावना होती है।

3. कतिपय अपराधों पर दोषसिद्धि से संरक्षण, अनुच्छेद–20 :

किसी भी व्यक्ति को बिना सम्यक प्रक्रिया के अपराध में दोषसिद्ध नहीं किया जा सकता, ऐसा नैसर्गिक न्याय के सिद्धान्त के विरूद्ध होगा, भारतीय संविधान के अनुच्छेद 20 में इसी तरह के कतिपय अपराधों से संरक्षण प्राप्त है। अनुच्छेद 20 में तीन प्रकार के सिद्धान्त हैं...

1. अनुच्छेद 20(1). कार्योत्तर विधियों से संरक्षण। [Protection against ex-Post Facto Laws]

2. अनुच्छेद 20(2). दोहरे दण्ड से संरक्षण। [Protection against double Jeopardy]

3. अनुच्छेद 20(3).आत्म अभिशंसन। [Protection against self & incrimination]

---

83 इन रि अरुन्धती राय, A.I.R. 2002, S.C. 1375।

1. कार्योत्तर विधियों से संरक्षण

कार्योत्तर विधि से तात्पर्य ऐसी दाण्डिक विधि से है जो भविष्य में निर्मित की जाती है, जिसका सम्बन्ध सिविल विधियों से नहीं होता है।[84] दूसरे शब्दों में मान लीजिए X ने भारतीय दण्ड संहिता के अनुसार चोरी का अपराध 1949 में किया जिसमें तीन वर्ष की सज़ा का प्रावधान है, किन्तु X को सज़ा मिलने के तुरन्त बाद दण्ड संहिता में संशोधन किया जाता है और तीन वर्ष के स्थान पर पाँच वर्ष के कठोर कारावास का प्रावधान किया जाता है। तो ऐसे में अपील न्यायालय द्वारा भी तीन वर्ष के कारावास से दण्डित किया जाएगा, ना कि पाँच वर्ष के कारावास से। किन्तु बाद में बनी विधि जिसमें सज़ा का प्रावधान कम है तो इस बारे में न्यायालय विचार कर सकती है जैसा कि **रतनलाल बनाम पंजाब राज्य**[85] के मामले में न्यायालय ने निर्धारित किया है कि लाभकारी उपबन्धों को कार्योत्तर विधियों में लागू किया जा सकता है। इस मामले में एक 16 साल के लड़के ने एक सात वर्ष की लड़की के साथ यौन अपराध किया। विचरण न्यायालय ने उसे छः माह के कठोर कारावास से और जुर्माने से भी दण्डित किया। अपील के दौरान अपराध परिवीक्षा अधिनियम, 1958 पारित हो गया। न्यायालय ने उस अपचारी बालक को परिवीक्षा का लाभ देते हुए दण्ड में कमी कर दी।

2. दोहरे दण्ड से संरक्षण

किसी भी व्यक्ति को एक ही अपराध में एक ही बार दण्डित किया जाएगा दो बार नहीं। एक ही मामले में यदि दो बार दण्डित किया जाता है तो यह नैसर्गिक न्याय के विपरीत होगा और न्याय नहीं कहलाएगा। **ए०ए० मुल्ला और अन्य बनाम महाराष्ट्र राज्य**[86] के मामले में कहा गया कि जब किसी

---

[84] हाथीसिंह मैन्युफैक्चरिंग कम्पनी बनाम भारत संघ, A.I.R. 1960, S.C. 223 के मामले में कहा गया कि सिविल मामलों में भूतलक्षी प्रभाव लागू किए जा सकते हैं।
[85] A.I.R. I965, S.C. 444।
[86] A.I.R. 1997, S.C.W- 63।

मामले में अपराध के तत्व अलग–अलग होते हैं तो दूसरा परीक्षण अवैध नहीं कहलाएगा।

अनुच्छेद 20(2) का लाभ केवल न्यायिक या न्यायाधिकरण कार्यवाही में ही मिलता है, अन्य कार्यवाही में नहीं।[87] उदाहरण – "मान लीजिए 'X' ने 'Y' की हत्या ट्रेन में कर दी जिसके लिए गुडगाँव के न्यायालय द्वारा अभियोजित किया जाता है, और आजीवन कारावास की सज़ा दी जाती है। ठीक इसी मामले में दिल्ली के न्यायालय में उसी अपराध के लिए 'Y' को अभियोजित नहीं किया जा सकता क्योंकि अपराध के तत्व वही हैं जो गुडगाँव के न्यायालय के समक्ष थे"।

3. आत्म अभिशंसन

अनुच्छेद 20(3) के अनुसार किसी भी व्यक्ति को अपने विरुद्ध साक्ष्य देने के लिए बाध्य नहीं किया जाएगा। किन्तु यदि वह व्यक्ति जो अपनी स्वेच्छा से साक्ष्य देता है तो अनुच्छेद 19(3) का उल्लंघन नहीं माना जाएगा।[88]

उदाहरण – मान लीजिए कि 'R' और 'S' आपस में 'N' की हत्या की बात स्वीकार करते हैं और इस बात को पुलिस द्वारा सुन लिया जाता है, किन्तु इस साक्ष्य को न्यायालय द्वारा स्वीकार नहीं किया जाएगा। किन्तु दोनों में से किसी एक ने पुलिस को इसकी सहमति दे दी हो तो यह साक्ष्य में ग्रहण होगा।

किसी व्यक्ति को जबरदस्ती नार्को टेस्ट या डी०एन०ए० टेस्ट को करने के लिए बाध्य नहीं किया जा सकता है। इसी तरह **अमृत सिंह बनाम पंजाब**[89] के मामले में न्यायालय ने कहा है कि अभियुक्त को अपने बाल के नमूने को नहीं देना एक अधिकार है, वह चाहे तो स्वेच्छा से दे सकता है, दबाव वश नहीं। **दिल्ली न्यायिक सेवा संघ तीस हजारी न्यायालय बनाम**

---

87 कलावती बनाम हिमांचल प्रदेश, A.I.R. 1953, S.C. 131।

88 महाराष्ट्र राज्य बनाम लक्ष्मीपत, A.I.R. 1968, S.C. 938.9

89 A.I.R. 2007, S.C. 132।

गुजरात[90] के मामले में एक मुख्य न्यायिक दण्डाधिकारी को पुलिस द्वारा शराब पिलाई गई, धमकाया गया और मारपीटकर हथकड़ी लगा कर आरोपी बनाया गया, जिसका विरोध देशभर में किया गया। जगह—जगह अनुच्छेद (32) के अधीन सर्वोच्च न्यायालय में पुलिस के विरुद्ध कार्यवाही करने की याचिका दाखिल की गई। पुलिस द्वारा बचाव में यह कहा गया कि उन पर पहले से कार्यवाही चल रही है अतः अनुच्छेद 19(3) के अधीन दोबारा अभियोजन नहीं चलाया जा सकता है। तब सर्वोच्च न्यायालय ने अभिनिर्धारित किया कि न्यायालय अवमानना के लिए अलग से अभियोजन चलाया जा सकता है और वैसे भी मामला दर्ज होने से कोई अभियुक्त नहीं हो जाता है। अतः पुलिस को अनुच्छेद 19(3) का बचाव प्राप्त नहीं होगा।

4. प्राण एवम् दैहिक स्वतन्त्रता का अधिकार, अनुच्छेद 21 :

अनुच्छेद (21) के अनुसार "किसी भी व्यक्ति को, उसके प्राण एवम् दैहिक स्वतन्त्रता के अधिकार को विधि द्वारा स्थापित प्रक्रिया के अनुसार ही वंचित किया जाएगा, अन्यथा नहीं।" जैसा कि अनुच्छेद (21) की परिभाषा से स्पष्ट होता है कि किसी भी व्यक्ति को उसके प्राण एवम् दैहिक स्वतन्त्रता से विधि द्वारा स्थापित प्रक्रिया से वंचित किया जाएगा, अन्यथा नहीं, यहाँ व्यक्ति शब्द को भारतीय संविधान ने अत्यन्त विस्तृत रूप में लिया है, व्यक्ति शब्द में सभी भारतीय नागरिक और गैर—भारतीय नागरिक दोनों सम्मिलित हैं।[91] अनुच्छेद (21) में दो पद महत्वपूर्ण हैं...

    I.   प्राण (Life), और

    II. दैहिक (Bodily)

---

[90] 1991, S.S.C.(4) 406।
[91] चेयरमैन रेलवे बोर्ड बनाम चंद्रिमा दास और अन्य, A.I.R. 2000, S.C. 988।

1. प्राण : प्राण शब्द से आशय जीवन जीने से है, और प्रत्येक मानव को अपना जीवन गरिमामय तरीके से जीने का अधिकार है। **ओलेगा तेलिस बनाम बाम्बे म्युनिसिपल कार्पोरेशन**[92] के मामले में सर्वोच्च न्यायालय ने कहा कि मलिन बस्तियों में रहने वाले कई सदियों से रह रहे हैं, ऐसे में उन्हें बिना सम्यक प्रक्रिया से वहाँ से हटा दिया जाएगा तो यह उनके जीवन जीने के अधिकार का उल्लंघन होगा।

2. दैहिक स्वतन्त्रता : दैहिक स्वतन्त्रता से आशय किसी व्यक्ति की शारीरिक (Physical) स्वतन्त्रता और निजता (Privacy) के अधिकार से है। **ए०के० गोपालन बनाम मद्रास राज्य**[93] के मामले में सर्वोच्च न्यायालय ने प्रथम बार अभिमत किया था, इस मामले में याचिकाकर्ता को निवारक निरोध क़ानून के अधीन गिरफ़्तार किया गया था, न्यायालय ने इसे उचित मानते हुए कहा कि निरोध विधि द्वारा स्थापित प्रक्रिया के अनुसार था।

अनुच्छेद (21) और नया आयाम

वर्तमान में इसकी प्रासंगिकता में बदलाव आया है, **मेनका गाँधी**[94] के मामले में न्यायालय ने **ए. के. गोपालन** मामले को उलटे हुए अभिनिर्धारित किया कि दैहिक स्वतन्त्रता विस्तृत पद है, इसमें वे सभी अधिकार सम्मलित है, जो व्यक्ति के दैहिक स्वतन्त्रता में सहायक है, इस मामले में मेनका गाँधी के पासपोर्ट को बिना युक्तिक्युक्त कारण के जप्त कर लिया गया था और विदेश जाने पर रोक लगा दी गई थी, जिसे सर्वोच्च न्यायालय ने अनुच्छेद (21) प्राण एवम् दैहिक स्वतन्त्रता के विरुद्ध माना।

1. <u>एकान्तता का अधिकार और अनुच्छेद (21)</u> : **गोविन्द बनाम मध्य प्रदेश राज्य**[95] के मामले में सर्वोच्च न्यायालय ने कहा कि अनुच्छेद (21) में

---

92 A.I.R. 1986, S.C. 180।
93 A.I.R. 1952, S.C. 027।
94 मेनका गाँधी बनाम भारत संघ, A.I.R.1978, S.C. 597।
95 A.I.R. 1975, S.C. 1379।

एकान्तता का अधिकार भी सम्मिलित है किन्तु यह आत्यन्तिक नहीं है, इस पर कुछ निर्बन्धन लगाए जा सकते हैं। निम्नलिखित अन्य बिन्दु जो एकान्तता के अधिकार के दायरे में आते हैं। फोन टेप करना एकान्तता के अधिकार का उल्लंघन होगा जैसा कि सर्वोच्च न्यायालय ने **प्युपिल्स यूनियन फॉर सिविल लिबर्टीज (PUCL) बनाम भारत संघ**[96] के मामले में निर्धारित किया है। **खड़क सिंह बनाम उत्तर प्रदेश राज्य**[97] के मामले में अवैध निगरानी रखना व्यक्ति के एकान्तता के अधिकार का उल्लंघन माना है।

2. <u>आहार पाने का अधिकार और अनुच्छेद (21)</u> [Right to food] : आहार पाने का अधिकार अनुच्छेद (21) के अधीन मौलिक अधिकार है, **प्युपिल्स यूनियन फॉर सिविल लिबर्टीज (PUCL) बनाम भारत संघ और अन्य**[98] के मामले में न्यायालय ने कहा है कि ग़रीब तथा निराश्रित लोग जो खाद्य पदार्थ खरीदने में सक्षम नहीं हैं, उन्हें राज्य द्वारा खाद्यान्न की व्यवस्था की जानी चाहिए।

3. <u>विदेश भ्रमण का अधिकार और अनुच्छेद (21)</u> : विदेश भ्रमण का अधिकार अनुच्छेद (21) द्वारा प्रदत्त मौलिक अधिकार है। किसी व्यक्ति को विदेश जाने से नहीं रोक जा सकता, यह मानव गरिमा के विरुद्ध होगा।[99] **मेनका गाँधी**[100] मामले से पहले सर्वोच्च न्यायालय ने **सतवंत सिंह बनाम डी० रमार्थनाम, असिस्टेंट पासपोर्ट ऑफिसर, नई दिल्ली और अन्य**[101] के मामल में विदेश जाने के अधिकार को और विस्तृत मानते हुए कहा इसे रोकना मानव स्वतन्त्रता और मौलिक अधिकार का उल्लंघन करना होगा।

---

[96] A.I.R. 1997, S.C. 1203 ।
[97] C.S.R. 1964, (1), 332 ।
[98] Writ Petition [Civil] No. 196 of 2001
[99] मेनका गाँधी बनाम भारत संघ, A.I.R. 1978, S.C. 597 ।
[100] तत्रैव।
[101] 1967, S.C.R.(2) 525 ।

4. जीने के अधिकार में मरने का अधिकार सम्मिलित नहीं है : **मारुती श्रीपति दूबल बनाम महाराष्ट्र**[102] के मामले में मारुती श्रीपति दूबल पुलिस में कांस्टेबल थे, सड़क दुर्घटना में वे शारीरिक और मानसिक रूप से आकृत हो गए जिस कारण घर की आर्थिक स्थिति बिगड़ गई। उनकी पत्नी द्वारा राज्य सरकार से सब्जी के व्यवसाय हेतु व्यवस्था के लिए गुहार की गई जिसे राज्य सरकार ने अनसुनी कर दी। इसके पश्चात् मारुती श्रीपति दूबल ने नगरपालिका आयुक्त से मिलना चाहा, किन्तु वहाँ भी उन्हें आयुक्त से मिलने नहीं दिया गया। इससे क्षुब्ध होकर मारुती श्रीपति दूबल ने खुद को मिटटी के तेल से आग लगाने का प्रयास किया। वह आत्महत्या के इस प्रयास में असफल रहीं और उन्हें गिरफ़्तार कर लिया गया। उन पर आत्महत्या के प्रयास के लिए मुक़दमा दर्ज किया गया।[103] इस मामले में कई प्रश्नों पर बहस छिड़ गई। बम्बई उच्च न्यायालय का कहना था कि राज्य सरकार द्वारा याची को सम्मानपूर्वक जीवन व्यापन करने की व्यवस्था नहीं की गई थी जिसके कारण मजबूर होकर उसे यह क़दम उठाना पड़ा, अतः भारतीय दण्ड संहिता की धारा (309) असंवैधानिक है। इस मामले के पश्चात् सन् 1994 में फिर यह प्रश्न सर्वोच्च न्यायालय के समक्ष प्रस्तुत हुआ तब दो न्यायाधीश ने **पी० रतिनाम बनाम भारत संघ**[104] के मामले में अपना मत पुख्ता करते हुए कहा कि यदि सम्मानजनक और गरिमामय जीवन यदि प्रदान नहीं किया जा सकता तो इससे बेहतर मर जाना होगा, जीने के अधिकार में मरने का अधिकार सम्मिलित है, अतः भारतीय दण्ड संहिता की धारा (309) संविधान के अनुच्छेद (21) का अतिक्रमण करती है, अतः असंवैधानिक है। किन्तु सन् 1996 में **श्रीमती ज्ञान कौर बनाम पंजाब राज्य**[105] के मामले में सर्वोच्च न्यायालय के स्वर बदले नज़र आ रहे हैं। इस मामले में सर्वोच्च न्यायालय ने

---

102 1987, Cr. Law Journal (743)।
103 भारतीय दण्ड संहिता 1860 की धारा (309)।
104 A.I.R. 1994, S.C. 1844।
105 A.I.R. 1996, S.C. 946।

अपने दो पूर्वविनिश्चय मारुती श्रीपति दूबल और **पी० रतिनाम बनाम भारत संघ** के मामले को उलटते हुए यह प्रतिपादित किया कि जीने के अधिकार में मरने का अधिकार सम्मिलित नहीं है, अतः भारतीय दण्ड संहिता की धारा (309) वैधानिक है। दया मृत्यु (Mercy Death) का सिद्धान्त भारत में मान्य नहीं है।

5. <u>पर्यावरण प्रदूषण से संरक्षण और अनुच्छेद (21)</u> : आज पृथ्वी को सबसे बड़ा नुकसान पर्यावरण प्रदूषण के कारण हो रहा है। अब चाहे वह ग्लोबल वार्मिंग हो, पर्यावण असन्तुलन या ऋतु परिवर्तन यह सब हमारे द्वारा पर्यावरण को छेड़छाड़ करने का नतीजा है। संसद द्वारा जो विधियाँ निर्मित की गई हैं वो अपर्याप्त हैं, अतः ऐसे में सर्वोच्च न्यायालय के न्यायिक विनिश्चय बेहद महत्वपूर्ण हो जाते हैं। पर्यावरण को प्रदूषित होने से बचाने के लिए सर्वोच्च न्यायालय ने निम्नलिखित प्रमुख निर्णय दिए...

i. **एम०सी० मेहता बनाम भारत संघ**[106] इस मामले में श्रीराम फर्टिलाइजर कम्पनी में एक ओलियम नामक जहरीली गैस का उत्पादन बिना किसी सुरक्षा के किया जाता था, जिससे आसपास के रहवासियों और कम्पनी के कर्मचारियों का जीवन खतरे में था। सर्वोच्च न्यायालय ने तुरन्त इस जहरीली गैस का उत्पादन बन्द करवाया।

ii. **एम०सी० मेहता बनाम भारत संघ**[107] इस मामले में सर्वोच्च न्यायालय ने कानपुर स्थित एक चर्मशोधक कारखाने को बन्द करने के निर्देश दिए क्योंकि उक्त कारखाने से निकलने वाले मलबे से गंगा नदी प्रदूषित हो रही थी।

iii. **एम०सी० मेहता बनाम भारत संघ**[108] इस मामले में न्यायालय ने पर्यावरण प्रदूषण रोकने के लिए पेट्रोल और डीजल वाहनों से हो रहे प्रदूषण को रोकने

---

[106] A.I.R. 1987, S.C. 1086।
[107] A.I.R. 1988, S.C. 1115।
[108] 1991, S.C.R. (1)866।

के उपाय करने का आदेश दिल्ली प्रशासन को दिया, साथ ही दूरदर्शन को प्रदूषण रोकने हेतु प्रस्रोग्राम दिखाने का आदेश दिया।

iv. **एम०सी० मेहता बनाम भारत संघ**[109] इस मामले में सर्वोच्च न्यायालय ने दिल्ली से सभी 168 खतरनाक कारखाने हटाने या अन्यत्र स्थापित करने के आदेश दिए।

v. **एम०सी० मेहता बनाम भारत संघ**[110] इस मामले में सर्वोच्च न्यायालय ने ताजमहल को प्रदूषण से बचने के लिए ताज के आसपास से खतरनाक कारखानों को अन्यत्र विस्थापित करने का आदेश दिया।

vi. **एम०सी० मेहता बनाम भारत संघ**[111] इस मामले में सर्वोच्च न्यायालय ने अभिनिर्धारित किया कि पर्यावरण प्रदूषण जैसे हवा, पानी और भूमि जो भी इनके साथ छेड़छाड़ करेगा उसे पीड़ित को प्रतिकार देना होगा।

vii. **एम०सी० मेहता बनाम भारत संघ**[112] इस मामले को दिल्ली सी०एन०जी० (CNG) का मामला भी कहते हैं। इस मामले में सर्वोच्च न्यायालय ने दिल्ली में सभी वाहनों पर सी०एन०जी० गैस लगाने के निर्देश दिए थे।

viii. **सुभाष कुमार बनाम बिहार**[113] के मामले में कहा गया कि स्वच्छ वायु, भूमि और जल नागरिकों का मौलिक अधिकार है और यह अनुच्छेद (21) में सम्मिलित है। जिससे प्रदूषण में कुछ हद तक कमी हुई है।

6. <u>शिक्षा का अधिकार और अनुच्छेद (21)</u> : सर्वप्रथम **मोहिनी जैन बनाम कर्नाटक**[114] के मामले में सर्वोच्च न्यायालय ने शिक्षा के अधिकार को अनुच्छेद (21) के अधीन मौलिक अधिकार माना है। किन्तु **उन्नीकृष्णन बनाम आन्ध्र**

---

[109] JT 1996 (6)129।
[110] A.I.R. 1997, S.C. 734।
[111] A.I.R. 2000, S.C. 1997।
[112] A.I.R. 2001, S.C. 1948।
[113] A.I.R. 1991, S.C. 420।
[114] A.I.R. 1992, S.C. 1858।

प्रदेश[115] के मामले में शिक्षा के अधिकार को सीमित करते हुए केवल 14 तक के बच्चों के लिए माना है। एक अन्य मामले में अल्पसंख्यक शिक्षण संस्थानों में उन्नीकृष्णन के मामले को नकारते हुए कहा कि अल्पसंख्यक शिक्षण संस्थानों में उन्नीकृष्णन स्कीम को लागू नहीं किया जा सकता क्योंकि ऐसी संस्थाओं में विशेष वर्ग के लोगों के हित समाहित रहता है, अतः यहाँ उसे लागू नहीं किया जा सकता है। कोई संस्था अल्पसंख्यक है या नहीं, इसका निर्णय राज्य सरकार करेगी।[116]

7. <u>निःशुल्क विधिक सहायता और अनुच्छेद (21)</u> : सभी व्यक्तियों को निःशुल्क विधिक सहायता प्राप्त करने का मौलिक अधिकार है, इसे सभी राज्यों को अवश्य पालन करना चाहिए। **एम०एम० हासकाट बनाम महाराष्ट्र**[117] के मामले में सर्वोच्च न्यायालय ने निर्धारित किया है कि सामान्य व्यक्ति की तरह दोषसिद्ध व्यक्ति को भी निःशुल्क विधिक सहायता प्राप्त करने का मौलिक अधिकार है।

8. <u>शीघ्र परीक्षण और अनुच्छेद (21)</u> : सर्वोच्च न्यायालय ने शीघ्र परीक्षण को अनुच्छेद (21) में मौलिक अधिकार माना है। **हुस्न आरा खातून बनाम बिहार**[118] शीघ्र परीक्षण अनुच्छेद (21) द्वारा प्रदत्त मौलिक अधिकार है, साथ ही ग़रीब और निर्धन व्यक्तियों को निःशुल्क विधिक सहायता प्रदान किया जाना चाहिए।

9. <u>चिकित्सा पाने का अधिकार और अनुच्छेद (21)</u> : अनुच्छेद (21) में चिकित्सा प्राप्त करने के अधिकार को मौलिक अधिकार माना है। सर्वोच्च

---

[115] A.I.R. 1993, S.C. 2178।
[116] टी०एम०ए० फाउंडेशन बनाम कर्नाटक, A.I.R. 2003, S.C. 335।
[117] A.I.R. 1978, S.C. 1548।
[118] A.I.R. 1979, S.C. 1360।

न्यायालय ने **परमानन्द कटारा बनाम भारत संघ**[119] के मामल में यह स्पष्ट रूप से निर्धारित किया है कि सरकारी और निजी दोनों चिकित्सालय में बिना पुलिस कार्यवाही पूरी होने के पहले रोगी को तुरन्त चिकित्सा सुविधा मुहैया कराएँ, तथा शीघ्रतापूर्वक चिकित्सयी परीक्षण करें।

10. कामकाजी महिलाओं को यौन शोषण से संरक्षण और अनुच्छेद (21) : श्रमजीवी महिलाओं को यौन उत्पीड़न से सुरक्षा देना राज्य का कर्तव्य है, और यह अनुच्छेद (21) द्वारा प्रदत्त मौलिक अधिक्कर भी है। **विशाखा और अन्य बनाम राजस्थान**[120] के मामले में सर्वोच्च न्यायालय ने कामकाजी महिलाओं के हो रहे यौन शोषण को रोकने के लिए एक महत्वपूर्ण निर्णय सुनाया है जो मील का पत्थर प्रमाणित होगा।

11. हथकड़ी लगाने से संरक्षण और अनुच्छेद (21) : अनुच्छेद (21) हथकड़ी लगाने से संरक्षण प्रदान करता है, सर्वोच्च न्यायालय ने भी **प्रेम शंकर शुक्ला बनाम दिल्ली**[121] प्रशासन के मामले में यह निर्धारित किया है कि जब तक अपराधी भाग निकलने के प्रयास में ना हो या वह सम्भावित खतरा उत्पन्न न करता हो तब तक किसी भी अभियुक्त को हथकड़ी नहीं लगाई जा सकती।

12. जन सामान्य में फाँसी देने से संरक्षण : **अटॉर्नी–जनरल बनाम लक्ष्मा देवी**[122] के मामले में न्यायालय का मत है कि अमानवीय तरीके से जन सामान्य में फाँसी देना बेहद बर्बर और क्रूरतम तरीका है। यह आवश्यक नहीं कि किसी व्यक्ति ने अमानवीय अपराध किया हो तो उसे अमानवीय तरीके से फाँसी दी जानी चाहिए।

---

119 A.I.R. 1989, S.C. 2039।
120 A.I.R. 1997, S.C.C. 3011।
121 A.I.R. 1980, S.C. 1535।
122 A.I.R. 1986, A.P. 467।

13. मृत्युदण्ड की संवैधानिकता और अनुच्छेद (21) : **केहर सिंह बनाम दिल्ली प्रशासन**[123] के मामले में विरल से विरलतम मामले के सिद्धान्त को अपनाया गया है। जिसके अनुसार जो इस कोटि का अपराध करेगा उसे मृत्युदण्डादेश दिया जाएगा। एक अन्य मामला **मिट्ठू बनाम पंजाब**[124] राज्य के मामले में सर्वोच्च न्यायालय ने भारतीय दण्ड संहिता की धारा (303) [125] को असंवैधानिक कर दिया क्योंकि वह अनुच्छेद (14) और (21) का अतिक्रमण करती थी।

14. राज्य के अपकृत्यात्मक दायित्व के विरुद्ध संरक्षण और अनुच्छेद (21) : **रुदल शाह बनाम बिहार**[126] के मामले में निर्धारित किया गया कि यदि कोई राज्य किसी नागरिक के साथ अपकृत्य करता है तो उसे भी अपने इस कृत्य के लिए पीड़ित को प्रतिकार प्रदान करना होगा। इस मामले में रुदल शाह को बिहार के जिला और सत्र न्यायालय ने सन् 1964 में रिहा कर दिया था, किन्तु जेल कर्मचारियों और अधिकारियों की उपेक्षा के कारण उसे तकरीबन 15 वर्ष अतिरिक्त जेल में गुजरने पड़े थे। न्यायालय ने इसे राज्य का दायित्व मानते हुए 3500 हजार रुपए अन्तरिम प्रदान किए।

15. मृत्युदण्ड में अनावश्यक विलम्बन होने पर उसे आजीवन कारावास में बदलने की न्यायालय की शक्ति : यदि किसी फाँसी की सज़ा पाए अपराधी को राज्य द्वारा सज़ा देने में अनावश्यक विलम्ब किया जाता है तो न्यायालय फाँसी की सज़ा को आजीवन कारावास में बदल सकता है। यह न्यायालय

---

123 (1988) 3, S.C.C. 609।

124 A.I.R. 1983, S.C. 473।

125 धारा (303) IPC 1860 के अनुसार आजीवन कारावास से दण्डित व्यक्ति यदि हत्या करेगा तो वह मृत्यु दण्ड से दण्डनीय होगा।

126 A.I.R. 1986, S.C. 1086।

द्वारा प्रदत्त मानवीय दृष्टिकोण है क्योंकि जब अनुच्छेद (21) में शीघ्र परीक्षण की व्यवस्था है तो यह उस प्रक्रिया का दुरुपयोग कहलाएगा अतः न्यायालय द्वारा अनावश्यक विलम्ब के मामले में फाँसी की सज़ा को आजीवन कारावास में बदला जा सकता है। जैसा कि **टी०वी० वाथिश्वरण बनाम तमिलनाडु**[127] के मामले में 2 वर्ष से अधिक के विलम्ब को न्यायालय ने आजीवन कारावास में बदल दिया।

5. अनुच्छेद 21 (A) शिक्षा का मौलिक अधिकार : अनुच्छेद 21 (A) – राज्य 6 वर्ष से 14 वर्ष तक के सभी बच्चों को निःशुल्क और अनिवार्य शिक्षा प्रदान करने की विधि द्वारा व्यवस्था करेगा।[128]

6. कुछ दशाओं में गिरफ़्तारी और निरोध से संरक्षण, अनुच्छेद (22) :
गिरफ़्तारी दो प्रकार की होती है...

(1). सामान्य दण्ड विधि के अनुसार, जैसे दण्ड प्रक्रिया संहिता

(2). निवारक निरोध के अनुसार, जैसे मीसा, पोटा और टाडा इत्यादि।

सरकार दोनों तरह से व्यक्तियों को गिरफ़्तार कर सकती है किन्तु संविधान के अनुच्छेद (22) में इससे संरक्षण भी दिया गया है। प्रारम्भ में केवल सामान्य दण्ड विधि के अधीन गिरफ़्तार किए गए व्यक्ति को ही अनुच्छेद (21) और (22) का संरक्षण प्राप्त था, किन्तु आधुनिक समय में निवारक निरोध के अधीन गिरफ़्तार किए गए व्यक्ति को भी इसका लाभ दिया जाता है।

(1). सामान्य दण्ड विधि के अधीन गिरफ़्तारी (Penal Law) : सामान्य दण्ड विधि से तात्पर्य ऐसी विधियों से है जो सामान्य जन को अपराध करने से रोकने के लिए दण्ड स्वरूप कुछ अनुशस्तियों का प्रबन्ध करती हैं और इन

---

[127] 1983, S.C.R. (2)348।
[128] संविधान के 86वें संशोधन द्वारा 2002 में जोड़ा गया।

अनुशस्तियों के परिपालन में सरकार की संस्था प्राधिकार रखती है। सामान्य दण्ड विधि में अभियुक्त को निम्नलिखित संवैधानिक अधिकार होते हैं जो इस प्रकार हैं...

1. अनुच्छेद 22 (1). गिरफ़्तार व्यक्ति को अपनी गिरफ़्तारी को जानने का अधिकार होगा, अपनी पसन्द के वकील से परामर्श और प्रतिरक्षा का अधिकार होगा।

2. अनुच्छेद 22 (2). ऐसे प्रत्येक व्यक्ति को जिन्हें गिरफ़्तार किया गया है, या अभिरक्षा में रखा गया है, गिरफ़्तारी के स्थान से निकटतम न्यायालय के समक्ष 24 घण्टे में पेश किया जाएगा। किन्तु यात्रा के समय को 24 घण्टे में नहीं जोड़ा जाएगा।

3. अनुच्छेद 22 (3) में खण्ड (1) और (2) पर कुछ निर्बन्धन लगाए गए हैं...

   ➢ जब वह विदेशी शत्रु हो।
   ➢ उसे निवारक निरोध विधि के अन्तर्गत गिरफ़्तार किया गया हो

सामान्य दण्ड विधि के अधीन गिरफ़्तारी से तात्पर्य ऐसी गिरफ़्तारी से है, जिसमें सभी नागरिकों को एक ही संहिता के अधीन गिरफ़्तार कर एक ही व्यवस्था से दण्डित किया जाता है प्रायः वह वहाँ की प्रचलित विधि कहलाती है। जैसे कि भारत में गिरफ़्तार करने के लिए दण्ड प्रक्रिया संहिता पुलिस को सशक्त बनती है। **मध्य प्रदेश बनाम शोभा राम**[129] के मामले में कहा गया कि अभियुक्त को गिरफ़्तारी का कारण बताना राज्य का कर्तव्य है, चाहे अभियुक्त को रिहा क्यों न कर दिया गया हो।

(2). निवारक निरोध विधि के अधीन गिरफ़्तारी (Arrest under Preventive Detention) : निवारक निरोध से तात्पर्य ऐसी विधि से है जिसमें अपराध गठित होने से पूर्व अभियुक्त को निरुद्ध किया जाता है। निवारक निरोध देश की आन्तरिक सुरक्षा, व्यवस्था और शाँति बनाने के लिए अत्यन्त सहायक और

---

[129] A.I.R. 1966, S.C. 1910।

कारगर तरीका है कभी—कभी ऐसे स्थिति निर्मित हो जाती है, कि देश की सुरक्षा के लिए आवश्यक क़दम उठाना आवश्यक हो जाता है, तब राज्य सरकार द्वारा निवारक निरोध का प्रयोग कर स्थिति को नियन्त्रित किया जाता है। किन्तु इस शक्ति का अनावश्यक प्रयोग भी किया गया है जिससे राजनीतिक निर्वात (Vacuum) की स्थिति भी निर्मित हुई है। किन्तु समय—समय पर न्यायालय के विनिश्चय द्वारा काफी हद तक इसके दुरुपयोग को रोका गया है। अनुच्छेद 22 (4) से अनुच्छेद 22 (7) तक निवारक निरोध की व्यवस्था की गई है जो इस प्रकार है...

अनुच्छेद 22 (4) – निवारक निरोध क़ानून के अधीन अब किसी व्यक्ति को तीन माह से अधिक के लिए गिरफ़्तार या अभिरक्षा में नहीं रखा जाएगा, जब तक कि...

(a). उच्च न्यायालय या सर्वोच्च न्यायालय के न्यायाधीश का आदेश न हो, या ऐसे किसी अहर्तादायी न्यायाधीश से मिलकर बने सलाहकारी मण्डल की राय न हो।

निवारक निरोध अधिनियम, 1950 :

अनुच्छेद 22 (5) निवारक निरोध के अधीन गिरफ़्तार व्यक्ति को गिरफ़्तार करने का कारण और गिरफ़्तार किए गए व्यक्ति को नैसर्गिक न्याय का संरक्षण जैसी समुचित प्रक्रिया और मानवीय मूल्यों का संरक्षण प्रदान किया जाएगा। **दुर्गा पद घोष बनाम बंगाल और अन्य**[130] के मामले में न्यायालय ने कहा है कि निवारक क़ानून के अन्तर्गत गिरफ़्तार किए गए व्यक्ति को भी यथाशीघ्र सम्यक कार्यवाही का संरक्षण प्राप्त है।

7. निवारक निरोध अधिनियम, 1950 : देश की एकता, अखण्डता, लोक व्यवस्था और सुरक्षा के लिए सरकार ने सर्वप्रथम 1950 में निवारक निरोध अधिनियम पारित किया, जिसमें स्थिति बिगड़ने के पूर्व ही कोई कार्यपालिक

---

[130] (1972) 2, S.C.C. 656।

दण्डाधिकारी (राज्य प्राधिकारी) पुलिस की सहायता से ऐसे व्यक्तियों को गिरफ़्तार या निरुद्ध कर सकती है।

सलाहकार मण्डल[131] – सलाहकार मण्डल का गठन तथा उसके पुनर्विलोकन (44वें संशोधन के पश्चात) – 44वें संशोधन के पश्चात संसद ने निवारक निरोध के अधीन गिरफ़्तार व्यक्तियों की समीक्षा के लिए एक सलाहकारी मण्डल का गठन किया है जिसमें निम्नलिखित व्यक्ति सदस्य होंगे
44वें संशोधन के पश्चात सलाहकारी मण्डल की स्थिति –

> सलाहकारी मण्डल की राय के बिना किसी व्यक्ति को दो माह से अधिक अवधि के लिए निवारक निरुद्ध नहीं किया जा सकता पहले यह अवधि तीन माह की थी।

> सलाहकारी मण्डल के सदस्यों में एक अध्यक्ष, दो सदस्य हो सकेंगे और इसे राज्य के उच्च न्यायालय के मुख्य न्यायाधीश द्वारा गठित किया जाएगा। इनकी योग्यता इस प्रकार होगी...

i. उच्च न्यायालय का न्यायाधीध हो,
ii. उच्च न्यायालय का न्यायाधीश होने की योग्यता रखता हो, या
iii. उच्च न्यायालय का सेवा निवृत्त न्यायाधीश रहा हो।

ए०के० गोपालन बनाम मद्रास राज्य[132] के मामले में सर्वोच्च न्यायालय ने निवारक निरोध अधिनियमों को असंवैधानिक कर दिया था। किन्तु 1977 के बाद जनता सरकार ने इसे पुनः जीवित किया। **ए०के० राय बनाम भारत संघ**[133] के मामले में रा०सु०का० अधिनियम को विधिमान्य घोषित किया गया है।

---

[131] सलाहकारी बोर्ड का गठन 44वें संशोधन के पूर्व ही हो चुका था।
[132] A.I.R. 1950, S.C. 027।
[133] A.I.R. 1982, S.C. 710।

निवारक निरोध में गिरफ़्तार व्यक्ति का अभ्यावेदन देने का अधिकार : संविधान का अनुच्छेद 22 (5) यह अपेक्षा करता है कि निवारक निरोध के अधीन गिरफ़्तार किए गए व्यक्ति को सम्यक प्रक्रिया के लिए अभ्यावेदन देने का अधिकार है। उसे भी शीघ्र परीक्षण का उतना ही अधिकार है जितना कि किसी सामान्य दण्ड विधि के अधीन गिरफ़्तार किए गए व्यक्ति को है। **ए०डी०एम० जबलपुर बनाम एम०एस० शुक्ला**[134] जिसे बन्दी प्रत्यक्षीकरण के नाम से भी जाना जाता है, इस मामले में न्यायालय ने कहा कि आपातकाल में निवारक निरोध के अधीन गिरफ़्तार किए गए व्यक्तियों को न्यायालय की शरण में जाने का अधिकार नहीं है। किन्तु 44वें संविधान संशोधन से अनुच्छेद (21) में यह आज्ञापक निदेश दिया गया है, कि किसी भी सूरत में प्राण एवम् दैहिक स्वतन्त्रता का हनन करके गिरफ़्तार नहीं किया जा सकता, चाहे ऐसी गिरफ़्तारी निवारक निरोध के अधीन क्यों न की गई हो।[135]

---

[134] A.I.R. 1976, S.C. 1207।
[135] 44वाँ संविधान संशोधन, 1978।

अध्याय 12
शोषण के विरुद्ध अधिकार
अनुच्छेद (23 से 24)
(Right Against Exploitation)

"Exploitation is the use of someone or something in an unjust or cruel manner, or generally as a means to one's ends."[136]

"The action or fact of treating someone unfairly in order to benefit from their work."[137]

[---The Image courtesy: google image search.]

1. मानव व्यापार और बेगार पर प्रतिबन्ध [Prohibition of Human Trafficking and Forced Labour], अनुच्छेद (23). : अनुच्छेद में दो प्रकार के शोषण का उल्लेख किया गया है, प्रथम मानव दुर्व्यापार और बेगार

मानव दुर्व्यापार : अनुच्छेद 23(1) में प्रयुक्त शब्द मानव दुर्व्यापार से तात्पर्य मनुष्य जिसमें स्त्री, पुरुष (गुलाम) या बच्चे आते हैं, उनका अवैध तरीके से व्यापार करना या उन्हें बेचने के मकसद से अन्तरराज्य स्तर में लाना, ले जाना है। मानव दुर्व्यापार को रोकने के लिए संसद ने महिलाओं का अनैतिक व्यापार अधिनियम, 1986 पारित किया है।

---

136 Available at, http://en.wikipedia.org/wiki/Exploitation, last view 09/12/2012 at 6:00 P.M.

137 Available at, http://www.oxforddictionaries.com/definition/english/exploitation, last view 09/12/2012 at 6:15 P.M.

बेगार : बेगार से तात्पर्य ऐसे बलात्श्रम से है, जो किसी व्यक्ति की इच्छा के विरुद्ध जबरदस्ती कराया जाता है। **प्युपिल्स यूनियन फॉर डेमोक्रेटिक राइट्स बनाम भारत संघ**[138] के मामले में सर्वोच्च न्यायालय ने निर्धारित किया है कि 'बेगार' से तात्पर्य ऐसे कार्य से है, जिसमें किसी व्यक्ति से जबरदस्ती या बिना पारिश्रमिक दिए श्रम कराया जाता है। **दीना बनाम भारत संघ**[139] के मामले में न्यायालय ने कहा है कि कैदियों को भी गरिमामय जीवन यापन करने का अधिकार है, यदि कैदियों से कोई कार्य करवाया जाता है, तो उन्हें भी उचित मजदूरी प्राप्त करने का अधिकार प्राप्त है।

अनुच्छेद 23(1) का एक अपवाद है – **दुलाल सामंत बनाम जिला दण्डाधिकारी**[140] के मामले में न्यायालय ने कहा है कि कुछ सार्वजनिक सेवा के लिए राज्य ऐसा कर सकता है।

2. कारखानों में बालकों के नियोजन पर प्रतिषेध, अनुच्छेद (24) : 14 वर्ष से कम आयु के सभी बच्चों को कारखानों और खानों में काम करने के लिए नियोजित नहीं किया जाएगा। **प्युपिल्स यूनियन फॉर डेमोक्रेटिक राइट्स बनाम भारत संघ**[141] के मामले में निर्देशित किया है कि भवन निर्माण के कार्य में 14 वर्ष से कम आयु के बच्चों को नियोजित नहीं किया जा सकता, भले ही बालक नियोजन अधिनियम, 1939 में ऐसा लिखा न हो। **एम०सी० मेहता**[142] के मामले में न्यायालय ने कहा कि पटाखे निर्मित करने वाले रोजगार में बच्चों को नियोजित नहीं किया जा सकता क्योंकि यह अत्यधिक जोखिम वाला काम है जिसमें जीवन को खतरा बना रहता है। सर्वोच्च

---

138 A.I.R. 1982, S.C. 1473।
139 A.I.R. 1983, S.C. 1155।
140 A.I.R. 1958, S.C. 0365।
141 A.I.R. 1982, S.C. 1473।
142 एम०सी० मेहता बनाम तमिलनाडु, (1996) 6, S.C.C. 756।

न्यायालय ने इस मामले के उपरान्त एक चाइल्ड लेबर रिहैबिलिटेशन वेलफेयर फण्ड की स्थापना करने को कहा जिसमें विस्थापित बच्चों को 20,000 रुपए देने हेतु निधि में जमा करने के निर्देश दिए।

अध्याय 13
धार्मिक स्वतन्त्रता का अधिकार
अनुच्छेद (25 से 28)

---

1. अन्तःकरण की और धर्म के आबाध रूप से मानने, आचरण और प्रचार करने की स्वतन्त्रता, अनुच्छेद (25).

1. लोक व्यवस्था, सदाचार और स्वास्थ्य को ध्यान में रखते हुए सभी व्यक्तियों को अन्तःकरण की स्वतन्त्रता और धर्म को अबाध रूप से मानने, आचरण और प्रचार करने का सभी को समान अधिकार होगा।
2. इस अनुच्छेद की कोई बात किसी विधि पर या राज्य को ऐसी विधि बनाने से नहीं रोकेगी जो...

a. धार्मिक आचरण में आर्थिक, वित्तीय, राजनैतिक या लौकिक क्रियाकलाप पर निर्बन्धन लगाने वाली विधि,

b. समाज कल्याण में हिन्दुओं की धार्मिक संस्थाएँ सभी वर्ग के हिन्दुओं के लिए होंगी।

स्पष्टीकरण 1. कृपाण धारण और लेकर चलना सिक्ख धर्म को मानने का अंग समझा जाएगा।

स्पष्टीकरण 2. उप–खण्ड (2) के खण्ड (b) में प्रयुक्त हिन्दुओं में सिक्ख, जैन, या बौद्ध होंगे।

2. धर्म क्या है : धार्मिक स्वतत्रता को अनुच्छेद (25) में विस्तृत रूप में बताया गया है। किन्तु धर्म की परिभाषा नहीं दी गई है, **कमिश्नर हिन्दू रीलिजियस**

एन्डाउमेंट्स मद्रास बनाम स्वामियार[143] के मामले में सर्वोच्च न्यायालय के न्यायमूर्ति बिजय कुमार मुखर्जी ने प्रतिपादित किया कि धर्म के अनिवार्य भाग में केवल पूजा–अर्चना ही नहीं अपितु कर्मकाण्ड, संस्कृति और धार्मिक परिपाटी सम्मिलित है। **बीजो बनाम ईमैनुअल**[144] के मामले में केरल के एक विद्यालय में जेहोवा संप्रदाय के तीन विद्यार्थियों ने राष्ट्रगान गाने से मना कर दिया जिसके परिणामस्वरूप उन्हें विद्यालय से निकाल दिया गया। विद्यार्थियों ने उच्च न्यायालय में अपील की किन्तु उच्च न्यायालय ने भी उनकी अपील अस्वीकार करते हुए कहा कि विद्यार्थियों द्वारा राष्ट्रगान न गाने से देश के लिए एक संकट की स्थिति निर्मित हो सकती है, अतः विद्यालय प्रबन्धन द्वारा विद्यालय से निकालने का आदेश सही है। किन्तु विद्यार्थी सर्वोच्च न्यायालय की शरण में गए उन्होंने यह तर्क दिया कि उनका संप्रदाय ऐसा करने की अनुमति नहीं देता है, अपीलार्थियों ने यह भी कहा कि उन्होंने केवल राष्ट्रगान को गाने से मना किया था किन्तु वे आदरपूर्वक खड़े होकर राष्ट्रगान में सम्मिलित हुए थे। सर्वोच्च न्यायालय ने कहा कि यदि किसी व्यक्ति का धर्म राष्ट्रगान गाने की सम्मति नहीं देता है तो उसे जबरदस्ती राष्ट्रगान गाने के लिए बाध्य नहीं किया जाएगा। एक अन्य मामले में सर्वोच्च न्यायालय ने यह निर्धारित किया कि राज्य सरकार गायों को बचानें के लिए कोई विधि निर्मित कर सकती है।[145]

3. धार्मिक कार्यों के प्रबन्ध की स्वतन्त्रता, अनुच्छेद (26) :

लोक व्यवस्था, सदाचार और स्वास्थ्य के अधीन रहते हुए प्रत्येक धार्मिक संप्रदाय और उसका अनुभाग...

a. धार्मिक और पूर्व प्रयोजनों के लिए संस्थाओं का निर्माण और पोषण कर सकेगा,

---

143 A.I.R. 1954, S.C. 282।
144 (1986) A.C.C. 615।
145 A.I.R. 1958, S.C. 731।

b. धार्मिक विषयक कार्यों का प्रबन्ध कर सकेगा,

c. जंगम और स्थावर सम्पत्ति का अर्जन और स्वामित्व, और

d. ऐसी सम्पत्ति का विधि के अनुरूप शासन कर सकेगा

अनुच्छेद (26) प्रत्येक नागरिक को अपने धर्म तथा सम्प्रदाय की संस्था खोलने, उसका पोषण, प्रबन्ध और शासन करने की स्वतन्त्रता देता है। **रामकृष्ण मिशन**[146] के मामले में सर्वोच्च न्यायालय ने निर्धारित किया है, कि रामकृष्ण मिशन संस्था पूर्णतः धार्मिक संस्था है अतः अनुच्छेद 26(a) के अधीन उसे स्थापना और पोषण के अधिकार प्राप्त हैं।

4. किसी व्यक्ति को किसी धार्मिक संस्था को कर देने के लिए बाध्य नहीं किया जाएगा, अनुच्छेद (27)

कमिश्नर हिन्दू रीलिजियस एन्डाउमेंट्स मद्रास बनाम स्वामियार[147] के मामले में सर्वोच्च न्यायालय ने कहा है कि राज्य जनता के कर का उपयोग धार्मिक प्रयोजन में नहीं कर सकता। किन्तु यदि सद्भाव में सभी धार्मिक संस्थाओं को समान रूप से सहायता कर सकता है। ऐसा करना सभी समुदायों के लिए न्यायोचित भी होगा

5. राज्य द्वारा शासित शिक्षण संस्थाओं में धार्मिक शिक्षा और उपासना प्रतिबन्धित, अनुच्छेद (28).

1. राज्य द्वारा संचालित समस्त शिक्षण संस्थाएँ,
2. राज्य द्वारा मान्यता प्राप्त शिक्षण संस्थाएँ,
3. राज्य से अनुदान पाने वाली शिक्षण संस्थाएँ

---

[146] ब्रह्मचारी सिद्धेश्वर सहाय बनाम पश्चिम बंगाल, (1995) 4, S.C.C. 646।
[147] A.I.R. 1954, S.C. 282।

डी०ए०वी० कॉलेज, जालंधर बनाम पंजाब[148] के मामले में सर्वोच्च न्यायालय ने गुरु नानक देव की जीवनी को धार्मिक कृत्य न मानकर एक महापुरुष के रूप में उनकी जीवनी को पढाना वैध ठहराया, क्योंकि गुरु नानक देव की शिक्षाएँ समस्त मानव के कल्याण के लिए थी।

---

[148] A.I.R. 1971, S.C. 1731 ।

अध्याय 14
संस्कृति और शिक्षा सम्बन्धी अधिकार
अनुच्छेद (29 से 30)

1. अल्पसंख्यक वर्गों के हितों का संरक्षण, अनुच्छेद (29).

1. भारत के ऐसे निवासी जिनकी अपनी विशेष भाषा, लिपि या संस्कृति है, उसे बनाए रखने का अधिकार होगा।

2. राज्य द्वारा पोषित या राज्य-निधि से सहायता प्राप्त किसी शिक्षण संस्था में प्रवेश लेने से किसी भी नागरिक को केवल धर्म, मूलवंश, जाति, भाषा या इनमें से किसी के आधार पर वंचित नहीं किया जाएगा।

2. अल्पसंख्यक कौन है?

अल्पसंख्यक समुदाय से ऐसा समुदाय अभिप्रेत है, जिसकी संख्या राज्य की कुल जनसंख्या के 50% से कम हो।[149] इसके अलावा ऐसा समुदाय जो संख्या में अपेक्षाकृत कम हो और उसकी अपनी अलग भाषा, धर्म, संस्कृति हो, उसे अल्पसंख्यक समुदाय कहा जाता है।

केन्द्र में निम्नलिखित समुदाय को अल्पसंख्यक माना गया है...

1. मुस्लिम, 2. सिख, 3. इसाई, 4. बौद्ध, और 5. पारसी।

पिछड़ी जातियों और अल्पसंख्यक वर्ग के लाभ के लिए संसद ने 1951 में प्रथम संशोधन पारित किया जिसके अनुसार राज्य सरकार अनुच्छेद 15(4) के अनुसार "सामाजिक और आर्थिक रूप से पिछड़े नागरिक, अनुसूचित जाति और जनजाति (जो अल्पसंख्यक) हैं, के उत्थान के लिए व्यवस्था कर सकती

---

[149] चौधरी और कुमार, "भारत शासन और राजनीति" ओरिएण्ट ब्लैकस्वान पब्लिकेशन पृ० 56।

है।" संसद को ऐसा **मद्रास बनाम चम्पक दुरै राजान**[150] के मामले हुई कठिनाई को दूर करने के लिए करना पड़ा। एक अन्य मामला **रनवीत कौर बनाम क्रिश्चियन मेडिकल महाविद्यालय**[151] के मामले में न्यायालय ने निर्धारित किया कि निजी शिक्षण संस्थाएँ यदि राज्य से किसी भी प्रकार का अनुदान प्राप्त करती हैं तो उसे धर्म के आधार पर भेद–भाव नहीं करना चाहिए। और सत्य तो यह है कि किसी भी गुरुकुल या शिक्षा के मन्दिर में भेदभाव किए बिना यथासम्भव सभी को विद्यादान करना चाहिए। इसी तरह किसी भी शिक्षण संस्था, चाहे वह अल्पसंख्यक समुदाय की क्यों न हो, इस आधार पर कि उसे अंग्रेजी नहीं आती, संस्था में प्रवेश न देना या निकाल देना अवैधानिक होगा।[152] **बाला पाटिल बनाम भारत संघ**[153] में जैन समुदाय द्वारा भी अल्पसंख्यक होने की बात कही जाती है, किन्तु राष्ट्रीय स्तर पर जैन समुदाय को अल्पसंख्यक घोषित नहीं किया गया है। परन्तु यह विषय राज्य सरकार का है, वह चाहे तो जैन समुदाय को अल्पसंख्यक घोषित कर सकता है अथवा नहीं।[154]

3. शिक्षण संस्थाओं की स्थापना और प्रशासन करने का अल्पसंख्यक वर्गों का अधिकार, अनुच्छेद 30(1). धर्म या भाषा के आधार पर सभी अल्पसंख्यक वर्गों को अपनी रूचि की शिक्षण संस्था खोलने का और उस पर प्रशासन करने का अधिकार होगा।

---

150 A.I.R. 1951, S.C. 226, इस मामले की जानकारी के लिए कृपया पृ० सं० 29 में दिए मद्रास बनाम चम्पक दुरै राजान का अवलोकन करें।

151 A.I.R. 1998, P&H 1(F.B.)

152 बम्बई बनाम बम्बई एजुकेशन सोसाइटी, ILR 1954 Bom. 1333।

153 A.I.R. 2005, S.C. 3172।

154 टी०एम०ए० पाई फाउण्डेशन और अन्य बनाम कर्नाटक और अन्य, (2002) 8, S.C.C. 481।

A. खण्ड (1). में दिए अल्पसंख्यक वर्ग के अधिकारों के लिए राज्य को यह सुनिश्चित कर लेना चाहिए कि सम्पत्ति के अनिवार्य अर्जन का ऐसा कड़ा नियम न बनाए कि अल्पसंख्यक वर्ग उसे खरीद ही न सके।

अनुच्छेद 30(2). राज्य किसी भी शिक्षण संस्था से, चाहे वह अल्पसंख्यक वर्ग की क्यों न हो, धर्म या भाषा के आधार पर भेदभाव नहीं करेगा।

अनुच्छेद (30) अल्पसंख्यक वर्गों को प्रशासन करने की अनुमति प्रदान करता है, राज्य सरकार द्वारा अधोशासित विनियम उन पर लागू नहीं होते जैसा कि **अहमदाबाद सेण्ट जेवियर कॉलेज बनाम गुजरात राज्य**[155] के मामले में सर्वोच्च न्यायालय ने कहा कि अल्पसंख्यक वर्गों के कॉलेज में यदि विश्वविद्यालय का नियन्त्रण होगा तो निश्चित ही यह अल्पसंख्यक संस्था और उनके प्रशासन के विरुद्ध होगा अतः विश्वविद्यालय का सीधा नियन्त्रण अल्पसंख्यक संस्था में लागू नहीं होता। इसी तरह एक अन्य मामले में सर्वोच्च न्यायालय ने अपना मत व्यक्त किया है, कि अल्पसंख्यक शिक्षण संस्थाओं के प्रबन्धन के अधिकार अन्य नियन्त्रण से मुक्त होने चाहिए।[156]

---

155 A.I.R. 1974, S.C. 1389।
156 सेंट स्टीफंस कॉलेज और अन्य दिल्ली विश्वविद्यालय, A.I.R. 1992, S.C. 1630।

अध्याय 15
संवैधानिक उपचारों का अधिकार
अनुच्छेद (32)

"यदि मुझसे पूछा जाए कि संविधान का कौन सा अनुच्छेद सबसे महत्वपूर्ण है, जिसके बगैर यह संविधान शून्य हो जाएगा तो मै इसके सिवाय किसी दूसरे अनुच्छेद का नाम नहीं लूँगा, यह संविधान की आत्मा है।"

—डॉ० बाबासाहब अम्बेदकर

नागरिकों के सर्वांगीण विकास के लिए संविधान के भाग–3, अनुच्छेद (12 से 35) तक मौलिक अधिकारों की रचना की गई है, जिसकी गारण्टी केवल अनुच्छेद (32) संवैधानिक उपचारों के अधिकार द्वारा ही हो सकती है। पूर्व मुख्य न्यायाधीश श्री पी०बी० गजेन्द्र गडकर ने अनुच्छेद (32) को सबसे महत्वपूर्ण और संविधान द्वारा स्थापित प्रजातान्त्रिक भवन की आधारशिला कहा है।[157] **केशवानन्द भारती बनाम केरल**[158] के मामले में सर्वोच्च न्यायालय ने स्पष्ट रूप से अभिव्यक्त किया है कि अनुच्छेद (32) के अधीन सर्वोच्च न्यायालय की पुनर्विलोकन की शक्ति मूलभूत ढाँचा है, जिसे अनुच्छेद (368) के द्वारा संशोधित करके हटाया नहीं जा सकता है। असल में अनुच्छेद (32) स्वयम् एक मौलिक अधिकार है, जिसके उल्लंघित होने की दशा में सर्वोच्च न्यायालय द्वारा रिट्स जारी की जाती है।

1. संवैधानिक उपचारों का अधिकार : अनुच्छेद (32). इस भाग द्वारा प्रदत्त अधिकारों को प्रवर्तित करने के लिए उपचार इस प्रकार है...

➢ मौलिक अधिकारों के उल्लंघन होने की दशा में नागरिकों के द्वारा सर्वोच्च न्यायालय में समावेदन करने का अधिकार,

---

[157] चौधरी और कुमार, "भारत शासन और राजनीति" ओरिएण्ट ब्लैकस्वान पब्लिकेशन पृ० 57
[158] A.I.R. 1973, S.C. 1461।

> भाग–3 में दिए हुए नागरिकों के मौलिक अधिकारों के हनन को रोकने के लिए सर्वोच्च न्यायालय को निदेश, आदेश या रिट जिसके अधीन बन्दी प्रत्यक्षीकरण (Habeas Corpus), परमादेश (Mandamu) प्रतिषेध (Prohibition), अधिकार–पृच्छा (Quo & Warranto) और उत्प्रेषण (Certiorari) जारी करने की शक्ति होगी।

सन 1997 में **फर्टिलाइजर कॉर्पो० कामगार बनाम भारत संघ**[159] के मामले में सर्वोच्च न्यायालय ने निर्धारित किया है कि अनुच्छेद (32) के अधीन रिट्स जारी करने का उसका अधिकार संविधान का मूलभूत ढाँचा है, इसे किसी भी प्रकार से संशोधित नहीं किया जा सकता है। रिट्स के ये अधिकार सर्वोच्च न्यायालय तक सीमित नहीं हैं, राज्यों के उच्च न्यायालय को तो रिट्स के मामले में अधिक विस्तृत शक्ति प्राप्त है। **वासप्पा बनाम नागप्पा**[160] के मामले में सर्वोच्च न्यायालय ने कह दिया है कि अनुच्छेद (226) के अधीन रिट्स के अधिकार सर्वोच्च न्यायालय से कही ज्यादा है क्योंकि सामान्यतः उच्च न्यायालय जनता की परेशानी जल्दी हल कर सकते हैं।

2. रिट्स : सर्वोच्च न्यायालय (अनुच्छेद 32) और उच्च न्यायालय (अनुच्छेद 226) द्वारा जारी की जाने वाली रिट्स (लेख) संक्षेप में –

1. बन्दी प्रत्यक्षीकरण (Habeas Corpus) – जैसा कि नाम से निर्दिष्ट है, बन्दी प्रत्यक्षीकरण अर्थात् "बन्दी को पेश करो"। यह तब जारी की जाती है, जब किसी व्यक्ति को अवैध तरीके से निरुद्ध (बन्दी) बनाया जाता है। ऐसे मामले में सक्षम न्यायालय बन्दी को न्यायालय में सशरीर उपस्थित होने का आदेश जारी करेगा। यदि निरुद्धि अवैध है तो उसे तुरन्त रिहा करने के आदेश जारी करेगा।

---

[159] A.I.R. 1981, S.C. 345।
[160] A.I.R. 1991, S.C. 1902।

2. परमादेश (Mandamù) – परमादेश का अर्थ होता है "हम आदेश देते हैं"। सर्वोच्च न्यायालय ऐसे सभी सार्वजनिक अधिकारियों को आदेश देता है कि वे लोक कर्तव्य का निर्वहन ठीक तरीके से करें।
3. प्रतिषेध (Prohibition) – प्रतिषेध से आशय किसी कार्य को तुरन्त रोकने से है। जब कोई अधीनस्थ न्यायालय (उच्च न्यायालय को छोड़ कर) या अर्ध–न्यायिक निकाय अपनी आधिकारिता से बाहर जाकर कोई कार्य करता है, तो सर्वोच्च न्यायालय द्वारा आदेश दिया जाता है कि वह तुरन्त ऐसी कार्यवाही को रोक दे।
4. अधिकार–पृच्छा (Quo-Warranto) – जब कोई व्यक्ति किसी लोक पद पर बिना अधिकृत किए कार्य करने लगता है तो न्यायालय द्वारा उसके विरुद्ध यह रिट जारी की जाती है। है। सन्तोषजनक उत्तर न मिलने पर तत्काल उसे यह पद त्यागने के लिए आदेश दिया जाता है।
5. उत्प्रेषण (Certiorari) – उत्प्रेषण लेख से तात्पर्य है ऊपर भेजो। जब कोई विवादित मामला निचले न्यायालय में चल रहा होता है तो वरिष्ठ न्यायालय उसे अपने पास बुला लेता है। वह चाहे तो ऐसी सूचनाएँ भी अपने पास मँगवा सकता है।

3. अनुच्छेद (32) का उपचार पाने के लिए कौन अभ्यावेदन दे सकता है? : प्रारम्भ में अनुच्छेद 32(1) के अनुसार वही व्यक्ति अभ्यावेदन दे सकता था जिसके मौलिक अधिकारों का उल्लंघन हुआ हो। किन्तु समय के साथ इसमें बदलाव आया है। सर्वोच्च न्यायालय ने नवीन न्याय निर्णय से एक नई परिपाटी को जन्म दिया है जिसके अनुसार पीड़ित व्यक्ति के अलावा भी उसका कोई सम्बन्धी, रिश्तेदार या कोई अन्य भी न्यायालय में रिट फाइल

कर न्याय माँग सकता है।[161] इसे ही नया दृष्टिकोण अर्थात् लोकहित–वाद कहते हैं।

4. लोकहित–वाद (PIL)[162] : इसे जनहित याचिका भी कहा जाता है। इसे सर्वोच्च न्यायालय के पूर्व न्यायाधीश श्री कृष्णा अय्यर द्वारा **मुंबई कामगार सभा बनाम अब्दुल भाई**[163] के मामले में निर्णय सुनाते हुए सूत्रपात किया गया। उसके पश्चात सर्वोच्च न्यायालय के पूर्व मुख्य न्यायाधीश न्यायमूर्ति श्री पी०एन० भगवती ने इसमें और नए आयाम जोड़े जो निश्चित ही ग़रीब, असहाय और कमज़ोर वर्ग के लोगों तक त्वरित न्याय दिलाने का आसन तरीका था। वैसे तो संविधान के अनुच्छेद 39(A) में निःशुल्क विधिक सहायता का प्रावधान है किन्तु कोई व्यक्ति मजबूरी या निर्धनता के कारण न्यायालय से अनुतोष पाने सक्षम नहीं है तो उसके स्थान पर कोई अन्य भी अनुतोष की माँग कर सकता है। **न्यायमूर्ति पी०एन० भगवती** महोदय ने **पीपुल्स यूनियन फॉर डेमोक्रेटिक राइट्स बनाम भारत संघ**[164] के मामले में एक पत्र को रिट मानकर मजदूरों के हक में निर्णय सुनाकर ग़रीब और मजदूर वर्ग को उनका संवैधानिक हक दिलाया था। इस प्रकार जनहित याचिकाओं के माध्यम से अनुतोष पाने की होड़ सी मच गई थी। अब कोई भी व्यक्ति कभी भी किसी भी मामले में जनहित याचिका लगा रहा था। अतः इसके दुरुपयोग को रोकने का जिम्मा भी न्यायालयों पर आ गया। **जनता दल बनाम एस०एस० चौधरी**[165] के मामले में न्यायालय ने कहा कि ऐसा व्यक्ति जो मामले में हितबद्ध न हो, जनहित याचिका नहीं लगा सकता है। **टी०एन० गोदावर्मन**

---

[161] अखिल भारतीय रेलवे शोषित कर्मचारी संघ बनाम भारत संघ, A.I.R. 1981, S.C. 298।
[162] Public Interest Litigation ।
[163] A.I.R. 1976, S.C. 1455।
[164] A.I.R. 1980, S.C. 1579।
[165] A.I.R. 1993, S.C. 892।

बनाम भारत संघ[166] के मामले में न्यायालय को गलत जानकारी देकर जनहित याचिका लगाने वाले व्यक्ति की न्यायालय ने भर्त्सना की तथा जनहित याचिका के दुरुपयोग को रोकने के लिए आवश्यक क़दम उठाते हुए, याचिकाकर्ता को रुपए का उदाहरणात्मक दण्डादेश दिया। इस तरह जनहित याचिकाओं के दुरुपयोग पर कुछ हद तक अंकुश लगाया जा सका है।

5. न्यायिक सक्रियता (Judicial Activism) : सरकार के तीन अंग है, विधायिका, कार्यपालिका और न्यायपालिका। इन तीनों अंगों के कार्य भी पृथक–पृथक हैं, विधायिका का कार्य क़ानून निर्माण का है, कार्यपालिका का कार्य क़ानूनों को पालन करवाने का और न्यायपालिका का कार्य न्याय करने का है। किन्तु कालांन्तर में न ही विधायिका ने और न ही कार्यपालिका ने अपने कर्तव्यों का निर्वाहन ठीक ढंग से किया है, जिससे कमज़ोर, जरूरतमन्द, ग़रीब, मजबूर और असहाय लोगों की सहायता करने के उद्देश्य से उच्च न्यायालय और सर्वोच्च न्यायालय ने नई परिपाटी को जन्म दिया जो जनहित याचिका कहलाया जिसके माध्यम से न्यायिक सक्रियता का जन्म हुआ। जैसा कि संविधान में लिख देने मात्र से नागरिकों को न्याय नहीं मिल जाता परन्तु राज्य को दो क़दम आगे बढ़ाकर मानव सेवा करनी चाहिए। आज महिलाओं, बच्चों और निर्धन वर्ग के लोगों को विधिक सहायता की परम आवश्यकता है, चाहे वह **विशाखा बनाम राजस्थान**[167] का मामला हो या बोफोर्स घोटाले से लेकर सत्यम घोटाला हो, सभी जगह यदि न्यायालय आगे बढ़कर सहायता नहीं करता तो शायद इन लोगों को आज भी न्याय की दरकार होती।

न्यायिक सक्रियता से आम जन को लाभ तो मिला है परन्तु इसका यह अभिप्राय नहीं है कि न्यायपालिका सरकार का कार्य करने में लग जाए[168]। कुछ राजनैतिक लोगों के द्वारा न्यायिक सक्रियता की आलोचना की जाती है

166 A.I.R. 2006, S.C. 1774।
167 A.I.R. 1997, S.C. 3011।
168 कॉमन कॉज बनाम भारत संघ, A.I.R. 2008, S.C. 2116।

कि बेवजह ही न्यायपालिका अपनी दहलीज लाँघ कर विधायिका और कार्यपालिका का कार्य कर रही है, किन्तु यह आरोप निराधार है। यदि सरकार के दोनों अंग यदि यथास्थिति अपना दायित्व ठीक ढंग से निभाते तो न्यायिक सक्रियता की आवश्यकता ही क्यों पड़ती।

अध्याय 16
राज्य के नीति–निदेशक तत्व
[Directive Principles of State Policy]

"यदि कोई सरकार नीति–निदेशक तत्व की उपेक्षा करती है, तो उसे निश्चित ही मतदाताओं के समक्ष उत्तरदायी होना पड़ेगा।" – डॉ० अम्बेदकर

1. सामान्य परिचय : निदेशक तत्व को आयरलैण्ड के संविधान से लिया गया है। सन् 1928 के पं० नेहरु प्रतिवेदन से मौलिक अधिकार और निदेशक तत्व का जन्म हुआ। इसके पश्चात सन् 1945 तेग बहादुर सप्रू ने अपना प्रतिवेदन दिया जिसके अनुसार इन मौलिक अधिकारों को दो प्रमुख भागों में बाँट दिया गया, प्रथम भाग जो न्यायालय में प्रवर्तनीय है, और दूसरा भाग जिसे न्यायालय में प्रवर्तनीय नहीं कराया जा सकता है, जिन्हें बाद में सर बी०एन० राव के सुझाव पर, न्यायालय में प्रवर्तनीय अधिकारों को भाग–3 तथा न्यायालय में अप्रवर्तनीय अधिकारों को भाग–4 में रख दिया गया।

2. निदेशक तत्व की परिभाषा एवम् उद्देश्य : निदेशक तत्व का प्रमुख उद्देश्य लोक कल्याणकारी राज्य की स्थापना करना है। इन तत्वों की सहायता से ऐसी परिकल्पना की जाती है कि लोगों के लिए राज्य एक आदर्श व्यवस्था का निर्माण करे और अधिक से अधिक विकास करे। डॉ० अम्बेदकर ने निदेशक तत्व के बारे में राय दी थी कि "यह भारतीय संविधान की अनोखी विशेषता वाला भाग है, इसमें लोक कल्याणकारी राज्य के लक्षण परिलक्षित होते हैं।" ग्रेनविले ऑस्टिन ने तो इसे सरकार का ऐसा उपहार माना है जिससे राज्य की धुरी इसमें समाहित नज़र आती है, इनके अनुसार "यह संविधान की मौलिक आत्मा है।"[169] कुछ विद्वानों का मत नकारात्मक भी है, प्रो० के०सी० व्हेयर ने आलोचना करते हुए कहा है, "निदेशक तत्व उद्देश्य

---

169 ग्रेनविले ऑस्टिन, "द इण्डियन कांस्टीटयूशन काटनेरोटोन ऑफ ए नेशन", ऑक्सफोर्ड, 1996 पृ० 75।

और आकांक्षाओं के घोषणा–पत्र के अलावा कुछ नहीं।" प्रस्रो० के०टी० ने निदेशक तत्व की तुलना उस बैंक के चेक से की है जिसे बैंक की इच्छा पर छोड़ दिया गया हो। सरलता की दृष्टि से निदेशक तत्वों को निम्नलिखित चार श्रेणी में विभक्त किया जा सकता है...

1. सामाजिक और आर्थिक न्याय सम्बन्धी – इस विषय पर दो अनुच्छेद हैं, पहला, अनुच्छेद (38) सामाजिक न्याय और दूसरा, (39) आर्थिक न्याय। अनुच्छेद (38) यह प्रबन्ध करता है कि लोक कल्याणकारी राज्य की अभिवृद्धि के लिए सामाजिक व्यवस्था बनाएगा और आय की असमानता को दूर करेगा। अनुच्छेद (39) राज्य में यह उपबन्ध करेगा कि सभी पुरुषों और महिलाओं को समान रूप से साधन जुटाने की व्यवस्था, समान कार्य के लिए समान वेतन, बच्चों का स्वास्थ्य और अवसर मुहैया कराने की उचित व्यवस्था हो सके। **स्टील अथॉरिटी ऑफ़ इण्डिया लिमिटेड बनाम पश्चिम बंगाल एवम् अन्य**[170] के मामले में सर्वोच्च न्यायालय ने अभिनिर्धारित किया कि "यदि कोई कर्मकार जो संविदा सेवा में नियुक्त किया गया है तो वह समान कार्य के लिए समान वेतन की माँग नहीं कर सकता है।

2. सामाजिक सुरक्षा सम्बन्धी – इसमें मुख्यतः अनुच्छेद 39(A), अनुच्छेद (41) अनुच्छेद (46) तक व्यवस्था की गई है। अनुच्छेद 39(A) के अनुसार निर्धन और जरूरतमन्द व्यक्तियों को राज्य निःशुल्क विधिक सहायता और समान न्याय की व्यवस्था करेगा। अनुच्छेद (41) के अनुसार कुछ दशाओं में लोगों का कार्य करने का, शिक्षा प्राप्त करने का और सहायता प्राप्त करने का अधिकार। अनुच्छेद (42) के अनुसार राज्य को न्याय, कार्य करने की मनोअवस्था और स्त्री प्रसूति प्रसुविधा की सुविधा प्रदान करने का उपबन्ध करता है। अनुच्छेद (43) कर्मकारों को बढ़ावा देने के उद्देश्य से जीवन निर्वाह सम्बन्धी व्यवस्था और कुटीर उद्योगों को बढ़ावा देने के प्रयास किए जाएँगे। अनुच्छेद (45) के अनुसार राज्य छः वर्षों तक के सभी बच्चों को प्राथमिक

---

170 A.I.R. 2009, S.C. 120।

देखभाल और अनिवार्य शिक्षा प्रदान करने की व्यवस्था करेगा।[171] अनुच्छेद (47) के द्वारा राज्य अपनी सीमा में लोक स्वास्थ्य और स्वापक औषधि एवम् मन:प्रभावी पदार्थ को रोकने के प्रयास करेगा।

3. **समाज कल्याण सम्बन्धी** – अनुच्छेद (40) के अनुसार भारत के प्रत्येक राज्य में ग्राम पंचायतों के गठन के लिए वहाँ की सरकार आवश्यक क़दम उठाएगी, स्थानीय आधार पर उनके स्व:शासन की व्यवस्था करेगी। अनुच्छेद (44) समस्त जनता के लिए समान नागरिक संहिता का निर्माण करेगी। अनुच्छेद (48) के अधीन राज्य सरकार कृषि और पशुपालन को जन सामान्य के लाभ के लिए व्यवस्था करेगी, विशेषत: दुधारू और अच्छी नस्ल के पशुओं की व्यवस्था करेगी और इन पशुओं के वध को रोकने के लिए कोई विधि का निर्माण कर सकेगी। अनुच्छेद 48(A) के अधीन राज्य सरकार पर्यावरण संरक्षण, वनों तथा वन्य जीवों के संरक्षण के लिए बन्दोबस्त कर सकेगी। अनुच्छेद (49) के अधीन राज्य सरकार संसद द्वारा घोषित राष्ट्रीय महत्व के स्मारकों और स्थानों को विरूपण, विनाश, अपसारण और निर्यात से संरक्षण प्रदान करेगी। अनुच्छेद (50) के अधीन राज्य सरकार लोक सेवाओं में न्यायपालिका को कार्यपालिका से पृथक करने के आवश्यक क़दम उठाएगी।

4. **अन्तरराष्ट्रीय शाँति और सुरक्षा सम्बन्धी** – अनुच्छेद (51) के अनुसार सरकार अन्तरराष्ट्रीय शाँति और सुरक्षा के क़दम उठाएगी और हर हाल में विदेश नीति का पालन करेगी।

---

[171] इस अनुच्छेद को संविधान के 86वें संशोधन, 2002 द्वारा जोड़ा गया है।

अध्याय 17
मौलिक कर्तव्य

1. सामान्य परिचय : मौलिक कर्तव्य हमारे संविधान में पहले से उपस्थित नहीं थे, परन्तु इन्हें स्वर्ण सिंह कमेटी की सलाह पर 1976 में संविधान के 42वें संशोधन द्वारा भाग–4[A] और अनुच्छेद 51(A) में जोड़ा गया है। मौलिक कर्तव्यों को पूर्व सोवियत संघ (रूस) के संविधान से लिया गया है। मौलिक कर्तव्य का सबसे महत्वपूर्ण तथ्य यह है कि इसे भारत के किसी भी न्यायालय के द्वारा पालन नहीं कराया जा सकता है, और ना ही किसी व्यक्ति को इसके उल्लंघन के लिए दण्ड दिया जा सकता है।

2. मौलिक कर्तव्यों की संख्या : मौलिक कर्तव्यों की संख्या ग्यारह है, अनुच्छेद 54(A) के अनुसार...

   a. संविधान का पालन करें, राष्ट्रध्वज और राष्ट्रगान का आदर करें,
   b. स्वतन्त्रता के लिए राष्ट्रीय आन्दोलन को प्रेरित करने वाले उच्च आदर्शों को हृदय में संजोकर उनका पालन करें,
   c. भारत की संप्रभुता, एकता और अखण्डता की रक्षा करें और उसे अक्षुण्ण बनाए रखें,
   d. देश की रक्षा करें और आह्वान किए जाने पर राष्ट्र की सेवा करें,
   e. बन्धुत्व की भावना का निर्माण करें और धर्म, भाषा और वर्ग के भेदभाव से परे रहें और ऐसी समस्त प्रथाओं को बन्द करें जो महिलाओं के सम्मान के विरुद्ध हैं।
   f. हमारी सामाजिक संस्कृति की गौरवशाली परम्परा के महत्व को समझें और उसका परिरक्षण करें,

g. प्राकृतिक पर्यावरण की, जिसके अन्तर्गत वन, झील, नदी और वन्य प्राणी आते हैं, उनकी रक्षा और संवर्धन (तरक्की) करें तथा प्राणी मात्र के प्रति दयाभाव रखें।

h. वैज्ञानिक, मानववाद और ज्ञानार्जन वाला दृष्टिकोण रखें तथा सुधार की भावना का विकास करें।

i. सार्वजनिक सम्पत्ति की सुरक्षा करें और हिंसा से दूर रहें।

j. स्वयम् और देश के विकास के लिए सतत प्रयास करें और नई बुलंदियों पर ले जाएँ।

k. 6 से 14 वर्ष तक के बच्चों के माता–पिता, अभिभावक या संरक्षक का कर्तव्य होगा कि वे अपने बच्चों को शिक्षा के अवसर प्रदान करें।[172]

---

[172] संविधान के 86वे संशोधन, 2002 द्वारा अनुच्छेद 51(A) में ग्यारहवाँ मूल कर्तव्य जोड़ा गया है।

अध्याय 18
संघ की कार्यपालिका
(राष्ट्रपति, उप–राष्ट्रपति और मंत्रीपरिषद)

अनुच्छेद 52 से 78

"संघ की कार्यपालिका शक्ति राष्ट्रपति में निहित होगी"।

[A]. राष्ट्रपति

1. संवैधानिक उपबन्ध : अनुच्छेद (52) यह व्यवस्था करता है, कि भारत का एक राष्ट्रपति होगा। प्रायः राष्ट्रपति सभी देशों में होते हैं, किन्तु संसदीय प्रणाली वाले देशों में राष्ट्रपति नाममात्र का शासक होता है और प्रधानमंत्री वास्तविक कार्यपालिका का संचालन अपने मंत्रीपरिषद की सलाह पर करता है। अनुच्छेद 53(1) के अनुसार संघ की कार्यपालिका शक्ति राष्ट्रपति में निहित होती है और वह इसका प्रयोग स्वयम् या अपने अधीनस्थों के द्वारा करेगा। अनुच्छेद 53(2) यह उपबन्ध करता है कि संघ के रक्षा बलों का सर्वोच्च समादेश राष्ट्रपति दे सकेगा।

2. राष्ट्रपति का निर्वाचन : राष्ट्रपति का निर्वाचन 'अप्रत्यक्ष निर्वाचन पद्धति से किया जाता है, जिसे ड्रुप मैथड भी कहते हैं। अनुच्छेद (54) के अनुसार राष्ट्रपति के निर्वाचन में...

a. संसद के दोनों सदनों के निर्वाचित सदस्य अर्थात् राज्यसभा, लोकसभा[173] और,

b. राज्यों की विधानसभाओं के निर्वाचित सदस्य भाग लेते हैं।[174]

3. राष्ट्रपति का कार्यकाल : अनुच्छेद 56(1) के अनुसार राष्ट्रपति का कार्यकाल पाँच वर्ष के लिए होता है। राष्ट्रपति चाहे तो उप–राष्ट्रपति को अपना त्यागपत्र देकर भी पद से हट सकता है। किन्तु जैसे ही राष्ट्रपति

---

173 राष्ट्रपति के निर्वाचन में सभी राज्य हिस्सा लेते हैं, किन्तु संविधान के 77वें संशोधन के पश्चात दिल्ली राष्ट्रीय क्षेत्र और पॉण्डिचेरी क्षेत्र भी राज्य की तरह माने जाएँगे।

174 राष्ट्रपति पद के उम्मीदवार को नामांकन भरते समय कम से कम 50 प्रस्तावक और 50 अनुमोदकों का समर्थन आवश्यक होता है।

अपना त्यागपत्र उप–राष्ट्रपति को देगा, उसे अविलम्ब इसकी सूचना लोकसभा स्पीकर को देनी होगी। इसके अलावा राष्ट्रपति महाभियोग पारित होने के पहले तक या पाँच वर्ष की अवधि समाप्त होने के पश्चात अपने उत्तराधिकारी के आने तक पद पर बना रह सकता है। अनुच्छेद (57) भारत के राष्ट्रपति को पुनर्निर्वाचन के लिए भी योग्य बनाता है, इसके अनुसार कोई राष्ट्रपति जो पद पर है या पूर्व में था उसे कितनी ही बार राष्ट्रपति के निर्वाचन में भाग लेने का अधिकार होगा। किन्तु अमरीका के राष्ट्रपति को केवल दो बार निर्वाचित होने का अधिकार है, जिससे सिद्ध होता है कि अमरीका के राष्ट्रपति के पुनर्निर्वाचन की तुलना में भारत के राष्ट्रपति को ज्यादा अधिकार प्राप्त हैं।

4. राष्ट्रपति पद के लिए योग्यता : भारत का नागरिक हो, 35 की आयु पूरी कर चुका हो, लोकसभा का सदस्य निर्वाचित होने की योग्यता रखता हो और अन्य कोई लाभ का पद धारण नहीं करता हो।

5. राष्ट्रपति का शपथ गृहण : अनुच्छेद (60) के अनुसार भारत का राष्ट्रपति सर्वोच्च न्यायालय के मुख्य न्यायाधीश के समक्ष शपथ लेगा और हस्ताक्षर करेगा। किन्तु यदि किसी कारणवश सर्वोच्च न्यायालय के मुख्य न्यायाधीश उपस्थित नहीं हैं तो सर्वोच्च न्यायालय के उपलब्ध सबसे वरिष्ठतम न्यायाधीश द्वारा राष्ट्रपति को शपथ दिलाई जाएगी।

6. महाभियोग : अनुच्छेद 61(1) के अनुसार संविधान का अतिक्रमण करने पर राष्ट्रपति पर महाभियोग संसद के किसी भी सदन में लाया जा सकता है। अनुच्छेद 61(2) राष्ट्रपति पर ऐसा आरोप लगाने के पूर्व...

a. सर्वप्रथम जिस सदन में यह प्रस्ताव लाया जाना है वहाँ एक संकल्प पारित करने के पश्चात् कम से कम 14 दिन पहले इसकी सूचना राष्ट्रपति को दी जाएगी। फिर उस सदन के कुल सदस्यों में से एक चौथाई (¼) सदस्यों के हस्ताक्षर आवश्यक हैं।

b. जिस सदन में ऐसा संकल्प पारित किया जाता है उसे कम से कम दो–तिहाई (⅔) सदस्यों द्वारा हस्ताक्षर करके पारित किया जाना चाहिए।

अनुच्छेद 61(3) के अनुसार जिस सदन में यह कार्यवाही चल रही है तो दूसरा सदन राष्ट्रपति पर लगाए गए आरोपों का अन्वेषण करेगा या कराएगा। अन्वेषण की कार्यवाही में राष्ट्रपति को अपना पक्ष रखने का पूर्ण अवसर दिया जाएगा।

अनुच्छेद 61(4) के अनुसार इसके पश्चात दूसरे सदन में भी यही कार्यवाही दोहराई जाती है, और उस सदन में राष्ट्रपति के विरुद्ध दो–तिहाई (⅔) बहुमत से संकल्प पारित कर दिया जाता है, तो उसी तिथि से राष्ट्रपति को पदच्युक्त माना जाता है।

7. राष्ट्रपति के पद की रिक्तता : राष्ट्रपति का पद यदि रिक्त हो जाता है तो उप–राष्ट्रपति कार्यवाहक राष्ट्रपति के रूप में कार्य करेगा। किन्तु यदि उप–राष्ट्रपति का पद भी रिक्त हो तो सर्वोच्च न्यायालय का मुख्य न्यायाधीश या वरिष्ठतम न्यायाधीश कार्यवाहक राष्ट्रपति के रूप में कार्य और कर्तव्यों का निर्वाहन करेगा।

8. **राष्ट्रपति की शक्तियाँ :** पं० नेहरू ने राष्ट्रपति के सम्बन्ध में कहा था कि "हम राष्ट्रपति को फ्रेंच की तरह केवल मोहर (Rubber Stamp) के रूप में नहीं माप सकते"। (संविधान सभा परिचर्चा खण्ड, 04 पृ० 734) राष्ट्रपति की शक्तियाँ निम्न प्रकार से हैं...

- कार्यपालिका शक्ति (Executive Power) – राष्ट्रपति भारत का प्रथम नागरिक होता है, वह देश के महत्वपूर्ण और संवैधानिक पदों पर नियुक्ति करता है, वह भारत के प्रधानमंत्री और उसकी सलाह पर

अन्य मंत्रियों की नियुक्ति करता है।[175] संविधान के अनुच्छेद (53) के अनुसार संघ की कार्यपालिका शक्ति राष्ट्रपति में निहित होती है।

- सैन्य शक्ति (Military Power) – राष्ट्रपति तीनों सेनाओं का सर्वोच्च सेनापति होता है, युद्ध का प्रारम्भ और अन्त उसकी इच्छा से किया जाता है, जिसे संसद द्वारा बनाई गई विधि निदेशित करती है।
- विधायी शक्ति (Legislative Power) – संसद राष्ट्रपति–लोकसभा–राज्यसभा से मिलकर बनी होती है, अतः राष्ट्रपति को संसद के सत्र को आहुत या सत्रावसान करने का अधिकार होता है। वह चाहे तो लोकसभा को विघटित भी कर सकता है। संसद की प्रथम बैठक की शुरुवात राष्ट्रपति के अभिभाषण से होती है। सभी विधेयक राष्ट्रपति की मंजूरी के पश्चात ही क़ानून का रूप लेते हैं। वह राज्यसभा में 12 व्यक्तियों को मनोनीत कर सकता है जो साहित्य, कला, विज्ञान, समाज–सेवा और फिल्म जगत से विशेष ज्ञान और अनुभव रखते हों। वह लोकसभा में दो आंग्ल–भारतीय समुदाय को भी मनोनीत कर सकता है।
- राजनयिक शक्ति (Diplomatic Power) – विदेशों में भारत का प्रतिनिधित्व राष्ट्रपति द्वारा किया जाता है, वह विदेश में उच्चायुक्तों की नियुक्ति करता है। विदेशी प्रतिनिधियों और शासकों के साथ प्रस्रोटोकॉल कार्यवाहियाँ निष्पादित करता है।
- आपातकालीन शक्ति (Emergency Power) – आपातकाल में सत्ता केन्द्र में निहित हो जाती है और समस्त कार्य राष्ट्रपति के निदेश में

---

175 भारत का राष्ट्रपति महत्वपूर्ण और संवैधानिक पदों में प्रधानमंत्री और उसकी मंत्रीपरिषद, उच्च न्यायालय और सर्वोच्च न्यायालय के न्यायाधीश, राज्यों के राज्यपाल, महान्यायवादी, महालेखा परीक्षक लोक सेवा आयोग के अध्यक्ष और विभिन आयोगों के अध्यक्षों की नियुक्ति करता है।

किए जाते हैं जिसे मंत्रीपरिषद सलाह देती है। भारत में आपातकाल की उद्घोषणा भी राष्ट्रपति के द्वारा की जाती है।

- अध्यादेश प्रख्यापित करने की शक्ति (The President power to Promulgate Ordinances) – राष्ट्रपति को अनुच्छेद (123) के अनुसार अध्यादेश प्रख्यापित करने की शक्ति होती है। जब संसद का कोई सत्र न चल रहा हो और तब राष्ट्रपति को यह समाधान हो जाए कि किसी विषय में कोई तत्काल कार्यवाही करना आपेक्षित हो तो वह अध्यादेश प्रख्यापित कर सकता है। इस अध्यादेश में संसद द्वारा पास किए गए किसी क़ानून के बराबर शक्ति होती है। यदि इस अध्यादेश को संसद द्वारा 6 सप्ताह में अधिनियमित नहीं किया गया तो यह अध्यादेश समाप्त हो जाता है।
- क्षमादान करने की शक्ति (The power to Pardon) – अनुच्छेद (72) के अनुसार राष्ट्रपति किसी दोषसिद्ध व्यक्ति को उसके दण्ड से क्षमा या उस दण्ड का विराम या परिहार कर सकता है। राष्ट्रपति को सभी न्यायालयों, जिनमें दण्ड न्यायालय के अलावा सेना न्यायालय भी आते हैं, के द्वारा दिए गए दण्डादेश को कम करने की शक्ति होती है। **केहर सिंह बनाम भारत संघ**[176] के मामले में यह कहा गया कि राष्ट्रपति को न्यायालय की भाँति साक्ष्य परीक्षण करने की शक्ति होती है। असल में राष्ट्रपति हर मृत्युदण्ड में माँगी गई माफी को मानने के लिए बाध्य नहीं है, मंत्रीमण्डल की सलाह पर वह दान दे सकता है, और नहीं भी।
- सर्वोच्च न्यायालय से परामर्श प्राप्त करने की शक्ति[177] (Power of President to consult Supreme Court) – अनुच्छेद (143) के

---

176 A.I.R. 1989, S.C. 653।

177 वैसे सर्वोच्च न्यायालय राष्ट्रपति को परामर्श देने के लिए बाध्य है किन्तु उसे परामर्श देने के लिए बाध्य नहीं किया जा सकता है। अयोध्या के मामले में सर्वोच्च न्यायालय ने अपना

अनुसार यदि राष्ट्रपति को यह प्रतीत होता है कि विधि या तथ्य का कोई प्रश्न उत्पन्न हुआ है तो वह सर्वोच्च न्यायालय से परामर्श माँग सकता है किन्तु सर्वोच्च न्यायालय परामर्श देने के लिए बाध्य नहीं है।

➤ **वीटो शक्ति (Veto Power)** – राष्ट्रपति के वीटो पॉवर का संविधान में कोई उपबन्ध नहीं है यह विधेयकों के क़ानून बनने और राष्ट्रपति के मध्य हस्ताक्षर करने के बीच की समयावधि है। राष्ट्रपति की वीटो शक्ति तीन प्रकार से है.. (a). आत्यन्तिक वीटो, (b). निलम्बनकारी वीटो और (c). पॉकेट वीटो।

a. **आत्यन्तिक वीटो (Absolute Veto)** – जब राष्ट्रपति किसी विधेयक पर हस्ताक्षर नहीं करता है अर्थात् अपने पास रोक कर रख लेता है तो इस स्थिति में विधेयक समाप्त माना जाता है। आत्यन्तिक वीटो का इस्तेमाल राष्ट्रपति सामान्यतः व्यक्तिगत विधेयकों और ऐसी सरकार जिसने त्यागपत्र दे दिया हो पर प्रयोग करता है। 1954 में तत्कालीन राष्ट्रपति डॉ० राजेंद्र प्रसाद ने PEPSU विनियोग विधेयक पर अपनी सहमति नहीं दी थी। इसके पश्चात 1991 में डॉ० वेंकटरमण ने लोकसभा के भंग होने के एक दिन पूर्व पारित "संसद सदस्य वेतन, भत्ते तथा पेन्शन (संशोधन) अधिनियम" पर मंजूरी न देते हुए अपने पास रोक लिया था।

b. **निलम्बनकारी वीटो (Suspension Veto)** – जब राष्ट्रपति किसी विधेयक को पुनर्विचार के लिए वापस भेज देता है तो यह माना जाता है कि उस विधेयक का निलम्बन हो गया है, इसे ही निलम्बनकारी वीटो कहते हैं। किन्तु जब पुनः बहुमत के साथ संसद

मत देने से मना कर दिया था। देखें **इस्माइल फारुकी बनाम भारत संघ** [A.I.R. 1994, S. C. 605] का मामला।

राष्ट्रपति के पास भेजती है तो राष्ट्रपति को इस पर हस्ताक्षर करने ही पड़ते हैं।

c. पॉकेट वीटो (Pocket Veto) – जब किसी विधेयक पर राष्ट्रपति न तो सहमति देए ना ही पुनर्विचार हेतु लौटाए परन्तु अनिश्चित काल के लिए अपने पास लम्बित कर ले तो इसे ही पॉकेट वीटो कहा जाता है। 1986 में इस शक्ति का प्रयोग करते हुए राष्ट्रपति ज्ञानी जैल सिंह ने भारतीय डाक (संशोधन) अधिनियम को अपने पास लम्बित रख लिया था।[178]

[B]. उप–राष्ट्रपतिः

1. संवैधानिक उपबन्ध : अनुच्छेद (63) के अनुसार भारत का एक उप–राष्ट्रपति होगा, जो राज्यसभा का पदेन सभापति कहलाएगा और उसके दायित्वों का निर्वाहन करेगा।[179] किन्तु उप–राष्ट्रपति की आवश्यकता संविधान में बेहद महत्वपूर्ण ढंग से की गई है, जब भारत का राष्ट्रपति बाहर विदेश में भारत की तरफ से दौरे पर हो, स्वास्थ्य खराब होने के कारण या पद को संभाल पाने में असमर्थ हो तो उप–राष्ट्रपति कार्यवाहक राष्ट्रपति के रूप में काम करता है[180], ताकि अव्यवस्था या संवैधानिक संकट की स्थिति पैदा न हो जाए।

2. उप–राष्ट्रपति का निर्वाचन : अनुच्छेद (66) के अनुसार उप–राष्ट्रपति के निर्वाचन में संसद के दोनों सदनों के निर्वाचित और मनोनीत सदस्य भाग लेते हैं। जो एकल संक्रमणीय मत प्रणाली द्वारा गुप्त रीति से किया जाता है।

---

178 किन्तु संसद ने 24वाँ संविधान संशोधन 1971 पारित कर दिया है जिसके अनुसार राष्ट्रपति अब किसी भी विधेयक का तिरस्कार नहीं कर सकता। उसे एक बार पुनर्विचार के लिए वापस कर सकता है, किन्तु पुनः संसद द्वारा पास किए जाने के बाद उसे हस्ताक्षर करने ही होंगे।

179 अनुच्छेद (64) इसकी व्यवस्था करता है।

180 अनुच्छेद (65) व्यवस्था करता है, राष्ट्रपति के न होने पर उप–राष्ट्रपति राष्ट्रपति के रूप में कार्य करेगा।

3. उप–राष्ट्रपति पद की योग्यता : अनुच्छेद 66(3) के अनुसार...

(a). भारत का नागरिक हो,

(b). पैंतीस वर्ष की आयु पूरी कर चुका हो, और

(c). राज्यसभा का सदस्य निर्वाचित होने की योग्यता रखता हो।

अनुच्छेद 66(3) के अनुसार इसके अलावा अनुच्छेद 66(4) के अनुसार कोई लाभ का पद धारित न करता हो।

4. राष्ट्रपति और उप–राष्ट्रपति के निर्वाचन सम्बन्धी विवादों का निपटारा : यदि राष्ट्रपति और उप–राष्ट्रपति के निर्वाचन में किसी भी प्रकार का विवाद होता है तो उसका निपटारा सर्वोच्च न्यायालय द्वारा किया जाता है।[181] सर्वोच्च न्यायालय चाहे तो इसका न्यायिक पुनर्विलोकन भी कर सकता है।

[C] प्रधानमंत्री और उसकी परिषद :

प्रधानमंत्री के सम्बन्ध में की गई कुछ टिप्पणियाँ...

- सर विलियम के अनुसार – "प्रधानमंत्री थोड़े से तारों के मध्य चाँद जैसा प्रतीत होता है"
- रैम्जे मूर के अनुसार – "प्रधानमंत्री राज्य रुपी जलयान के कप्तान की भाँति है"
- प्रस्रो० जेनिंग्स के अनुसार – "प्रधानमंत्री सूर्य के सादृश्य है जिसके इर्द–गिर्द नक्षत्र घूमते हैं।"

भारत ने संसदीय प्रणाली को अपनाया है, जिसके अनुसार समस्त कार्यपालिका शक्ति तो राष्ट्रपति में निहित होती है, किन्तु उसकी शक्ति को वास्तविक रूप से मंत्रीपरिषद प्रयोग करती है। अनुच्छेद 74(1) में यह उपबन्ध है कि राष्ट्रपति को सलाह देने के लिए मंत्रीपरिषद होगी जिसका प्रधान, प्रधानमंत्री होगा। इसका अर्थ यह है कि भारत का राष्ट्रपति केन्द्रीय मंत्रीपरिषद की सलाह पर काम करता है, वह इनकी सलाह के बगैर किसी

---

181 अनुच्छेद (71) इसकी व्यवस्था करता है।

संवैधानिक कर्तव्यों का निर्वाहन नहीं कर सकता है। जिस तरह शरीर में जीवनदायक ऑक्सीजन की आवश्यकता होती है, उसी प्रकार राष्ट्रपति को संवैधानिक कर्तव्यों को पूर्ण करने के लिए मंत्रीपरिषद की आवयश्कता होती है।

1. संवैधानिक उपबन्ध : अनुच्छेद 74(1) के अनुसार राष्ट्रपति को यदि मंत्रीपरिषद की सलाह में कुछ फेरबदल करवानी हो तो वह एक बार इसे पुनर्विचार के लिए वापस भेज सकता है, किन्तु मंत्रीपरिषद ने उसे पुनः बहुमत से पास कर राष्ट्रपति के समक्ष भेजा तो राष्ट्रपति के पास कोई विकल्प उपस्थित नहीं होता है उसे मंत्रीपरिषद की सलाह को मानना ही पड़ता है।[182] इस प्रश्न को भी किसी न्यायालय में चुनौती नहीं दी जा सकती है कि मंत्रीपरिषद ने राष्ट्रपति को क्या सलाह दी।[183]

2. प्रधानमंत्री की नियुक्ति : संविधान का अनुच्छेद (75) भारत के प्रधानमंत्री तथा अन्य मंत्रियों की नियुक्ति के बारे में उपबन्ध करता है...

- 75(1). प्रधानमंत्री की नियुक्ति राष्ट्रपति करेगा और अन्य मंत्रियों की नियुक्ति राष्ट्रपति, प्रधानमंत्री की सलाह पर करेगा।
- 75(1). [A]. मंत्रीपरिषद में मंत्रियों की कुल संख्या प्रधानमंत्री सहित लोकसभा के कुल सदस्यों की पन्द्रह प्रतिशत होगी।[184]

भारत ने संसदीय प्रणाली ब्रिटेन के संविधान से अपनाई है जिसके आधार पर राष्ट्रपति बहुमत दल के नेता को प्रधानमंत्री पद के लिए आमंत्रित करता है। किन्तु यदि लोकसभा में किसी भी दल को पूर्ण बहुमत ना हो तो राष्ट्रपति ऐसे बड़े दल के नेता को प्रधानमंत्री पद हेतु आमंत्रित कर सकता है, और उसे एक माह के अन्दर बहुमत सिद्ध करना होगा, यह राष्ट्रपति का विवेक कार्य हो सकता है। इस प्रकार की विवेक शक्ति का प्रयोग सर्वप्रथम नीलम

---

182 संविधान के 44वें संशोधन द्वारा यह सुस्थापित हो गया है कि राष्ट्रपति मंत्रिपरिषद की सलाह को पुनर्विचार के पश्चात् अस्वीकार नहीं कर सकता है।

183 देखें संविधान का अनुच्छेद 74(2)।

184 संविधान का 91वाँ संशोधन 2003।

संजीव रेड्डी ने 1979 में चरण सिंह को प्रधानमंत्री नियुक्त करके किया था, उसके पश्चात भारतीय संविधान में एक नई प्रथा ने जन्म लिया।

3. क्या एक गैर–संसद–सदस्य मंत्री, मुख्यमंत्री या प्रधानमंत्री बन सकता है?

: **एस०पी० आनन्द बनाम एच०डी० देवेगौड़ा**[185] के मामले में सर्वोच्च न्यायालय ने निर्धारित किया कि कोई व्यक्ति जो किसी भी सदन का सदस्य नहीं है वह भी मंत्री, मुख्यमंत्री या प्रधानमंत्री नियुक्त किया जा सकता है किन्तु उसे संसद की सदस्यता छः माह के अन्दर हासिल करनी ही होगी।

4. प्रधानमंत्री का कार्यकाल : प्रधानमंत्री का कार्यकाल पाँच वर्ष का है या नहीं, वह लोकसभा के बहुमत पर निर्भर करता है। सम्भवतः अगली लोकसभा आने तक वह पद पर बना रहता है इसके अतिरिक्त निम्नलिखित अवस्था के पूर्ण होने के पहले तक प्रधानमंत्री बना रह सकता है...

- राष्ट्रपति को त्यागपत्र देकर वह पद से विमुक्त हो सकता है।
- लोकसभा में अविश्वास प्रस्ताव पारित हो जाने पर।
- राष्ट्रपति द्वारा प्रधानमंत्री को सेवामुक्त किए जाने पर।

5. वेतन और भत्ते : वर्तमान में प्रधानमंत्री को रूपए 1,60,000 वेतन और भत्ते मासिक प्राप्त होते हैं।

6. अधिकार और कार्य : भारत के प्रधानमंत्री के निम्नलिखित कार्य हैं...

- सरकार का निर्माण करना – बहुमत दल के नेता के रूप में प्रधानमंत्री सरकार का निर्माण करता है, वह अपनी अनुशंसाओं के आधार पर अन्य मंत्रियों की नियुक्ति करवाता है।
- मंत्रियों के मध्य विभागों का बँटवारा करना – प्रधानमंत्री मंत्रियों के मध्य विभागों का बँटवारा करता है और उनमें बदलाव भी करता है।
- नियन्त्रण करना – प्रधानमंत्री किसी मंत्री पर नियन्त्रणात्मक कार्यवाही कर सकता है। वह राष्ट्रपति से मंत्री को बर्खास्त करने की अनुशंसा कर सकता है।

---

[185] A.I.R. 1997, S.C. 272 और साथ ही देखें संविधान का अनुच्छेद 75(5)।

- ➤ मंत्रीपरिषद की अध्यक्षता करना – प्रधानमंत्री मंत्रीपरिषद की अध्यक्षता तो करता ही है साथ ही मंत्रीमण्डल की नई दिशा तय करता है।

- ➤ राष्ट्रपति से सम्बन्ध – अनुच्छेद (74) के अनुसार राष्ट्रपति को सलाह देने के लिए एक मंत्रीपरिषद होती है जिसका मुखिया प्रधानमंत्री होता है। अनुच्छेद (78) के अनुसार प्रशासन सम्बन्धी कोई जानकारी राष्ट्रपति ने प्रधानमंत्री से माँगी है तो ऐसी सूचना प्रधानमंत्री को राष्ट्रपति को देनी ही होती है, जिसके लिए प्रधानमंत्री बाध्य है।

- ➤ वास्तविक कार्यपालिका – संसदीय प्रणाली के अनुसार भारत का राष्ट्रपति नाममात्र की कार्यपालिका कहलाता है, जबकि वास्तविक सत्ता प्रधानमंत्री के हाथों में होती है। प्रधानमंत्री सभी संसदीय, कार्यपालिका, विधायिका और आकस्मिक दायित्वों का निर्वाहन अपनी मंत्रीपरिषद की सहायता से करता है। जिसके कारण उसे वास्तविक कार्यपालिका कहा जाता है।

- ➤ विधायी कार्य – सरकार के सभी बजट, विधेयक और नियम प्रधानमंत्री की विवक्षित और प्रत्यक्ष सहमति के आधार पर ही सदन में रखे जाते हैं, क्योंकि यह सम्पूर्ण सरकार की जिम्मेदारी होती है कि संसद में कोई विधेयक रखा जाए और अगर पास ना हो सके अतः इन सभी मामलों में प्रधानमंत्री की भूमिका रहती है।

[D]. उप–प्रधानमंत्री (Deputy prime minister):

उप–प्रधानमंत्री के सम्बन्ध में संविधान में कोई उपबन्ध नहीं है, बावजूद इसके, कई बार ऐसी स्थिति निर्मित हुई जिसके कारण इस पद को सृजित करना पड़ा। इसे लगभग आठ बार सृजित किया गया। सर्वप्रथम पं० जवाहर लाल नेहरू की सरकार ने प्रथम लोकसभा के दौरान सरदार बल्लभ भाई

पटेल को उप–प्रधानमंत्री बनाया था, वे भारत के प्रथम उप–प्रधानमंत्री कहलाए। अन्य उप–प्रधानमंत्रियों की सूचि इस प्रकार है...

क्र०	उप–प्रधानमंत्री	मंत्रीमण्डल	कार्यकाल
1	सरदार बल्लभ भाई पटेल	पं० नेहरू	1947 – 1950
2	मोरारजी देसाई	इन्दिरा गाँधी	1967 – 1969
3	बाबू जगजीवन राम / चौधरी चरण सिंह (लगभग छः माह)	मोरारजी देसाई	1979 – 1979
4	वाई०बी० चव्हाण	चरण सिंह	1979 – 1980
5	चौधरी देवीलाल	वी०पी० सिंह	1989 – 1990
6	चौधरी देवीलाल	चन्द्रशेखर	1990 – 1991
7	लाल कृष्ण आडवाणी	वाजपेयी	2002 – 2004

संविधान के अनुच्छेद (74) के अनुसार राष्ट्रपति के परामर्श के लिए प्रधानमंत्री की एक मंत्रीपरिषद होती है जो प्रधानमंत्री को वास्तविक कार्यपालिका बनाती है। प्रधानमंत्री अपने मंत्रियों की नियुक्ति हेतु राष्ट्रपति को सलाह देता है, जिसके परिणामस्वरूप मंत्रीपरिषद का निर्माण होता है।

[E]. मंत्रियों के स्तर : मंत्रियों के सामन्यतः तीन स्तर होते हैं किन्तु कभी–कभी चौथे स्तर के मंत्री की नियुक्ति भी की जाती है। जो निम्नलिखित प्रकार से हैं...

1. कैबिनेट मंत्री – कैबिनेट मंत्री मंत्रीमण्डल के सदस्य होते हैं। ये मंत्रीपरिषद में प्रथम स्तर के मंत्री होते हैं। ये अपने विभाग के अध्यक्ष होते हैं। आपातकाल में राष्ट्रपति को परामर्श इसी स्तर के मंत्री देते हैं। कैबिनेट मंत्रियों के पास महत्वपूर्ण विभाग जैसे गृह, रक्षा, विदेश, वित्त, विधि और अन्य मंत्रालय होते हैं।
2. राज्यमंत्री – ये स्वतन्त्र प्रभार भी कहलाते हैं। ये दूसरे स्तर के मंत्री कहलाते हैं, ये मंत्रीपरिषद के अधीन कार्य नहीं करते हैं। जब उनके विभाग से सम्बन्धित कार्य होता है तभी उनकी उपस्थिति होती है।

3. उप–मंत्री – ये तृतीय स्तर के मंत्री होते हैं। ये अपने विभागाध्यक्ष या कैबिनेट मंत्री द्वारा दिए गए कार्यों या दायित्वों का निर्वहन करते हैं।
4. संसदीय कार्यमंत्री – संसदीय कार्यमंत्री को व्यवस्था के अनुरूप कार्य का आवंटन किया जाता है। इन्हें संसदीय सचिव भी कहा जाता है।

[F]. मंत्रियों की संख्या : संविधान में पहले मंत्रीपरिषद की संख्या का कोई उपबन्ध नहीं था किन्तु 91वें संविधान संशोधन 2003 से मंत्रीपरिषद की संख्या या आकार कुल सदस्य संख्या का 15% कर दिया गया है। (उल्लेखनीय है कि सर्वप्रथम न्यायमूर्ति वेंकटचलैया द्वारा एक संविधान समीक्षा आयोग की स्थापना की गई थी जिसका कार्य मंत्रीपरिषद की संख्या निर्धारित करना था, इस आयोग ने 10% मंत्री रखने की सलाह दी थी जिसे नकार दिया गया था। इसके पश्चात प्रणव मुखर्जी की अध्यक्षता में गठित एक संसदीय समिति की 15% मंत्रियों की संख्या वाली अनुशंसा को मान्य कर दिया गया)।

[G]. मंत्रीपरिषद का कार्यकाल : मंत्रीपरिषद का कार्यकाल लोकसभा के विश्वास मत पर निर्भर करता है। सामान्यतः सरकार को पूर्ण बहुमत है तो उसका कार्यकाल पाँच वर्ष का होता है, नहीं तो अविश्वास प्रस्ताव या बहुमत सिद्ध न कर पाने की वजह से अल्प समय में ही सरकार गिर सकती है।

[H]. मंत्रियों के उत्तरदायित्व

(1). सामूहिक उत्तरदायित्व (Collective Responsibility) – संविधान का अनुच्छेद 75(3) मंत्रियों के सामूहिक उत्तरदायित्व के बारे में उपबन्ध करता है जिसके अनुसार मंत्रीपरिषद सामूहिक रूप से लोकसभा के प्रति जिम्मेदार होती है। अन्य मंत्रीगण प्रधानमंत्री की सलाह से मंत्रीपरिषद में पद प्राप्त करते हैं अतः लोकसभा के प्रति वह सामूहिक रूप से जिम्मेदार होता है। यदि कोई मंत्री लोकसभा में अयोग्य सिद्ध हो जाए या प्रधानमंत्री के अनुरूप कार्य न करे तो उस मंत्री को त्यागपत्र देना पड़ता है। यह ठीक उसी तरह है

जिस तरह बीच समुद्र में एक हिचकोले खाती हुई नाव है और उसमें प्रधानमंत्री सहित मंत्रीमण्डल सवार है। सर्वप्रथम 1953 में डॉ० बी०आर० अम्बेदकर ने हिन्दू कोड बिल के मसले में मंत्रीमण्डल मतभेद के चलते त्यागपत्र दे दिया था।

(2). व्यक्तिगत उत्तरदायित्व – मंत्रियों के सामूहिक उत्तरदायित्व के अतिरिक्त उनका व्यक्तिगत उत्तरदायित्व भी होता है, यदि कोई मंत्री प्रधानमंत्री की इच्छा के विरुद्ध जाता है तो प्रधानमंत्री राष्ट्रपति के द्वारा उसे सेवा से बर्खास्त करवा सकता है। इसे ही व्यक्तिगत उत्तरदायित्व का सिद्धान्त कहते हैं।

(3). विधिक उत्तरदायित्व – भारत में मंत्रियों का सामूहिक उत्तरदायित्व लोकसभा के प्रति तो होता है किन्तु कोई विधिक उत्तरदायित्व नहीं होता है, ऐसा इसीलिए होता है जैसा कि संविधान के अनुच्छेद 74(2) में प्रावधान किया गया है कि मंत्रियों ने राष्ट्रपति को जो सलाह दी है उसे आम नहीं किया जाएगा और भारत के किसी भी न्यायालय में चुनौती नहीं दी जायगी।

क्र०	मंत्रीपरिषद	मंत्रीमण्डल
1.	बड़ा निकाय है, जिसमें 70 मंत्री हो सकते हैं।	यह आकार में मंत्रीपरिषद से छोटा समूह होता है, इसमें करीब 15 या 20 मंत्री होते हैं।
2.	इसमें तीन स्तर के मंत्री होते हैं, जैसे कैबिनेट, राज्य और उप-मंत्री।	इसमें केवल कैबिनेट मंत्री ही होते हैं जो अपने विभागों के अध्यक्ष होते हैं, जो सरकार की नीतियों का निर्धारण करते हैं।
3.	मौलिक संविधान में मंत्रीपरिषद का उल्लेख किया गया है।	किन्तु मौलिक संविधान में मंत्रीपरिषद का उल्लेख नहीं था इसे 44वें संशोधन द्वारा

		अनुच्छेद 352 में जोड़ा गया है।
4.	यह मंत्रीमण्डल के निर्णयों तथा आदेशों का परिपालन करती है।	यह इसकी जाँच करती है कि इसके निर्णयों या आदेशों का पालन और क्रियान्वयन ठीक तरीके से हो रहा है या नहीं।

अध्याय 19
अनुच्छेद (76) भारत का महालेखापरीक्षक
(The Attorney-General of India)

1. संवैधानिक प्रावधान : "भारत के महालेखापरीक्षक की स्थिति उसी प्रकार है जिस प्रकार एक परामर्शदात्री समिति की होती है"

अनुच्छेद (76) भारत के महालेखापरीक्षक का उपबन्ध करता है, जिसके अनुसार–

76 (1). राष्ट्रपति, सर्वोच्च न्यायालय का न्यायाधीश नियुक्त हो सकने वाले योग्य व्यक्ति को भारत का महालेखापरीक्षक नियुक्त करेगा।

76 (2). महालेखापरीक्षक का यह कर्तव्य होगा कि वह भारत सरकार को विधिक सलाह दे या राष्ट्रपति द्वारा समय–समय पर दिए गए कर्तव्यों का निर्वाहन करे।

76 (3). महालेखापरीक्षक को अपने कर्तव्यों के पालन में भारत के किसी भी न्यायालय में सुनवाई का अवसर प्राप्त होगा।

76 (4). महालेखापरीक्षक राष्ट्रपति के प्रसादपर्यन्त पद धारण करेगा और ऐसा पारिश्रमिक प्राप्त करेगा जो राष्ट्रपति निर्धारित करे।

2. महालेखापरीक्षक के अधिकार और कुछ मर्यादाएँ :

1. अनुच्छेद (88) के अनुसार कुछ मंत्रियों और भारत के महालेखापरीक्षक को संसद के किसी भी सदन बोलने का तथा कार्यवाहियों में भाग लेने का अधिकार प्राप्त है किन्तु वह किसी भी सदन में अपना मत नहीं दे सकता है।
2. महालेखापरीक्षक के बारे में संविधान में कोई ऐसा प्रबन्ध नहीं है कि वह निजी प्रेक्टिस नहीं कर सकता किन्तु यह मर्यादा है कि वह

भारत सरकार के विरुद्ध कोई सलाह किसी को नहीं देगा और न ही सरकार के विरुद्ध किसी न्यायालय में उपसंजात होगा।

3. वह समय-समय पर भारत के राष्ट्रपति द्वारा निर्धारित कर्तव्यों का पालन करेगा।

अध्याय 20
केन्द्रीय विधायी [संसद]
(Union legislative)

संसद [Parliament] **का गठन :** संसदीय प्रणाली को ब्रिटेन के संविधान से अपनाया गया है, संसदीय प्रणाली में क़ानून विधायी अर्थात् संसद के द्वारा बनाया जाता है। संसद तीन अंगों से मिलकर बनती है जिसमें राष्ट्रपति, राज्यसभा और लोकसभा सम्मिलित होते हैं। संसद के दो सदनों में से उच्च सदन राज्यसभा कहलाता है और लोकसभा निम्न सदन कहलाता है।

- राष्ट्रपति,
- राज्यसभा,
- लोकसभा।

1. राष्ट्रपति[186]

राष्ट्रपति संसद में महत्वपूर्ण भूमिका निभाता है, वह संसद का सत्र बुलाता है और उसका सत्रावसान करता है। वह संसद के संयुक्त अधिवेशन (राज्यसभा और लोकसभा) की अध्यक्षता करता है। राष्ट्रपति के समक्ष सभी विधेयक पेश किए जाते हैं जिनमें ऐसे कई विधेयक हैं जिन्हें उसकी पूर्व–अनुमति के बिना संसद में पेश किया ही नहीं जा सकता है जैसे आकस्मिक निधि से धन निकलने वाले विधेयक, अनुच्छेद (3) के अनुसार किसी राज्य के नाम परिवर्तन, सीमा परिवर्तन या नए राज्य के निर्माण सम्बन्धी विधेयक। राष्ट्रपति की संसद में सक्रिय भूमिका तो नहीं है किन्तु उसके द्वारा निर्णायक भूमिका अदा की जाती है।

---

186 राष्ट्रपति के संसद और विधायी सम्बन्धी अधिकार के बारे में विस्तार से पढ़ें अध्याय–17।

2. राज्यसभा

यह उच्च सदन कहलाता है। इसे Council of States भी कहा जाता था किन्तु वर्तमान में इसे राज्यसभा ही कहा जाने लगा है। अनुच्छेद (80) के अनुसार राज्यसभा की संरचना में 250 सदस्य होते हैं जिसमें से 238 सदस्य राज्यों और केन्द्र शासित प्रदेशों से चुने जाते हैं और 12 सदस्य राष्ट्रपति के द्वारा मनोनीत किए जाते हैं जो क्रमशः साहित्य, विज्ञान, कला, समाज सेवा और अब फिल्मों तथा खेलों से भी मनोनीत किए जाते हैं। किन्तु मनोनीत सदस्य सदन में उपस्थित तो हो सकते हैं किन्तु मतदान नहीं कर सकते हैं। राज्यसभा एक स्थाई सदन होता है इसका विघटन नहीं होता है परन्तु इसके एक तिहाई सदस्य प्रत्येक दो वर्ष की समाप्ति पर सेवानिवृत्त होते हैं और इनकी जगह दूसरे सदस्य ग्रहण करते हैं।

i. राज्यसभा की सीटों में निम्नलिखित प्रतिनिधित्व होता है...

A. **राज्यों द्वारा प्रतिनिधित्व** – राज्यसभा में राज्यों के विधानसभा के निर्वाचित सदस्य आनुपातिक प्रणाली द्वारा एकल संक्रमणीय मत के आधार पर चुने जाते हैं। संविधान की चौथी अनुसूची द्वारा राज्यसभा के लिए सीटों का निर्धारण जनसंख्या के आधार पर किया गया है अर्थात् जितना बड़ा राज्य उतना बड़ा प्रतिनिधित्व, उदाहरण के लिए, उत्तर प्रदेश राज्य जनसंख्या में बड़ा होने के कारण 31 सीटों का प्रतिनिधित्व करता जबकि गोआ, त्रिपुरा, मिज़ोरम जैसे छोटे राज्य जिनकी जनसंख्या कम है, अतः 1–1 सीटों का प्रतिनिधित्व करते हैं।

B. **केन्द्र-शासित प्रदेशों द्वारा प्रतिनिधित्व** – केन्द्र-शासित प्रदेशों का प्रतिनिधित्व एक निर्वाचक मण्डल द्वारा किया जाता है। यह प्रक्रिया आनुपातिक प्रणाली द्वारा एकल संक्रमणीय मत द्वारा की जाती है। फिलहाल दिल्ली और पाण्डीचेरी केन्द्र-शासित प्रदेश ही राज्यसभा के लिए मतदान करते हैं।

C. मनोनीत सदस्यों द्वारा प्रतिनिधित्व – राज्यसभा में 12 सदस्य राष्ट्रपति के द्वारा मनोनीत किए जाते हैं जो क्रमशः साहित्य, विज्ञान, कला, समाज सेवा और अब फिल्मों तथा खेलों से भी मनोनीत किए जाते हैं। मनोनीत सदस्य सदन में उपस्थित तो हो सकते हैं किन्तु मतदान नहीं कर सकते हैं।

ii. राज्यसभा के पदाधिकारी – राज्यसभा के निम्नलिखित पदाधिकारी होते हैं.
..

1. सभापति – भारत का उप–राष्ट्रपति राज्यसभा का पदेन सभापति होता है, किन्तु सभापति राज्यसभा का सदस्य नहीं होता है इसी कारण वह सदन में मतदान नहीं करता है, किन्तु बराबर मत होने की दशा में वह मतदान कर सकता है। राज्यसभा का सभापति भारत का उप–राष्ट्रपति भी होता है इस नाते जब वह राष्ट्रपति के कर्तव्यों का निर्वाहन कर रहा होता है तो राज्यसभा का सभापति नहीं होता है उस दौरान उप–सभापति राज्यसभा के सभापति के कर्तव्यों का निर्वाहन करता है। सभापति को भारत की संचित निधि द्वारा वेतन और भत्ते प्राप्त होते हैं। जब कभी उप–राष्ट्रपति को पद से हटाने का संकल्प किया गया जाता है तो वह उस दौरान राज्यसभा का सभापति नहीं होता है और मतदान नहीं कर सकता है। राज्यसभा के सभापति का कार्यकाल पाँच वर्ष का होता है, क्योंकि सभापति भारत का उप–राष्ट्रपति भी होता है इसीलिए उसका कार्यकाल निर्धारित होता है। राज्यसभा के सभापति की योग्यता वही है जो भारत के उप–राष्ट्रपति की होती है।

2. उप–सभापति – राज्यसभा के सदस्य अपने में से ही एक उप–सभापति चुन लेते हैं। जो सभापति की अनुपस्थिति में सभापति के कर्तव्यों का निर्वहन करता है।

3. वाईस चेयरपर्सन – राज्यसभा का सभापति राज्यसभा सदस्यों की एक तालिका बनता है जिसे वाईस चेयरपर्सन कहा जाता है, जिसमें उनकी

नामावली होती है, उसी क्रम में वरिष्ठतम आधार पर क्रमशः वाईस चेयरपर्सन सभापति और उप–सभापति का कार्य करता है। वाईस चेयरपर्सन को वही अधिकार प्राप्त होते हैं जो सभापति को होते हैं, किन्तु वह इसका प्रयोग सभापति और उप–सभापति की अनुपस्थिति में करता है।

4. सदस्य – अनुच्छेद (80) के अनुसार राज्यसभा की संरचना में 250 सदस्य होते हैं जिसमें से 238 सदस्य राज्यों और केन्द्र शासित प्रदेशों से चुने जाते हैं और 12 सदस्य राष्ट्रपति के द्वारा मनोनीत किए जाते हैं। राज्यसभा के सदस्यों की योग्यता अनुच्छेद (84) के अनुसार निम्नलिखित रूप से है...

i. भारत का नागरिक हो,

ii. तीस (30) वर्ष की आयु पूरी कर चुका हो,

iii. किसी लाभ के पद पर न हो, और

iv. जनप्रतिनिधित्व अधिनियम (1951) के अधीन उस व्यक्ति को उसके निर्वाचन क्षेत्र में पंजीकृत होना चाहिए।

3. लोकसभा :

लोकसभा आम जनता का सदन कहलाता है, इसे निम्न सदन भी कहते हैं। लोकसभा की अधिकतम सीटें 552 निर्धारित की गई है। जिसमें से राज्यो से 530 सीटें, केन्द्र–शासित प्रदेशों से 20 सीटें तथा आंग्ल–भारतीय समुदाय[187] से 2 सीटें निर्धारित हैं।

i. लोकसभा निर्वाचन प्रणाली : इसे आम चुनाव भी कहा जाता है, प्रथम आम चुनाव 1951 में सम्पन्न हुआ था जिसमें भारतीय राष्ट्रीय कांग्रेस के नेता पं० जवाहर लाल नेहरू ने कम्युनिष्ट पार्टी ऑफ़ इण्डिया के नेता श्रीपत अमृत धनगे को हराया था। तब से लेकर हर पाँच वर्ष के उपरान्त आम चुनाव कराए जाते हैं। ये आम चुनाव प्रत्यक्ष रीति से होते हैं जिनमें भारत के नागरिक अपने वयस्क मताधिकार का प्रयोग कर सरकार को चुनते हैं। डॉ०

---

187 अनुच्छेद (331) के अनुसार राष्ट्रपति को यह प्रतीत होता है कि लोकसभा में आंग्ल–भारतीय समुदाय के लोगों को पर्याप्त प्रतिनिधित्व नहीं मिल पा रहा है तो वह 2 व्यक्ति आंग्ल–भारतीय समुदाय से नियुक्त कर सकता है।

बाबासाहब अम्बेदकर ने कहा था "एक व्यक्ति एक वोट" अर्थात् वो चाहे राष्ट्रपति हो या सेवक सभी के मत का मूल्य एक ही था यानी वयस्क मताधिकार, जिसके आधार पर भारत का प्रत्येक नागरिक जिसकी आयु 18 वर्ष है, वह मतदान कर सकता है।[188]

ii. **परिसीमन :** अनुच्छेद (82) संसद को प्रत्येक निर्वाचन के बाद लोकसभा का परिसीमन तथा समायोजन करने का अधिकार प्रदान करता है। जिसके आधार पर लोकसभा का परिसीमन 2026 की जनगणना के आधार पर निश्चित किया गया है किन्तु जब तक 2026 के आँकड़े प्रदर्शित नहीं हो जाते, तब तक 1971 की जनगणना के आधार पर समायोजन किया जाएगा।

iii. **लोकसभा के पदाधिकारी :**

1. अध्यक्ष – अनुच्छेद (93) के अनुसार लोकसभा अविलम्ब अपने में से एक अध्यक्ष चुन लेती है। लोकसभा स्पीकर (अध्यक्ष) लोकसभा का प्रमुख प्राधिकारी होता है, इस नाते उसका निर्णय और राय अन्तिम होता है जो सभी सदस्यों पर बन्धनकारी होता है। लोकसभा स्पीकर एक बार चुने जाने पर नई लोकसभा का गठन हो जाने पर प्रथम बैठक तक पद पर बना रहता है। किन्तु स्पीकर चाहे तो अपने कार्यकाल के दौरान उपाध्यक्ष को त्यागपत्र देकर पद से विमुक्त हो सकता है, इसके अलावा जब वह लोकसभा का सदस्य ना रह जाए तो भी पद से मुक्त माना जाता है। प्रथम लोकसभा का गठन 6 मई 1952 को हुआ था तथा इसकी प्रथम बैठक 13 मई 1952 में सम्पन्न हुई जिसके अध्यक्ष (स्पीकर) गणेश वासुदेव मावलंकर थे।

<u>अध्यक्ष का कार्यकाल</u> – वैसे तो लोकसभा का कार्यकाल पाँच वर्षों का होता है किन्तु लोकसभा स्पीकर आगामी लोकसभा के गठन और उसकी प्रथम बैठक तक पद धारित करता है।

---

[188] संविधान के 61वें संशोधन, 1988 द्वारा वयस्क मताधिकार की आयु 21 वर्ष से घटाकर 18 वर्ष कर दी गई है।

लोकसभा स्पीकर के कार्य और शक्तियाँ – लोकसभा स्पीकर की निम्नलिखित कार्य और शक्तियाँ हैं...

- व्यवस्था और नियन्त्रण सम्बन्धी – स्पीकर सदन में शाँति और मर्यादा बनाए रखता है, सदन की कार्यवाही प्रारम्भ और समाप्त करता है।
- निरक्षण सम्बन्धी – सार्वजनिक महत्व से जुड़े मामलों के लिए संसदीय समितियों और अन्य नियमन समितियों को आदेश देना। सदन के सदस्यों की गिरफ़्तारी की आज्ञा देना तथा सदन के विशेषाधिकार को लागू करवाना।
- विधायी सम्बन्धी – लोकसभा स्पीकर का सबसे महत्वपूर्ण कार्य या शक्ति यह होती है कि वह धन विधेयक को प्रमाणित करता है, तथा लोकसभा में पारित विधेयकों को सहमति प्रदान करता है। वह दल–बदल क़ानून के अधीन अयोग्य व्यक्तियों को अमान्य करता है।
- प्रशासनिक सम्बन्धी – स्पीकर लोकसभा सचिवालय पर नियन्त्रण रखता है, लोकसभा सदस्यों के त्यागपत्रों को स्वीकार या अस्वीकार करता है।

2. उपाध्यक्ष – अध्यक्ष की भाँति उपाध्यक्ष भी लोकसभा अपने में से चुन लेती है। लोकसभा उपाध्यक्ष अध्यक्ष की अनुपस्थिति में सारे कार्यों का निर्वाहन करता है। ग्यारहवी लोकसभा से पहले उपाध्यक्ष सत्ताधारी पार्टी से होते थे किन्तु इसके पश्चात अध्यक्ष सत्ताधारी पार्टी से और उपाध्यक्ष विपक्ष से चुने जाने लगे है।

3. वाईस चेयरपर्सन – अध्यक्ष दस ऐसे सदस्यों के नाम पैनल में जोड़ता है जो कभी भी अध्यक्ष और उपाध्यक्ष की अनुपस्थिति में उनके कार्यों का निर्वहन कर सके।

4. प्रोटेम अध्यक्ष – यदि पुराना अध्यक्ष लोकसभा के निर्वाचन में हिस्सा लेता है तो राष्ट्रपति ऐसे वरिष्ठ सदस्य को प्रस्रोटेम अध्यक्ष नियुक्त करता है जो

आगामी लोकसभा के निर्वाचन में हिस्सा ना ले रहा हो। प्रस्रोटेम अध्यक्ष को वही सब अधिकार प्राप्त हैं जो एक लोकसभा अध्यक्ष को प्राप्त होते हैं। राष्ट्रपति प्रस्रोटेम अध्यक्ष को शपथ दिलाता है।

5. लोकसभा सदस्य – लोकसभा सदस्य की योग्यता और निर्योग्यता के बारे में अनुच्छेद (84) में उपबन्ध किया गया है, जिसके अनुसार...

> भारत का नागरिक हो,
> पच्चीस (25) वर्ष की आयु पूरी कर चुका हो,
> जनप्रतिनिधित्व अधिनियम (1951) के अधीन उस व्यक्ति को उसके निर्वाचन क्षेत्र में पंजीकृत होना चाहिए,
> किसी लाभ के पद पर न हो। **जया बच्चन बनाम भारत संघ**[189] के मामले में सर्वोच्च न्यायालय ने राष्ट्रपति के उस आदेश को उचित माना जिसमें राष्ट्रपति ने चुनाव आयोग की इस अनुशंसा को मानते हुए जया बच्चन को सांसद पद से विमुक्त कर दिया, क्योंकि जया सांसद होते हुए उत्तर प्रदेश फिल्म निगम की अध्यक्षा भी थीं। किन्तु समय के साथ केन्द्र सरकार ने लाभ के पद में व्यापक बदलाव करते हुए मंत्रियों तथा सांसदों के लिए नई पदावली निर्मित कर दी है जिसके अधीन वे आय निगम और कॉर्पोरेशन के अध्यक्ष या सदस्य रह सकते हैं।

4. संसदीय विशेषाधिकार :

संसद के दोनों सदनों (लोकसभा और राज्यसभा) के सदस्यों को कुछ विशेष प्रकार के अधिकार और उन्मुक्तियाँ प्रदान की गई हैं, इन्हें ही संसदीय विशेषाधिकार कहा जाता है। जो संविधान के अनुच्छेद (105) में विस्तृत किया गया है। संवैधानिक विशेषाधिकार के अलावा, कुछ अधिनियमों और संसद

---

[189] A.I.R. 2006, S.C. 2119।

नियमावली में भी सांसदों को कुछ विशेष प्रकार के अधिकार प्रदान किए गए हैं ताकि सदन की गरिमा को आम होने से बचाया जा सके। वे अधिकार निम्नलिखित प्रकार से हैं...

1. वाक् अभिव्यक्ति की स्वतन्त्रता अनुच्छेद 105(1) – संसद के सभी सदस्यों और उनके अधीन निर्मित संसदीय समितियों के सदस्यों को वाक् एवम् अभिव्यक्ति की स्वतन्त्रता प्राप्त है।

2. न्यायालय द्वारा संज्ञान में ना लिया जाना अनुच्छेद 105(2) – सांसदों के सम्बन्ध में कोई बात सदन सम्बन्धी हो तो न्यायालय द्वारा न तो मामला संज्ञान में लिया जा सकता है और ना ही कोई कार्यवाही की जा सकती है।

3. अन्य उन्मुक्तियाँ जो संसद विहित करें अनुच्छेद 105(3) – संसद और संसदीय समिति के सदस्यों को अन्य उन्मुक्तियाँ भी प्राप्त है जो संसद द्वारा नियम बना कर पारित की गई हों।[190]

4. न्यायालयों द्वारा संसद की जाँच न किया जाना अनुच्छेद (122) – भारत के किसी भी न्यायालय द्वारा संसद की किसी भी कार्यवाही की न तो जाँच की जाएगी और ना ही संसद के नियम और विनियम की जाँच कर सकेगा।

5. सिविल मामलों में गिरफ़्तारी से संरक्षण CPC (Sec. 132) – जब संसद का अधिवेशन चल रहा हो तब सिविल कार्यवाही में किसी संसद को 40 दिन पूर्व और 40 दिन बाद तक गिरफ़्तार नहीं किया जा सकता है।

6. लोकसभा नियम (232 और 233) – जिसके अधीन बिना लोकसभा अध्यक्ष की सम्मति के किसी भी लोकसभा सदस्य को न तो समन किया जा सकता है और ना ही गिरफ़्तार किया जा सकता है।

7. लोकसभा नियम (252) – लोकसभा की गोपनीय बैठक और कार्यवाही का प्रगटीकरण नहीं किया जा सकता है।

---

[190] 44वें संविधान संशोधन 1978 से लागू।

5. संसद के सत्र : (Sessions of Parliament)[191]

संसद के सामान्यतः तीन सत्र होते हैं जिसे राष्ट्रपति समय-समय पर समन जारी करके बुलवाता है। परन्तु संसद के सत्रों के बीच मामूली तौर पर छः महीने से ज्यादा का अन्तराल नहीं होना चाहिए। संसद के सत्र इस प्रकार हैं..

i. बजट सत्र – यह फ़रवरी माह में प्रारम्भ होता है और मई तक चलता है।

ii. मानसून सत्र – यह सत्र जुलाई माह से सितम्बर माह के दौरान चलता है।

iii. शीतकालीन सत्र – यह सत्र नवम्बर माह से दिसम्बर माह तक रहता है।

6. संसद का सत्रावसान : (Prorogation of Parliament)[192]

सत्रावसान का तात्पर्य होता है सत्र का अन्त होना अर्थात् जब संसद के किसी सत्र का समापन हो जाता है तो उस सदन के अध्यक्ष या सभापति द्वारा उसकी समाप्ति की घोषणा की जाती है जिसे राष्ट्रपति अपनी सहमति देता है। सत्रावसान से संसद के किसी मुद्दे का अन्त नहीं होता है परन्तु दूसरे सत्र में उस पर बहस हो सकती है।

7. संसद का विघटन : (Dissolution of Parliament)[193]

संसद के दोनों सदनों में से केवल लोकसभा का ही विघटन होता है, क्योंकि राज्यसभा स्थाई सदन होता है जो कभी भंग नहीं होता है। सत्रावसान में केवल किसी सत्र का समापन (अन्त) होता है जबकि विघटन में लोकसभा का अन्त हो जाता है। भारत का राष्ट्रपति समय-समय पर लोकसभा के विघटन

---

[191] देखें संविधान का अनुच्छेद (85)।
[192] तत्रैव।
[193] तत्रैव।

की घोषणा करता है। किन्तु आपातकाल[194] में छ:–छ: करके एक वर्ष तक के लिए बढ़ाया जा सकता है।

8. लोकसभा का लेम डक सत्र : (Lame Duck Session)

पुरानी लोकसभा के अन्तिम सत्र जिसमें वे सदस्य रह जाते हैं जो आगामी लोकसभा में निर्वाचित नहीं हो पाते हैं और नई लोकसभा के आने तक कार्य का संचालन करते हैं, लेम–डक सत्र कहलाते हैं।

9. कोरम : (Quorum)

कोरम अर्थात् सदन में गणपूर्तिः संसद के किसी भी सदन में विधायी कार्यवाही को पूरा करने के लिए कोरम को पूरा किया जाना आवश्यक होता है। यह उस सदन की कुल संख्या के दसवें हिस्से से पूरा होता है। यानी किसी सदन में 100 सदस्य हो तो उनमें से 10 सदस्यों की उपस्थिति गणपूर्ति के लिए पर्याप्त होगी। इसे ही कोरम या 1/10 कहा जाता है।[195] उदाहरण स्वरूप जिस सदन में कोरम पूर्ण किया जाना हो, इस सूत्र से पूरा किया जाएगा...

% सदन का नाम जिसमें कोरम पूरा किया जाना हो = 1/10

10. संसद की कार्यवाही और मामले उठाने की प्रक्रिया :

1. प्रश्नकाल,
2. शून्यकाल,
3. आधे घण्टे की बहस, और
4. दो घण्टे की बहस।

[1]. **प्रश्नकाल** – संसद में पहला घण्टा प्रश्नकाल का होता है जिसमें संसद सदस्य मंत्रियों से प्रश्न पूछते हैं। ये प्रश्न आमतौर पर भारत सरकार से जुड़े

---

[194] देखें संविधान का अनुच्छेद 83(2 का परन्तु)।
[195] देखें संविधान का अनुच्छेद 100(3)।

होते हैं जो अविलम्ब लोक महत्व वाले होते हैं। मंत्री उनके प्रश्नों के उत्तर देते हैं। प्रश्नकाल में प्रश्न तीन प्रकार से किए जाते हैं...

1. तारांकित – तारांकित प्रश्न से तात्पर्य मौखिक प्रश्न से है, जिसमें सम्बन्धित मंत्री को तुरन्त उत्तर देना होता है।

2. अतारांकित – अतारांकित प्रश्न से तात्पर्य लिखित प्रश्न से होता है। इसमें प्रश्न उठाने वाले को उत्तर लिखित में चाहिए होता है।

3. अल्प सूचना वाले प्रश्न – जब किसी सदस्य को लोक महत्व से जुड़े प्रश्न का उत्तर चाहिए होता है तो दस दिवस की अवधि में कभी भी यह प्रश्न पूछा जा सकता है। किन्तु दस दिवस के भीतर प्रश्न सूची में एक बार में केवल एक ही प्रश्न पूछा जा सकता है। कभी–कभी गैर–सरकारी सदस्यों से भी प्रश्न पूछे जा सकते हैं इसमें सम्बन्धित संसद सदस्य अपने मुद्दे के उत्तर देते हैं जिस पर वे उत्तरदायी होते हैं।

[2]. **शून्यकाल** – प्रश्नकाल के ठीक बाद का समय शून्यकाल अर्थात् जीरो आवर कहलाता है। इस काल में सरकार से किसी भी मुद्दे पर प्रश्न किया जा सकता है, कभी–कभी तो सरकार इस काल में बैकफुट पर नज़र आती है।

[3]. **आधे घण्टे की बहस** – कोई ऐसा मुद्दा जिस पर प्रश्नकाल में पहले भी बहस हो चुकी हो, सदन की कार्यवाही समाप्त होने के आधा घण्टे पहले सप्ताह के क्रमशः सोमवार, बुधवार और शुक्रवार को बहस की जाती है। इसे ही आधे घण्टे की बहस कहा जाता है।

[4]. **दो घण्टे की बहस** – किसी आवश्यक सार्वजनिक महत्व के मुद्दे पर संसद में दो घण्टे की बहस की जाती है, इसे सप्ताह में दो दिन सामान्यतः मंगलवार और गुरुवार को सदन में रखा जाता है।

11. प्रस्ताव और संकल्प (Motions and Resolutions)

प्रस्ताव और संकल्प में अन्तर होता है, प्रस्ताव किसी भी मुद्दे को लेकर सदन में प्रस्तुत किया जाता है। और संकल्प भी सामान्य मुद्दों की भाँति होते हैं, किन्तु सभी संकल्प प्रस्ताव की भाँति सदन में नहीं रखे जाते हैं।

[1]. प्रस्ताव – सार्वजनिक महत्व से जुड़े मुद्दों पर सरकार का ध्यान आकृष्ट करने के लिए सदन में इसे पेश किया जाता है। प्रस्ताव में मौलिक प्रस्ताव, स्थानापन्न प्रस्ताव और सहायक प्रस्ताव होते हैं...

- मौलिक प्रस्ताव (Substantive motion) – मौलिक प्रस्ताव एक स्वतन्त्र प्रस्ताव होता है, जो किसी अन्य प्रस्ताव पर निर्भर नहीं करता है परन्तु पूर्ण रूप से सदन में कार्यवाही और मतदान के लिए रखा जाता है। जैसे अविश्वास प्रस्ताव, महाभियोग चलाने वाले संकल्प

- स्थानापन्न प्रस्ताव (Substitute motion) – जब मौलिक प्रस्ताव के बदले अन्य प्रस्ताव पेश किया जाता है तो उसे स्थानापन्न प्रस्ताव कहते हैं।

- सहायक प्रस्ताव (Subsidiary motion) – सहायक प्रस्ताव हमेशा मौलिक प्रस्ताव के साथ जुड़ा होता है। जैसे ही मौलिक प्रस्ताव पूर्ण हो जाता है, यह भी समाप्त हो जाता है, जैसे संशोधन, इत्यादि।

प्रस्ताव के रूपों के आधार पर यह तीन प्रकार का होता है...

1. अविश्वास प्रस्ताव,
2. निन्दा प्रस्ताव,
3. धन्यवाद प्रस्ताव।

1. अविश्वास प्रस्ताव (No Confidence Motion) – अविश्वास प्रस्ताव वह प्रस्ताव होता है जो लोकसभा में सरकार के विरुद्ध पारित किया जाता है। एक बार अविश्वास प्रस्ताव पारित हो जाए तो सरकार को त्यागपत्र देना

होता है। इसीलिए प्रधानमंत्री और उसकी परिषद को तूफानी समुद्र में नाव की भाँति माना जाता है जो कभी भी डूब सकती है। वैसे अविश्वास प्रस्ताव लगभग विफल ही होता है किन्तु यह मंत्रीपरिषद के लिए सशक्त अनुशास्ति है। सदस्यों को अविश्वास प्रस्ताव लाने के पहले सचिव के समक्ष सर्वप्रथम प्रस्ताव बनाकर भेजना पड़ता है, जैसे ही अविश्वास प्रस्ताव का आग्रह स्वीकार हो जाता है, उस पर सदन में दस दिवस के भीतर बहस प्रारम्भ की जाती है। प्रधानमंत्री द्वारा बहस का उत्तर दिया जाता है। उत्तर के पश्चात लोकसभा स्पीकर अविश्वास प्रस्ताव को सदन में मतदान हेतु रखता है जिस पर सदस्य मतदान करते हैं। यदि अविश्वास प्रस्ताव के पक्ष में मतदान हुआ तो सरकार को पद त्यागना होता है।

2. निन्दा प्रस्ताव (Censure Motion) – निन्दा प्रस्ताव सरकार के किसी मंत्री या मंत्रीपरिषद के विरुद्ध लगातार उदासीन रहने के कारण लाया जाता है। सदस्यों द्वारा किसी मंत्री या मंत्रीपरिषद के कार्य न किए जाने के कारण सदन द्वारा खेद प्रकट किया जाता है। लोकसभा में निन्दा प्रस्ताव को पारित करने से पहले अध्यक्ष को इसका कारण बताना होता है। निन्दा प्रस्ताव का संवैधानिक उपबन्ध नहीं है किन्तु लोकसभा के नियमो में इसका उपबन्ध किया गया है।

3. धन्यवाद प्रस्ताव (Motion of Thank) – धन्यवाद प्रस्ताव एक प्रकार का राष्ट्रपति या राज्यपाल का अभिभाषण होता है। जब महामहिम का भाषण पूर्ण हो जाता है तो उसके प्रत्योत्तर के रूप में सरकार द्वारा धन्यवाद प्रस्ताव पारित किया जाता है।

[2]. संकल्प – संकल्प अपने आप में एक मौलिक प्रस्ताव भी होते हैं। संकल्प में प्रायः कोई विचार, सोच, कल्पना, मत या राय के सम्बन्ध में सदस्यों के समक्ष रखा जाता है। सभी संकल्प मौलिक प्रस्ताव हो सकते हैं किन्तु यह आवश्यक नहीं कि सभी संकल्प मौलिक प्रस्ताव ही हों और उन पर मतदान हो।

12. संसद में क़ानून निर्माण प्रक्रिया :

विधेयकः विधेयक प्रक्रिया के आधार पर दो प्रकार का होता है...

- सरकारी विधेयकः जब किसी मंत्री द्वारा कोई विधेयक सदन में पेश किया जाता है तो इसे सरकारी विधेयक कहा जाता है।
- गैर–सरकारी विधेयकः इसे निजी सदस्यों के द्वारा लाया गया विधेयक भी कहा जाता है। इस विधेयक के माध्यम से संसद का कोई भी सदस्य कोई विधेयक या मसौदा बहस के लिए ला सकता है।

संसद में विधायी प्रक्रिया दोनों सदनों में होती है, प्रायः सारे क़ानून दोनों सदनों के द्वारा पारित किए जा सकते हैं, किन्तु धन विधेयक के सम्बन्ध में लोकसभा राज्यसभा से ज्यादा शक्तिशाली प्रतीत होता है। विधेयक चार प्रकार के होते हैं, आम विधेयक, वित्त विधेयक, धन विधेयक और संविधान संशोधन विधेयक।

(i). आम विधेयक – संसद के दोनों सदनों में विधेयक सामान्यतः चार चरणों से होकर गुजरता है उसके पश्चात वह क़ानून का रूप धारण करता है। ये चार चरण निम्नांकित प्रकार से हैं...

- प्रथम वाचनः प्रथम वाचन में सामान्यतः किसी विधेयक को मंत्री या सदस्य द्वारा लाया जा सकता है। अध्यक्ष या सभापति की मंजूरी के बाद इसे सदन में रखा जाता है, किन्तु अभी उस पर बहस या मतदान नहीं होता है। इसके पश्चात विधेयक को गजट में प्रकाशित किया जाता है।
- द्वितीय वाचनः इस वाचन में भी विधेयक को कई चरणों से होकर गुजरना पड़ता है, जो संसद की प्रवर समीति के जाँच के पश्चात बहस हेतु रखा जाता है, सर्वप्रथम विधेयक पर आम बहस की जाती है। इसके पश्चात विधेयक को संसद की एक समिति के समक्ष समीक्षा हेतु भेजा जाता है, उक्त समिति उसमें कुछ परिवर्तन भी कर

सकती है परन्तु मौलिक विषय में कुछ भी परिवर्तन नहीं कर सकती है। इसके बाद समिति विधेयक को वापस सदन को सौंप देती है। जैसे ही सदन को विधेयक प्राप्त होता है, अविलम्ब उस पर विचार विमर्श किया जाता है और विधेयक के पक्ष या विपक्ष में मतदान होता है।

➢ तृतीय वाचन: तृतीय वाचन में विधेयक पर कोई संशोधन नहीं किया जा सकता है, जो कुछ संशोधन किया जाना होता है वह द्वितीय वाचन तक ही किया जा सकता है। इस वाचन में बहुमत के आधार पर विधेयक को स्वीकार या अस्वीकार किया जाता है। यदि विधेयक के पक्ष में बहुमत हुआ हो तो उस सदन का अध्यक्ष या सभापति अगले सदन में भेजने की कार्यवाही करता है।

➢ चतुर्थ वाचन: दूसरे सदन में पुनः यही कार्यवाही की जाती है। दूसरे सदन में विधेयक को यदि स्वीकार कर लिया जाता है तो उसे राष्ट्रपति के समक्ष अधिनियमित और हस्ताक्षरित करने भेजा जाता है। अनुच्छेद (111) के अनुसार राष्ट्रपति के पास विधेयक के सम्बन्ध में निम्नलिखित अधिकार और शक्तियाँ होती हैं...

    I. अपनी अनुमति दे देता है,

    II. चाहे तो विधेयक को रोक सकता है, या

    III. वह विधेयक को पुनः विचारार्थ सदन में भेज सकता है।

किन्तु दोनों सदनों द्वारा विधेयक को पारित करके पुनः राष्ट्रपति के पास सहमति के लिए भेजा जाता है तो राष्ट्रपति इस बार विधेयक को रोक नहीं सकता, उसे अपनी सहमति देनी ही होगी, इसके लिए वह बाध्य है।

(ii). **धन विधेयक (Money Bill)** – "धन विधेयक की परिभाषा : सभी धन विधेयक में वित्त विधेयक होते हैं, किन्तु सभी वित्त विधेयक धन विधेयक नहीं होते। केवल वही वित्त विधेयक धन विधेयक कहलाते हैं जो अनुच्छेद

110(3) के अन्तर्गत लोकसभा स्पीकर द्वारा प्रमाणित किए जाते हैं।" संविधान के अनुच्छेद 110(1) के अनुसार निम्नलिखित विषयों से सम्बन्धित विधेयक धन विधेयक होगा...

a) किसी कर का अधिरोपण, उत्सादन, परिहार, परिवर्तन या विनिमय,

b) भारत सरकार का धन उधार या कोई प्रत्याभूति देने का विनिमय और विधि का संशोधन,

c) भारत की संचित या आकस्मिक निधि की अभिरक्षा, ऐसी किसी निधि में धन जमा करना या उसमें से धन निकालना,

d) भारत की संचित निधि से धन का विनियोग,

e) किसी व्यय को संचित निधि में जोड़ना या किसी व्यय की रकम को बढ़ाना,

f) भारत की संचित निधि या संचित लोक लेखा आदि से धन प्राप्त करना, उसकी अभिरक्षा करना अथवा केन्द्र या राज्य के लेखाओं का सम्परीक्षण करना या

g) उप–खण्ड (a) से और उप–खण्ड (f) से सम्बन्धित कोई भी विषय।

अनुच्छेद 110 (2) के अनुसार कोई धन विधेयक इस प्रकार से धन विधेयक नहीं माना जाएगा कि वह...

कोई जुर्माना, अन्य धनीय शास्तियों (Pecuniary penalties), अनुज्ञप्ति, सेवाओं के लिए शुल्क की माँग या संदाय, कोई स्थानीय प्राधिकारी या निकाय द्वारा स्थानीय प्रयोजन के लिए कर का अधिरोपण, उसका उत्सादन, परिहार, परिवर्तन या विनिमय इत्यादि।

अनुच्छेद 110 (3) के अनुसार कोई विधेयक धन विधेयक है या नहीं, यह लोकसभा स्पीकर पर निर्भर करता है।

धन विधेयक को पारित करने की प्रक्रिया इस प्रकार है...

I. धन विधेयक को सरकार राष्ट्रपति की सहमति से लोकसभा में पेश करती है।

II. लोकसभा में पारित हो जाने के पश्चात लोकसभा स्पीकर धन विधेयक को यह पृष्ठांकित करता है कि यह 'धन विधेयक' है। उसके उपरान्त विधेयक को राज्यसभा में भेजा जाता है।

III. राज्यसभा को धन विधेयक के सम्बन्ध में बहुत कम अधिकार होते हैं, राज्यसभा धन विधेयक के सम्बन्ध में लोकसभा को केवल अनुशंसा ही दे सकती है, लोकसभा चाहे इस अनुशंसा को माने या ना माने।

IV. राज्यसभा धन विधेयक को अधिक से अधिक 14 दिन तक ही अपने पास रख सकती है। यदि 14 दिन के भीतर राज्यसभा धन विधेयक को पारित नहीं करती है तो वह राज्यसभा से पारित माना जाएगा।

V. राज्यसभा से पारित होकर धन विधेयक राष्ट्रपति की औपचारिक सहमति के लिए भेजा जाता है। औपचारिक इसीलिए क्योंकि धन विधेयक को राष्ट्रपति की पूर्व सहमति से ही लोकसभा में रखा जाता है। अतः राष्ट्रपति को धन विधेयक में अपनी सहमति देनी ही होती है।

(iii). वित्त विधेयक (Finance Bill) – अनुच्छेद (117) में वित्त विधेयक के बारे में विशेष उपबन्ध किए गए हैं। धन विधेयक को छोड़ कर सभी धन सम्बन्धी विधेयक वित्त विधेयक कहलाते हैं। वित्त विधेयक निम्नलिखित प्रकार के होते हैं, प्रथम अनुच्छेद (110) के अधीन धन विधेयक, और द्वितीय अनुच्छेद (117) के अधीन धन सम्बन्धी विधेयक वित्त विधेयक होते हैं।

13. प्रक्रिया जब कोई सदन किसी विधेयक से असहमत हो...
धन विधेयक को राज्यसभा रोक नहीं सकती और न ही कोई संशोधन कर सकती है परन्तु जब राज्यसभा में धन विधेयक पहुँचता है तो राज्यसभा के पास केवल चौदह दिन का समय होता है अब चाहे तो इसे पारित करे या न

करे। चौदह दिन के पश्चात धन विधेयक राज्यसभा से पारित माना जाएगा। किन्तु जब आम विधेयक में कोई सदन अपनी सहमति नहीं देता है तो अनुच्छेद (108) के अनुसार राष्ट्रपति संसद का एक सत्र आहूत करता है और दोनों सदनों की संयुक्त बैठक आयोजित करवाता है। जहाँ संयुक्त रूप से विधेयक को पारित करवाया जाता है ऐसा अब तक तीन बार हो चुका है जो क्रमशः

(1). 1960 में दहेज प्रतिषेध अधिनियम, 1961

(2). 1977 का बैंकिंग सेवा आयोग, अधिनियम, 1978 और

(3). 2001 का पोटा (Prevention of Terrorism Act) अधिनियम, 2002।

14. संसद में बजट प्रक्रिया : (Budget Process in Parliament)

संविधान में बजट को परिभाषित नहीं किया गया है परन्तु बजट के स्थान पर अनुच्छेद (112) में 'वार्षिक वित्तीय विवरण' को बताया है। भारत में वित्तीय वर्ष 1 अप्रैल को प्रारम्भ होता है और 31 मार्च को समाप्त होता है। जिसमें भारत की संचित निधि और उससे धारित अन्य व्यय उपयोग में लाए जाते हैं। संचित निधि पर निम्नलिखित व्यय भारित किए जाते हैं...

1. राष्ट्रपति की उपलब्धियाँ, भत्ते और अन्य व्यय,

2. राज्यसभा के सभापति, उप-सभापति, लोकसभा अध्यक्ष और उपाध्यक्ष के वेतन और भत्ते,

3. भारत सरकार के द्वारा उपयोग करने हेतु ऋण या भार,

4. सर्वोच्च न्यायालय और राज्यों के उच्च न्यायालय के न्यायाधीश के वेतन, भत्ते और पेन्शन,

5. भारत के नियन्त्रक-महालेखापरीक्षक के वेतन, भत्ते और पेन्शन,

6. किसी न्यायालय या माध्यस्थम् के सम्बन्ध में वेतन, भत्ते और पेन्शन, कोई अन्य व्यय जो संसद द्वारा कोई विधि पारित करके घोषित किया जाए।

15. संसद में प्राक्कलन प्रक्रिया (Estimation procedure in Parliament) :
सरकारी आय व्यय को चलाने के लिए संसद द्वारा एक प्राक्कलन किया जाता है उसके पश्चात राष्ट्रपति की अनुमति मिलने पर ही अनुदान की माँग की जाती है।

16. विनियोग विधेयक (Appropriation Bill)[196] :
जब संसद द्वारा प्राक्कलन पर राष्ट्रपति की सहमति हो जाती है तभी भारत की संचित निधि से लोकसभा द्वारा विनियोग विधेयक पारित किया जाता है। बिना विनियोग विधेयक पारित किए सरकार संचित निधि से कोई धन नहीं निकाल सकती है।

17. अनुपूरक अनुदान (Supplementary grant)[197] :
जैसा कि नाम से स्पष्ट होता है 'अनुपूरक' अर्थात् जब चालू वित्तीय वर्ष में अनुमित अनुदान कम हो जाता है तो अनुपूरक अनुदान पारित करवाकर सरकार धन संचित निधि से प्राप्त करती है। इसे ही अनुपूरक अनुदान कहा जाता है।

18. लेखानुदान (Vote on account), प्रत्यानुदान (Vote of Credit) और अपवादानुदान (Exceptional Grant)[198]
चालू वित्तीय वर्ष (बजट) की प्रक्रिया अभी पूरी नहीं हो पाई है, तब सरकार को धन की आवश्यकता हो तो वह विनयोग विधेयक पारित हो जाने के बाद क्रमशः लेखानुदान, प्रत्यानुदान और अपवादानुदान पारित कर संचित निधि से धन आहरण कर सकती है।

19. संचित निधि (Consolidated Fund)[199] :
संचित निधि दो प्रकार से होती है, 'भारत संचित निधि' और 'राज्य की संचित निधि'। जब भारत सरकार को कोई कर, शुल्क का आगमन और निगमन,

---

[196] देखें संविधान का अनुच्छेद (114)।
[197] देखें संविधान का अनुच्छेद (115)।
[198] देखें संविधान का अनुच्छेद (116)।
[199] देखें संविधान का अनुच्छेद (266)।

राजस्व, हुंडियाँ, आदि से धन प्राप्त होता है तो उसे भारत की संचित निधि कहा जाता है। और जब राज्य को प्राप्त होता है तो उसे राज्य संचित निधि कहा जाता है।

अध्याय 21
सर्वोच्च न्यायालय [Supreme Court]
(केन्द्रीय न्यायपालिका)

"न्यायालय का यह कर्तव्य बनता है कि वह क़ानून का शासन लागू करे और उसके क्षरण को रोके।"

—न्यायाधीश जे० एस० वर्मा

प्रजातान्त्रिक सरकार का तीसरा सबसे महतवपूर्ण स्तम्भ है 'न्यायपालिका'। संविधान के अनुच्छेद (50) में स्पष्ट रूप से कहा गया है कि न्यायपालिका को कार्यपालिका से पृथक किया जाए। जिसके कारण दण्ड प्रक्रिया संहिता और अन्य अधिनियमों में न्यायपालिका और न्यायाधीश पर व्यापक परिवर्तन किए गए हैं। आज जो न्यायपालिका का स्वतन्त्र और निष्पक्ष स्वरूप दिखाई दे रहा है उसके पीछे न्यायपालिका की गरिमा और प्रतिष्ठा का गहरा संघर्ष रहा है। सर्वोच्च न्यायालय द्वारा दिए गए विनिश्चय सभी न्यायालयों और सरकार पर बन्धनकारी होते हैं। न्यायालयों की गरिमा के लिए जनमानस में न्यायालयों के अपमान को वर्जित किया गया है, जिसके लिए अभिलेख न्यायालयों की स्थापना की गई है।

1. ऐतिहासिक परिचय (Historical Introduction of Supreme Court) : **सन्** 1774 के राजलेख से कलकत्ते में एक सुप्रीम कोर्ट ऑफ़ ज्युडिकेचर की स्थापना की गई जिसमें सर एलिजाह इम्पे को मुख्य न्यायाधीश और तीन अन्य न्यायाधीश क्रमशः स्टीफेन, लेमिस्ट्रे, और हाईड नियुक्त किए गए थे। भारत शासन अधिनियम, 1935 से भारत में एक फेडरल कोर्ट की स्थापना की गई, जिसने सन् 1937 से कार्य करना प्रारम्भ कर दिया। इस न्यायालय में एक मुख्य न्यायाधीश और छः अन्य न्यायाधीश होते थे। आजादी मिलने के उपरान्त जैसे ही सर्वोच्च न्यायालय ने 26 जनवरी 1950 से कार्य करना प्रारम्भ किया तभी से फेडरल कोर्ट को समाप्त कर दिया गया और उसकी जगह सर्वोच्च न्यायालय ने ले ली।

2. सर्वोच्च न्यायालय का गठन अनुच्छेद 124(1) : संविधान के प्रारम्भ से सर्वोच्च न्यायालय के न्यायाधीश के संख्या सात थी जिसमें एक मुख्य न्यायाधीश और छ: अन्य न्यायाधीश थे, किन्तु वर्तमान में एक मुख्य न्यायाधीश और तीस अन्य न्यायाधीश है।

3. न्यायाधीशों का कार्यकाल अनुच्छेद 124(2) : सर्वोच्च न्यायालय के न्यायाधीश की नियुक्ति राष्ट्रपति के हस्ताक्षर और मुद्रा युक्त एक अधिपत्र द्वारा की जाती है जो पैंसठ वर्ष की आयु तक पद धारण करते हैं। इसके अतिरिक्त यदि कोई न्यायाधीश चाहे तो राष्ट्रपति को अपना त्यागपत्र सौंपकर पद से विरक्त हो सकता है।[200]

4. न्यायाधीशों की नियुक्ति (Appointment of Judges) अनुच्छेद 124(3) : सर्वोच्च न्यायालय के मुख्य न्यायाधीश की नियुक्ति राष्ट्रपति द्वारा की जाती है और अन्य न्यायाधीश की नियुक्ति में मुख्य न्यायाधीश के परामर्श को सदैव ध्यान में रखते हुए नियुक्ति की जाएगी। सर्वोच्च न्यायालय की स्थापना से ही मुख्य न्यायाधीश की नियुक्ति वरिष्ठता के आधार पर की जाती रही है किन्तु उस समय इस परम्परा को तोड़ दिया गया जब **केशवानन्द भारती** बनाम **केरल राज्य**[201] के मामले में सरकार के विरुद्ध निर्णय सुनाने वाले वरिष्ठ न्यायाधीशगण क्रमशः न्यायमूर्ति शेलट, न्यायमूर्ति हेगड़े और न्यायमूर्ति ग्रोवर की वरिष्ठता को अनदेखा करते हुए न्यायमूर्ति अजीत नाथ रे को भारत का मुख्य न्यायाधीश बना दिया गया, इससे क्षुब्ध होकर तीनों न्यायाधीशों ने अपना त्यागपत्र दे दिया। वरिष्ठता को अनदेखा करके सरकार द्वारा कार्यपालिका शक्ति से न्यायाधीश की नियुक्ति की हर तरफ निन्दा की गई। तब सर्वोच्च न्यायालय द्वारा न्यायिक निर्णयों के माध्यम से इस परेशानी को

---

[200] देखें संविधान का अनुच्छेद 124 का परन्तु (a)।
[201] A.I.R. 1973, S.C. 1461।

दूर किया गया। **एस०पी०गुप्ता बनाम भारत संघ**[202] यह मामला न्यायाधीश स्थानांतरण मामले के नाम से भी जाना जाता है, इस मामले में सर्वोच्च न्यायालय ने बहुमत से यह निर्णय दिया कि सरकार अपनी कार्यपालिका शक्ति के प्रयोग से न्यायाधीश का स्थानांतरण कर सकती है और मुख्य न्यायाधीश का परामर्श मानने के लिए राष्ट्रपति बाध्य नहीं है। किन्तु **सर्वोच्च न्यायालय एडवोकेट्स ऑन रिकॉर्ड एसोसिएशन बनाम भारत संघ**[203] के मामले में सर्वोच्च न्यायालय ने **एस०पी०गुप्ता बनाम भारत संघ**[204] के मामले में दिए गए अपने निर्णय को उलटते हुए 7:2 के बहुमत से यह निर्धारित किया कि सर्वोच्च न्यायालय के न्यायाधीशों की नियुक्ति में कार्यपालिका का हस्तक्षेप सीमित है और मुख्य न्यायाधीश की सलाह लेना आवश्यक ही नहीं, अपितु प्रक्रिया आवश्यक भी होनी चाहिए।

अतः सर्वोच्च न्यायालय के मुख्य न्यायाधीश की नियुक्ति वरिष्ठता क्रम के आधार पर और अन्य न्यायाधीशों की नियुक्ति मुख्य न्यायाधीश के परामर्श से की जाने लगी थी। किन्तु विगत कुछ वर्षों से यह बात उठने लगी थी कि मुख्य न्यायाधीश अपने व्यक्तियों के नाम सरकार से अनुशंसाओं के माध्यम से करने लगे थे। राष्ट्रपति ने अनुच्छेद (143) का प्रयोग करते हुए सर्वोच्च न्यायालय से यह पूछा कि न्यायाधीशों की नियुक्ति में मुख्य न्यायाधीश का परामर्श आवश्यक है? जिसके कारण **इन री प्रेसीडेंसियल रिफरेंन्स**[205] के मामले में यह तथ्य सामने आया। सर्वोच्च न्यायालय के 9 सदस्य वाली संवैधानिक बैन्च ने निर्णय दिया कि भारत के मुख्य न्यायाधीश को सर्वोच्च न्यायालय के अन्य 4 वरिष्ठतम न्यायाधीशों के समूह (Collegium) से परामर्श करने के पश्चात ही अपनी सलाह राष्ट्रपति को देनी चाहिए। अतः अब सर्वोच्च न्यायालय के मुख्य न्यायाधीश और अन्य न्यायाधीशों की नियुक्ति में

---

202 A.I.R. 1982, S.C. 149, 1981 Supp (1) S.C.C. 87।
203 (1993)4, S.C.C. 44।
204 1981 Supp (1) S.C.C. 87।
205 A.I.R. 1999, S.C. 1।

भारत का मुख्य न्यायाधीश सर्वोच्च न्यायालय के चार वरिष्ठतम न्यायाधीशों के समूह से परामर्श करने के बाद राष्ट्रपति को परामर्श देगा जिसके उपरान्त मुख्य न्यायाधीश और अन्य न्यायाधीशों की नियुक्ति हो सकेगी।

5. **न्यायाधीशों पर महाभियोग की प्रक्रिया, अनुच्छेद 124(4)** : सर्वोच्च न्यायालय के न्यायाधीश पर सिद्ध कदाचार और पद की असमर्थता दोनों के आधारों पर राष्ट्रपति के आदेश से महाभियोग लगाया जा सकता है। किन्तु महाभियोग संसद के जिस भी सदन में पेश किया जाएगा उस सदन में कम से कम ⅔ बहुमत से पास होने के उपरान्त उसी सत्र में पारित किया जाना चाहिए। किन्तु **न्यायमूर्ति वी० रामास्वामी**[206] के मामले में सर्वोच्च न्यायालय ने कहा कि यदि नवीं लोकसभा द्वारा महाभियोग का संकल्प लाया गया किन्तु लोकसभा के भंग हो जाने पर महाभियोग का संकल्प खारिज नहीं हो जाता परन्तु दसवीं लोकसभा उस पर कार्यवाही कर सकती है। न्यायालय ने यह भी कहा कि अनुच्छेद 124(4) के अधीन 'सिद्ध कदाचार' शब्द न्यायाधीश (एकाउंटेबिलिटी) अधिनियम, 1988 की धारा (3) के अन्तर्गत आता है, और न्यायमूर्ति वी० रामास्वामी पर लोकसभा द्वारा महाभियोग की कार्यवाही की जा सकती है। किन्तु दुर्भाग्य से दसवीं लोकसभा द्वारा न्यायाधीश के विरुद्ध महाभियोग का संकल्प पारित नहीं हो पाया क्योंकि लोकसभा में महाभियोग के संकल्प पर मात्र 108 मत ही प्राप्त हो पाए थे। हालांकि इस कार्यवाही के दौरान न्यायमूर्ति वी० रामास्वामी ने अपना त्यागपत्र दे दिया था, किन्तु इस बात को नाकारा नहीं जा सकता है कि न्यायाधीशों पर महाभियोग की कार्यवाही करना कठिन ही नहीं अपितु मुश्किल भी है।

6. **न्यायाधीशों के वेतन** : अनुच्छेद (125) के अधीन सर्वोच्च न्यायालय के न्यायाधीश को ऐसा वेतन दिया जाएगा जिसे संसद कोई विधि द्वारा निर्मित

---

[206] (1991) 4 S.C.C. 499।

करे। इसके अतिरिक्त सर्वोच्च न्यायालय के न्यायधीशों को ऐसा विशेषाधिकार और भत्ते भी दिए जाएँगे जो अनुसूची (2) में विनिर्दिष्ट हों।

7. कार्यकारी मुख्य न्यायाधीश (Acting Chief Justice) : अनुच्छेद (126) के अनुसार मुख्य न्यायाधीश की अनुपस्थिति में राष्ट्रपति किसी सर्वोच्च न्यायालय न्यायाधीश को कार्यकारी मुख्य न्यायाधीश नियुक्त कर सकेगा।

8. तदर्थ न्यायाधीश (Ad hoc Judge) : संविधान के अनुच्छेद (127) के अनुसार भारत का मुख्य न्यायाधीश राष्ट्रपति की पूर्व सहमति से सर्वोच्च न्यायालय में न्यायाधीशों की गणपूर्ति (Quorum) करने के लिए किसी उच्च न्यायालय से सर्वोच्च न्यायालय के न्यायाधीश होने की योग्यता रखने वाले किसी न्यायाधीश या न्यायाधीशों को सर्वोच्च न्यायालय का न्यायाधीश नियुक्त कर सकेगा।

9. अभिलेख न्यायालय (Court of Record) : अभिलेख न्यायालय से ऐसा न्यायालय अभिप्रेत है जिसे अपनी अवमानना के लिए दण्ड देने की शक्ति होती है, उसे ही अभिलेख न्यायालय कहा जाता है। यह शक्ति भारत में संविधान के अनुच्छेद (129) द्वारा सर्वोच्च न्यायालय को और अनुच्छेद (215) के द्वारा उच्च न्यायालयों को दी गई है। वैसे न्यायालयों की अवमानना के लिए संसद ने न्यायालय अवमानना अधिनियम पारित किया है जिसके अनुसार अवमानना दो प्रकार की होती है, सिविल और क्रिमिनल (आपराधिक) अवमानना। जिन मामलो में कोई व्यक्ति किसी न्यायालय की डिक्री, निर्णय, आदेश, रिट्स या अन्य समनुदेश (Assignment) को जानबूझकर नहीं मानता है या जानबूझकर अवहेलना करता है वह सिविल अवमानना कहलाती है, और जब ऐसी लिखित या मौखिक अवज्ञा जिससे किसी न्यायालय का अपमान होता हो या उसकी साख में कमी आती हो ऐसे वचन आपराधिक अवमानना कहलाती है। **दिल्ली न्यायिक सेवा संघ बनाम गुजरात**[207] का मामला गुजरात राज्य के नाडियाद शहर का है। किसी बात को लेकर नाडियाद शहर की

---

[207] A.I.R. 1991, S.C. 2177।

पुलिस का मुख्य न्यायिक दण्डाधिकारी श्री एन०एल० पटेल से विवाद हो गया था, बाद में पुलिस द्वारा दण्डाधिकारी को थाने लाया गया, और जबर्दस्ती शराब पिलाकर उनकी पत्रकारों के द्वारा फोटो ली गई, बाद में उस फोटो को समाचार–पत्र में प्रकशित किया गया जो न्यायपालिका की स्वतन्त्रता पर कुठाराघात था। चारो तरफ से नाडियाद पुलिस के इस कृत्य की आलोचना की गई तथा दिल्ली न्यायिक सेवा संघ तीस हजारी न्यायालय द्वारा सर्वोच्च न्यायालय में न्यायालय अवमानना के लिए याचिका प्रस्तुत की गई। सर्वोच्च न्यायालय ने इलाहाबाद न्यायालय के न्यायाधीश को इस प्रकरण की जाँच हेतु नियुक्त किया, न्यायाधीश ने जाँच करने के उपरान्त छः पुलिस अधिकारियों को न्यायालय अवमानना को दोषी पाया। जिसके लिए सर्वोच्च न्यायालय ने उन्हें कारावास और जुर्माने से दण्डित किया। न्यायालय की अवमानना न संसद और ना ही राज्य विधान मण्डल कर सकते हैं चाहे कोई सत्र चल रहा हो या न चल रहा हो।[208] एक अन्य मामले **इन री विनय चन्द्र मिश्र**[209] के मामले में सर्वोच्च न्यायालय ने इलाहाबाद उच्च न्यायालय के न्यायाधीश के साथ अभद्र व्यवहार करने के कारण बार काउन्सिल के अध्यक्ष विनय चन्द्र मिश्र को अवमानना का दोषी मानते हुए तत्काल बार एसोसिएशन एवम् अधिवक्ता के पद से अपदस्थ किया किन्तु **सर्वोच्च न्यायालय बार एसोसिएशन बनाम भारत संघ**[210] के मामले में सर्वोच्च न्यायालय ने **इन री विनय चन्द्र मिश्र** के मामले को उलटे हुए अभिनिर्धारित किया है कि जब तक बार एसोसिएशन उक्त अवमानना के दोषी अधिवक्ता पर समुचित कार्यवाही नहीं कर लेता तब तक न्यायालय को स्वतः संज्ञान में लेकर बार एसोसिएशन की कार्यवाही में हस्तक्षेप नहीं करना चाहिए।

10. सर्वोच्च न्यायालय की सिटिंग : अनुच्छेद (130) के अनुसार भारत का सर्वोच्च न्यायालय दिल्ली में स्थित है, किन्तु भारत का मुख्य न्यायाधीश चाहे

---

208 देखें मणिलाल सिंह बनाम डॉ० बोराबाबू सिंह और अन्य, 1993 S.C.R.(1) 769।
209 1995 2 S.C.C. 584।
210 A.I.R. 1998, S.C. 1895।

तो राष्ट्रपति के अनुमोदन से अन्य स्थानों में भी सर्वोच्च न्यायालय की सिटिंग (स्थान) लगवा सकता है।

11. सर्वोच्च न्यायालय की अधिकारिकता (Jurisdiction) : सर्वोच्च न्यायालय की निम्नलिखित अधिकारिकता है...

1. प्रारम्भिक अधिकारिता (Original Jurisdiction),
2. विभिन्न अपील सम्बन्धी अधिकारिता (Various appeals related Jurisdiction),
3. विशेष अनुमति से अपील (Special leave to appeal),
4. न्यायिक पुनरावलोकन (Judicial Review),
5. संघीय न्यायालय की अधिकारिता (Federal Courts Jurisdiction),
6. आबद्धकारी शक्ति (Binding power),
7. परामर्शदात्री अधिकारिता (Advisory jurisdiction)।

(1). प्रारम्भिक अधिकारिता – इस संविधान के अधीन रहते हुए सर्वोच्च न्यायालय की प्रारम्भिक अधिकारिता हो सकेगी...

a) केन्द्र सरकार और एक या एक से अधिक राज्यों की सरकारों के बीच के विवाद,

b) परस्पर एक साथ केन्द्र सरकार, कोई एक राज्य या राज्यों की सरकारें दूसरी ओर एक राज्य का दूसरे राज्य या राज्यों से विवाद होने पर,

c) दो या दो से अधिक राज्यों के बीच विवाद होने पर।

परन्तु इस प्राधिकार का विस्तार उस विवाद में न हो सकेगा जो किसी ऐसी संधि, करार, प्रसंविदा, वचनबन्ध, सनद या वसीयत (Will) से उत्पन्न हुआ हो जो संविधान के प्रारम्भ होने से पहले की गई हो या प्रवर्तन में चल रही हो उस पर सर्वोच्च न्यायालय आरम्भिक सुनवाई नहीं कर सकेगा।[211] इसके अतिरिक्त अन्य प्रारम्भिक क्षेत्राधिकार के अन्तर्गत सर्वोच्च न्यायालय को

---

[211] देखें संविधान का सातवाँ संशोधन अधिनियम, 1956।

अनुच्छेद (32) के अधीन नागरिकों के मौलिक अधिकारों के सम्बन्ध में प्रारम्भिक अधिकारिता प्राप्त है। सर्वोच्च न्यायालय नागरिकों के मौलिक अधिकार के संरक्षण हेतु रिट जारी करता है और पीड़ित को न्याय प्रदान करता है। सर्वोच्च न्यायालय राष्ट्रपति के निर्वाचन में हुए विवादों का भी निपटारा करता है।

(2). विभिन्न अपील सम्बन्धी अधिकारिता – सर्वोच्च न्यायालय भारत का सबसे बड़ा अपीलीय न्यायालय है, इस नाते वह सभी न्यायालयों के विरुद्ध अपील की सुनवाई कर सकता है। अनुच्छेद (132) के अनुसार कुछ मामलों में उच्च न्यायालय के विरुद्ध अपील सुनने की सर्वोच्च न्यायालय की अधिकारिता निम्नलिखित प्रकार से है...

- संवैधानिक मामले – अनुच्छेद 132(1) के अनुसार भारत के किसी भी उच्च न्यायालय के विरूद्ध, चाहे वो सिविल, दाण्डिक या अन्य कार्यवाही में किसी निर्णय, डिक्री या अन्तिम आदेश की अपील हो, उस उच्च न्यायालय के प्रमाण–पत्र से सर्वोच्च न्यायालय में हो सकेगी। किन्तु उसमें संविधान के बारे में कोई ऐसा सारवान तत्व अन्तर्निहित होना चाहिए। अनुच्छेद 132(2) सर्वोच्च न्यायालय को अपील के सम्बन्ध में अनन्य शक्ति प्रदान करता था, जिसके अनुसार यदि राज्यों के उच्च न्यायालय किसी मामले में प्रमाण–पत्र नहीं देते थे फिर भी उसमें कोई विधि का सारवान तत्व उपस्थित हो तो सर्वोच्च न्यायालय में अपील की जा सकती थी, किन्तु इसे संविधान के 44वें संविधान संशोधन, 1978 द्वारा निरसित कर दिया गया है। बावजूद इसके, अनुच्छेद 134(a) के अधीन सर्वोच्च न्यायालय से विशेष अनुमति लेकर भी अपील की जा सकती है।

➢ सिविल मामले – अनुच्छेद (133) के अनुसार सर्वोच्च न्यायालय में सिविल मामलों में अपील की जा सकती है, किन्तु ऐसी अपील अनुच्छेद 133(1) के अनुसार निम्न रूप से होनी चाहिए...
   a. कोई विधि का सारवान प्रश्न अन्तर्निहित हो, और
   b. उस उच्च न्यायालय की राय में सर्वोच्च न्यायालय में विनिश्चय आवश्यक हो।

➢ दाण्डिक मामले – अनुच्छेद (134) के अनुसार भारत के किसी भी उच्च न्यायालय में दाण्डिक मामलों में दिए गए कोई निर्णय, अन्तिम आदेश या कोई भी दण्डादेश के विरुद्ध सर्वोच्च न्यायालय में अपील निम्नलिखित आधारों पर हो सकेगी। इस खण्ड में उच्च न्यायालय के प्रमाणपत्र की आवश्यकता नहीं होती है...
   a. उच्च न्यायालय ने किसी अभियुक्त को अपील में दोषमुक्त कर दिया या किसी अभियुक्त को मृत्युदण्ड दे दिया हो,
   b. उच्च न्यायालय ने किसी अभियुक्त का मामला अधीनस्थ न्यायालय से अपने पास बुला लिया हो तथापि उसमें उसे मृत्युदण्ड दे दिया हो, या
   c. दाण्डिक मामलों में उच्च न्यायालय ने यह प्रमाणपत्र दे दिया हो कि वह विनिश्चय सर्वोच्च न्यायालय द्वारा किया जाना आवश्यक है।

इस अनुच्छेद के उप-अनुच्छेद 134(A) के अनुसार जब भी कोई उच्च न्यायालय दाण्डिक मामलों में प्रमाणपत्र देगा कि सर्वोच्च न्यायालय में अपील पोषणीय है, तो सर्वोच्च न्यायालय में अपील की जा सकेगी।

(3). विशेष अनुमति से अपील : अनुच्छेद 136(1) के अनुसार सर्वोच्च न्यायालय अपने स्वविवेक से किसी भी न्यायालय और अधिकरण के द्वारा पारित किए गए किसी निर्णय, डिक्री, अवधारणा, दण्डादेश या आदेश की अपील करने की अनुमति दे सकेगा। किन्तु उप-अनुच्छेद 136(2) के अनुसार सर्वोच्च

न्यायालय किसी सशस्त्र बल या उसके अधीन गठित किसी न्यायालय या अधिकरण द्वारा पारित किसी निर्णय, अवधारणा, दण्डादेश या आदेश की सुनवाई नहीं कर सकेगा। इस प्रकार की अधिकारिता में **दिल्ली न्यायिक सेवा संघ (तीस हजारी न्यायालय) बनाम गुजरात राज्य**[212] का मामला अग्रणी है जिसमें गुजरात के एक मुख्य न्यायिक दण्डाधिकारी की अवमानना के दोषी पुलिस अधिकारियों को सर्वोच्च न्यायालय ने दण्डित किया था।

(4). न्यायिक पुनर्विलोकन : अनुच्छेद (137) सर्वोच्च न्यायालय को न्यायिक पुनर्विलोकन (Judicial Review) की शक्ति प्रदान करता है जिसे संसद द्वारा सीमित करने का प्रयास किया गया है। वर्तमान में संविधान के अनुच्छेद (137) में संसद द्वारा बनाई गयी विधि, आदेशों या अपने निर्णयों को ही सर्वोच्च न्यायालय न्यायिक पुनर्विलोकन कर सकता है किन्तु विभिन्न न्यायिक विनिश्चयों में गए सर्वोच्च न्यायालय के निर्णयों ने प्रमाणित कर दिया है कि सर्वोच्च न्यायालय की न्यायिक पुनर्विलोकन की शक्ति अनन्य रूप से है। जिसे किसी भी तरह से कम नहीं किया जा सकता है। संविधान देश की सर्वोच्च विधि है और जिसकी अन्तिम व्याख्या करने की शक्ति केवल सर्वोच्च न्यायालय को है। सर्वप्रथम **शंकरी प्रसाद बनाम बिहार राज्य**[213] के मामले में सर्वोच्च न्यायालय ने कहा कि अनुच्छेद (368) के अधीन संविधान संशोधन 'विधि' नहीं है अतः संसद संविधान के किसी भी भाग में संशोधन कर सकती है। **गोलख नाथ बनाम पंजाब राज्य**[214] के मामले में न्यायाधीश न्यायमूर्ति सुब्बाराव ने निर्णित किया कि अनुच्छेद 13(2) में प्रयुक्त विधि के अन्तर्गत सभी प्रकार की विधि, संसद द्वारा निर्मित विधि और संविधान संशोधन आते हैं, यदि इनमें से किसी के द्वारा भी नागरिकों के मौलिक अधिकारों का अतिक्रमण

---

[212] A.I.R. 1991, S.C. 2176।
[213] A.I.R. 195, S.C. 458।
[214] A.I.R.1968, S.C. 1643।

होता है, तो न्यायालय ऐसे संशोधन को अविधिमान्य कर सकता है, यही शक्ति न्यायालय की न्यायिक पुनर्विलोकन शक्ति कहलाती है।

24वाँ संविधान संशोधन, 1971 – सर्वोच्च न्यायालय द्वारा **गोलक नाथ**[215] के मामले में दिए गए निर्णय को बदलने के लिए संसद ने 24वें संविधान संशोधन, 1971 के द्वारा संविधान के अनुच्छेद 13(4) को जोड़ दिया "इस अनुच्छेद की कोई बात अनुच्छेद (368) के अधीन किए गए इस संविधान के किसी संशोधन को लागू नहीं होगी।" **केशवानन्द भारती बनाम केरल राज्य**[216] के मामले में सर्वोच्च न्यायालय ने 24वें संविधान संशोधन को विधिमान्य कर दिया और गोलख नाथ के मामले में दिए अपने निर्णय को उलटते हुए निर्णित किया कि संसद की संशोधन करने की शक्ति असीमित नहीं है, यद्यपि वह संविधान में संशोधन तो कर सकती है, परन्तु संविधान के मूलभूत ढाँचे में परिवर्तन नहीं कर सकती। इसी मामले को मूलभूत ढाँचे का सिद्धान्त [Doctrine of Basic Structure] कहा जाता है।

42वाँ संविधान संशोधन, 1976 – **केशवानन्द भारती** के मामले से उत्पन्न परेशानी को दूर करने के लिए संसद ने 42वाँ संविधान संशोधन बिल पास किया। इस संशोधन अधिनियम के द्वारा अनुच्छेद (368) में दो नए खण्ड जोड़ दिए गए खण्ड (4) और खण्ड (5)। खण्ड (4) में यह उपबन्ध किया गया कि अनुच्छेद (368) के अधीन किए गए संविधान संशोधन को किसी भी न्यायालय में चुनौती नहीं दी जा सकेगी और खण्ड (5) यह उपबन्ध करता है कि संसद के संशोधन शक्ति का कोई परिसीमित नहीं कर सकता है। **मिनर्वा मिल्स और अन्य बनाम भारत संघ और अन्य**[217] के मामले में सर्वोच्च न्यायालय ने अनुच्छेद 368 के खण्ड (4) और खण्ड (5) को अविधिमान्य कर दिया है, क्योंकि ये खण्ड संसद को असीमित संशोधन की शक्ति प्रदान करते थे, निश्चित ही इसके प्रयोग से संविधान का मूलभूत ढाँचा नष्ट होता था।

---

215 तत्रैव।

216 A.I.R. 1973, S.C. 1461।

217 A.I.R. 1980, 2 S.S.C. 591।

इन न्यायिक विनिश्चयों से स्पष्ट हो जाता है कि सर्वोच्च न्यायालय अनुच्छेद (13, 137) के अधीन किसी भी आदेशों, नियमों, उप–नियमों, विधियों, संविधान संशोधनों, अध्यादेशों, डिक्रियों और निर्णयों का न्यायिक पुनर्विलोकन कर सकता है। जिसे संसद द्वारा नियम बना कर भी नहीं हटाया जा सकता, यह संविधान का मूलभूत ढाँचा है।

(5). कुछ मामलों में अन्तरण की शक्ति : अनुच्छेद 139(a) का उप–अनुच्छेद (1) सर्वोच्च न्यायालय को मामलों को अन्तरणीय करने की शक्ति प्रदान करता है, जिसके अनुसार यदि कोई मामला किसी उच्च न्यायालय में लम्बित हो और उसमें विधि का कोई सारवान महत्व अन्तर्विलित हो तो सर्वोच्च न्यायालय स्वयम् या भारत के महालेखापरीक्षक की अनुशंसा पर किसी उच्च न्यायालय या कई उच्च न्यायालयों से मामला अपने समक्ष अन्तरित करके निर्णय दे सकता है। उप–अनुच्छेद (2) के अनुसार सर्वोच्च न्यायालय चाहे तो किसी ऐसे मामले को राज्य के किसी उच्च न्यायालय से किसी अन्य उच्च न्यायालय में भी अन्तरित कर सकता है।

(6). आबद्धकारी शक्ति : अनुच्छेद (141) सर्वोच्च न्यायालय द्वारा घोषित विधि को भारत के सभी न्यायालयों में आबद्ध करता है अर्थात् ऐसी विधि जिसे सर्वोच्च न्यायालय ने असंवैधिक कर दिया हो वह विधि समस्त अधीनस्थ न्यायालयों पर बन्धनकारी होगी या जिस विधि को सर्वोच्च न्यायालय ने वैधानिक मान लिया हो वह विधि समस्त न्यायालयों पर बन्धनकारी होगी। इसके अतिरिक्त यह अनुच्छेद सर्वोच्च न्यायालय के सभी निर्णयों और आदेशों को समस्त न्यायालयों और अधिकरणों में भी बन्धनकारी बनाता है। किन्तु

जहाँ सर्वोच्च न्यायालय की दो पीठों ने अलग-अलग निर्णय सुनाया है वहाँ वह निर्णय मान्य होगा जो सबसे शुद्ध और विस्तृत होगा।[218]

(7). परामर्शदात्री अधिकारिता : संविधान के अनुच्छेद (143) के अनुसार यदि भारत के राष्ट्रपति को यह प्रतीत होता है कि किसी मामले में विधि का कोई सारवान तत्व उत्पन्न है या होने की आशंका है, जिस पर सर्वोच्च न्यायालय की राय समीचीन है तो वह सर्वोच्च न्यायालय से राय माँग सकता है। प्रारम्भ में इस अनुच्छेद के प्रावधान आज्ञापक थे किन्तु **इन री एजुकेशन बिल**[219] के मामले में सर्वोच्च न्यायालय ने राय देने से मना करते हुए कहा था कि सर्वोच्च न्यायालय अनुच्छेद (143) के अधीन राय देने के लिए बाध्य नहीं है। उसके उपरान्त **इन री स्पेशल न्यायालय बिल**[208] के मालने में **इन री केरल एजुकेशन बिल**[220] के मामले को उलटते हुए यह निर्धारित किया कि जब राष्ट्रपति सर्वोच्च न्यायालय से किसी मामले में राय माँगता है तो न्यायालय का यह दायित्व बनता है कि वह अपनी राय राष्ट्रपति को दे, किन्तु यदि मामला बेहद सामान्य प्रकृति का है तो न्यायालय अपनी राय देने के लिए बाध्य नहीं है। इसी तरह **इस्माइली फारुकी बनाम भारत संघ**[221] का मामला जो अयोध्या के मामले के नाम से जाना जाता है, उक्त मामले में सर्वोच्च न्यायालय ने इस विवादित मुद्दे में अपनी राय देने से मना कर दिया और मामले को नैसर्गिक रूप से निपटाने का आदेश जारी किया था।

निष्कर्ष – वस्तुतः भारत जैसे लोकतान्त्रिक देश में न्यायपालिका की अहम भूमिका है, सर्वोच्च न्यायालय द्वारा जनहित वाद, न्यायिक सक्रियता और अन्य

---

[218] टी०पी० नाईक बनाम भारत संघ, A.I.R. 1998, MP 83।
[219] A.I.R. 1958, S.C. 956।
[220] 1959 1 S.C.R. 995।
[221] A.I.R. 1994, S.C. 605।

पैरालीगल सेवाओं के कारण हमारी न्यायपालिका ने न्याय ही नहीं किया अपितु न्याय किया जैसा प्रतीत (आभास) भी कराया है।

अध्याय 22

भारत का नियन्त्रक एवम् महालेखापरीक्षक

(CAG = Comptroller & Auditor General)

1. नियन्त्रक एवम् महालेखापरीक्षक की नियुक्ति और कार्यकाल : अनुच्छेद 148(1) के अनुसार भारत का नियन्त्रक एवम् महालेखापरीक्षक होगा जिसकी नियुक्ति राष्ट्रपति के द्वारा अपने हस्ताक्षर और मुद्रा द्वारा एक अधिकार पत्र के आधार पर की जाती है। उप–अनुच्छेद (2) इसके कार्यकाल के बारे में उपबन्ध करता है जिसके अनुसार उसे केवल महाभियोग द्वारा हटाया जा सकता है। वह 6 वर्ष या 65 वर्ष की आयु तक पद पर बना रहता है। इसके पहले वह राष्ट्रपति को अपना त्यागपत्र सौंपकर भी सेवा से मुक्त हो सकता है। राष्ट्रपति इसे अनुसूची (3) के आधार पर पद की गोपनीयता और शपथ दिलवाता है।

2. सेवा और शर्तें : नियन्त्रक एवम् महालेखापरीक्षक को ऐसा वेतन और भत्ते प्राप्त होंगे जिसे संसद विधि द्वारा नियम बनाकर धारित करे किन्तु जब तक संसद ऐसा नहीं करती है तब तक अनुसूची (2) के अनुसार वेतन और भत्ते की पात्रता होगी। उप–अनुच्छेद 148(3) के अनुसार नियन्त्रक एवम् महालेखापरीक्षक को प्राप्त उपलब्धियों को कम नहीं किया जा सकेगा। एक बार अपने कार्यकाल को पूरा करने के बाद नियन्त्रक एवम् महालेखापरीक्षक भारत सरकार या किसी भी राज्य सरकार के अधीन किसी भी पद पर नहीं रह सकेगा। नियन्त्रक एवम् महालेखापरीक्षक और उसके प्रशासनिक व्यय भारत की संचित निधि द्वारा दरीत किए जाएँगे।

3. शक्तियाँ और कार्य : अनुच्छेद (149) के अनुसार नियन्त्रक एवम् महालेखापरीक्षक को निम्नलिखित शक्तियाँ और कार्य होंगे...

1. वह केन्द्र और राज्य सरकारों द्वारा किए गए वार्षिक खर्चों का लेखापरीक्षण (Audit) करता है।
2. अन्य निगमित निकायों और संस्थाओं का लेखापरीक्षण करता है।
3. वह केन्द्र और राज्य के वित्तीय लाभ, घाटे और अन्य वित्तीय समस्याओं का सम्परीक्षण करता है।
4. अनुच्छेद (151) के अनुसार महापरीक्षक केन्द्रीय खातों को राष्ट्रपति के समक्ष प्रस्तुत करता है तदोपरान्त संसद के पटल में रखा जाता है जिस पर बहस की जाती है।
5. अनुच्छेद 151(2) के अनुसार नियन्त्रक एवम् महालेखापरीक्षक राज्य खातों को राज्यपाल के समक्ष प्रस्तुत करता है तदोपरान्त राज्य विधानसभा के पटल में रखा जाता है जिस पर बहस की जाती है।
6. अन्य लेखा सम्बन्धी कार्य जिसे राष्ट्रपति समय–समय पर अपेक्षित समझे।

राज्य

1. राज्य कार्यपालिका [(A) राज्यपाल, (B) मुख्यमंत्री]
2. राज्य महाधिवक्ता
3. राज्य विधान मण्डल
4. राज्य उच्च न्यायालय (High Court) और अधीनस्थ न्यायालय
5. केन्द्र शासित प्रदेशों के बारे में उपबन्ध
6. स्थानीय स्वशासन (पंचायतें और नगरपालिकाएँ)

अध्याय 23
राज्य कार्यपालिका
अनुच्छेद (153) से (168)

[A]. राज्यपाल :

अनुच्छेद (152) में राज्य शब्द के अन्तर्गत जम्मू और कश्मीर राज्य को छोड़कर भारत के सभी राज्य आते हैं। ऐसा इसीलिए किया गया है क्योंकि जब जम्मू और कश्मीर राज्य का विलय भारत में किया गया था तब इसे विशेष राज्य का दर्जा दिया गया था। अतः यह भारत में तो सम्मिलित है किन्तु विशेष राज्य के रूप में। रक्षा, विदेश जैसे मसौदों को छोड़कर केन्द्र सरकार जम्मू और कश्मीर राज्य में, बिना वहाँ की विधानसभा की सहमति से कार्य नहीं कर सकती है।

1. राज्यपाल का उपबन्ध अनुच्छेद (153) : प्रत्येक राज्य के लिए एक राज्यपाल होगा, किन्तु कोई राज्यपाल कितने भी राज्यों का राज्यपाल नियुक्त किया जा सकता है।[222]

2. राज्य की कार्यपालिका शक्ति : राज्य की कार्यपालिका शक्ति राष्ट्रपति में निहित होगी और वह इसका प्रयोग स्वयम् या अपने किसी अधीनस्थ अधिकारियों से करवा सकेगा।

3. नियुक्ति : अनुच्छेद (155) के अनुसार राज्यों के राज्यपाल की नियुक्ति राष्ट्रपति अपने हस्ताक्षर और मुद्रा के साथ एक अधिपत्र के द्वारा करता है।

4. राज्यपाल का कार्यकाल : अनुच्छेद 156(1) यह उपबन्धित है कि राज्यपाल राष्ट्रपति के प्रसादपर्यन्त पद धारण करेगा किन्तु केन्द्र सरकार हमेशा से ही राज्यपाल के पद का दुरुपयोग करती आ रही है। जबकि **हर गोविन्द बनाम**

---
[222] संविधान का सातवाँ संशोधन, 1956 द्वारा जोड़ा गया है।

रघुकुल[223] के मामले में सर्वोच्च न्यायालय ने यह निर्धारित किया है कि राज्यपाल का पद केन्द्र सरकार के अधीन नहीं है परन्तु एक स्वतन्त्र पद है जो राज्यों का प्रतिनिधित्व करता है। उप–अनुच्छेद 153(3) के आधार पर राज्यपाल का कार्यकाल पाँच वर्ष का होता है किन्तु संविधान के अनुच्छेद 153(2) में यह व्यवस्था है कि राज्यपाल चाहे तो राष्ट्रपति को अपना त्यागपत्र सौंपकर अपने पद का त्याग कर सकता है। राज्यपाल का कार्यकाल पूरा हो जाने के बाद भी वह अपने उत्तराधिकारी के आने तक पद पर बना रह सकता है। **सूर्य नारायण बनाम भारत संघ**[224] के मामले में न्यायालय ने कहा है कि राज्यपाल का पद स्थिर नहीं है। यह राष्ट्रपति की दया पर निर्भर करता है। राज्यपाल के स्थायित्व में उस समय बदलाव आया जब में विश्वनाथ प्रताप सिंह की सरकार ने अपने काल में लगभग सभी राज्यपालों को बदल दिया था। उसके उपरान्त जब पी०वी० नरसिम्हा राव की सरकार आई तो ऐसा लगा मानो विश्वनाथ प्रताप सिंह सरकार का बदला पी०वी० नरसिम्हा राव सरकार ने लिया हो। इस सरकार ने लगभग आधे से ज्यादा राज्यपालों को बदल दिया था। इस प्रकार राज्यपालों को नियुक्त किया जाना और उन्हें बर्खास्त किया जाना संवैधानिक संस्था को एक गहरा धक्का लगना प्रतीत होता है। राज्यपाल का पद राज्य के लिए बहुत गरिमा का प्रतीक है अतः इस तरह राज्यपाल को अपदस्थ नहीं किया जाना चाहिए।

5. राज्यपाल पद के लिए योग्यता : अनुच्छेद (157) के अनुसार वह व्यक्ति जो भारत का नागरिक होगा और पैंतीस वर्ष की आयु पूरी कर चुका होगा, राज्यपाल पद के लिए योग्य होगा और अनुच्छेद (158) में राज्यपाल के लिए आवश्यक शर्तें दी गई हैं जो इस प्रकार हैं...

---

[223] A.I.R.1979, S.C. 1109।
[224] A.I.R. 1982, Raj 1।

i. राज्यपाल न तो संसद के किसी भी सदन का सदस्य हो और ना ही राज्य विधान मण्डल के किसी सदन का सदस्य। यदि संसद या विधान मण्डल के किसी सदस्य को राज्यपाल नियुक्त किया गया है तो वह उस तिथि से उस सदन से रिक्त माना जाएगा जिस तिथि से उसने राज्यपाल का पद ग्रहण किया था,

ii. लाभ के पद पर ना हो,

iii. राज्यपाल बिना किराया दिए अपने निवास का और ऐसी उपलब्धि, भत्तों और विशेषाधिकारों का भी अधिकृत होगा जो संसद विधि द्वारा अवधारित करे, किन्तु जब तक संसद ऐसी विधि अवधारित न करे जब तक उसे संविधान की दूसरी अनुसूची के आधार पर उपलब्धियाँ और भत्ते प्राप्त होते रहेंगे, और जहाँ एक राज्यपाल को दो अलग–अलग राज्य के लिए नियुक्त किया गया है वहाँ राष्ट्रपति उन दोनों राज्यों के संदाय को मिलकर ऐसी उपलब्धि और भत्ते देगा जैसा वह ठीक समझे।

iv. राज्यपाल की उपलब्धियों को सेवाकाल के दौरान कम नहीं किया जा सकता है।[225]

6. राज्यपाल की शक्तियाँ : राज्यपाल और राष्ट्रपति दोनों संवैधानिक शक्तियों में लगभग बराबर ही हैं किन्तु राष्ट्रपति के पास राज्यपाल से ज्यादा शक्तियाँ होती हैं। राज्यपाल की शक्तियाँ इस प्रकार है...

i. <u>कार्यपालिका शक्ति</u> – अनुच्छेद (166) के अनुसार राज्य के समस्त सरकारी कार्य का संचालन राज्यपाल के पद और मुद्रा से किया जाता है अतः वह राज्य का सर्वोच्च अधिकारी होता है। अनुच्छेद (154) में उपबन्धित है कि राज्य की समस्त कार्यपालिका शक्ति राज्यपाल में होगी जिसका प्रयोग वह स्वयम् या अपने किसी

---

225 संविधान का सातवाँ संशोधन, 1956।

अधिकारी से करवा सकेगा। कार्यपालिका शक्ति के अन्तर्गत राज्यपाल कई अहम पदों पर नियुक्ति करता है, जिसके अन्तर्गत मुख्यमंत्री, महाधिवक्ता, राज्य लोक सेवा आयोग के अध्यक्ष तथा सदस्य, उच्च न्यायालय के न्यायाधीशों की नियुक्ति में परामर्श, राज्य निर्वाचन आयोग के आयुक्तों की नियुक्ति करता है, साथ ही राज्यपाल राज्य विश्वविद्यालय के कुलपतियों की नियुक्ति करता है और स्वयम् कुलाधिपति होता है।

ii. <u>विधायी शक्ति</u> – राज्य विधायिका में राज्यपाल का विशेष योगदान होता है। उसके द्वारा ही राज्य विधेयकों को हस्ताक्षरित कर अन्तिम रूप प्रदान किया जाता है। सर्वप्रथम वह अनुच्छेद (174) के आधार पर राज्य विधानसभा का सत्र, सत्रावसान और उसका विघटन करता है। राज्यपाल के द्वारा विधानसभा के प्रथम सत्र का प्रथम अभिभाषण दिया जाता है। यह एक संवैधानिक प्रक्रिया होती है जिसमें वह दोनों सदनों को सम्बोधित करता है। वह मुख्यमंत्री को बर्खास्त तथा विधानसभा को भंग कर सकता है। अनुच्छेद (213) के अनुसार वह विधानसभा के विश्रांतिकाल में अध्यादेश जारी करता है और यदि इस अध्यादेश को विधानसभा छः सप्ताह के भीतर पारित कर देती है तो वह क़ानून का रूप ले लेता है। विधान मण्डल में धन विधेयक राज्यपाल की अनुमति से ही पेश किया जाता है।

iii. <u>वित्तीय शक्ति</u> – संविधान के अनुच्छेद (202) के अनुसार राज्य का वार्षिक वित्तीय विवरण (बजट) बिना राज्यपाल की अनुमति के पेश नहीं किया जा सकता है। साथ ही अनुच्छेद 203(3) में यह प्रावधान किया गया है कि विधान मण्डल बिना राज्यपाल की अनुमति के राज्य की आकस्मिक निधि से धन नहीं निकाल सकता। अन्य अनुदान को प्राप्त करने के लिए राज्यपाल की अनुमति आवश्यक होती है।

iv. **न्यायिक और क्षमादान शक्ति** – राज्यपाल की न्यायिक शक्तियाँ निम्न प्रकार से हैं...

- वह राज्य के उच्च न्यायालय के न्यायाधीशों की नियुक्ति के कोलेजियम को परामर्श देता है।
- वह राज्य की अधीनस्थ न्यायिक सेवा के अधिकारियों का स्थानांतरण और क्रमोन्नति उच्च न्यायालय के परामर्श से करता है।
- अनुच्छेद (163) में राज्यपाल के क्षमादान शक्ति को विस्तृत किया गया है जिसके अनुसार वह मृत्युदण्ड प्राप्त व्यक्ति का क्षमादान छोड़कर अन्य सभी दण्डादेशों को क्षमा, प्रविलम्बन, विराम या परिहार और निलम्बन की शक्ति प्राप्त है। किन्तु राज्यपाल इस शक्ति का प्रयोग राज्य की कार्यपालिका शक्ति के अन्तर्गत करता है।

[B]. मुख्यमंत्री और उसकी परिषद :

1. मंत्रीपरिषद का गठन : अनुच्छेद (163) के अनुसार राज्यपाल को सहायता और सलाह (परामर्श) देने के लिए एक मंत्रीपरिषद होगी जिसका मुखिया मुख्यमंत्री होगा। सामान्यतः चार स्तर के मंत्री होते हैं...

1) कैबिनेट मंत्री,
2) उप–मंत्री,
3) राज्य मंत्री (स्वतन्त्र प्रभार) और
4) संसदीय कार्य मंत्री।[226]

2. मुख्यमंत्री और अन्य मंत्रियों की नियुक्ति : संविधान के अनुच्छेद 164(1) के अनुसार मुख्यमंत्री की नियुक्ति राज्यपाल करेगा और मुख्यमंत्री की सलाह पर राज्यपाल अन्य मंत्रियों की नियुक्ति करेगा। संवैधानिक प्रावधान के अनुसार

---

[226] मंत्रीपरिषद के स्तर को विस्तृत रूप से जानने के किए कृपया अध्याय–17 के भाग (C) प्रधानमंत्री और उसकी परिषद का अवलोकन करें।

जिस तरह राष्ट्रपति बहुमत दल के नेता को प्रधानमंत्री नियुक्त करता है उसी प्रकार राज्यों में राज्यपाल मुख्यमंत्री को नियुक्त करता है। यह व्यवस्था मजबूत लोकतन्त्र का प्रमाण है, किन्तु ऐसा आवश्यक नहीं है। अस्पष्ट बहुमत मिलने पर राज्यपाल किसी ऐसे बड़े नेता को मुख्यमंत्री नियुक्त कर सकता है और उसे विधानसभा में बहुमत सिद्ध करने को कह सकता है। किन्तु कोई मंत्री या मुख्यमंत्री यदि किसी राज्य के विधान मण्डल का सदस्य नहीं रहता तो उसे मंत्री या मुख्यमंत्री पद से इस्तीफा देना होगा।[227] उदाहरण के लिए श्री त्रिभुवन नारायण सिंह जो उत्तर प्रदेश के मुख्यमंत्री नियुक्त किए गए थे वे उस समय राज्य विधान मण्डल के सदस्य नहीं थे किन्तु सर्वोच्च न्यायालय ने कहा कि ऐसा व्यक्ति जो किसी विधान मण्डल का सदस्य नहीं है, छः माह तक मुख्यमंत्री नियुक्त किया जा सकता है। किन्तु उस व्यक्ति को छः माह के बाद निर्वाचन में जीत कर आना ही होगा अन्यथा वह मुख्यमंत्री पद के लिए अयोग्य होगा।

3. मुख्यमंत्री का कार्यकाल : वैसे तो मुख्यमंत्री का कार्यकाल पाँच वर्ष का होता है किन्तु यह बहुमत पर निर्भर करता है। यदि मुख्यमंत्री चाहे तो अपना त्यागपत्र राज्यपाल को सौंपकर पद से विमुक्त हो सकता है।

4. वेतन और भत्ते : राज्य विधान मण्डल द्वारा मंत्रियों के वेतन और भत्ते धारित किए जाते हैं।

5. अन्य मंत्रियों की नियुक्ति : राज्यपाल मुखयमंत्री की नियुक्ति करेगा उसके पश्चात मुख्यमंत्री की सलाह पर अन्य मंत्रियों की नियुक्ति करता है।

6. मुख्यमंत्री के कार्य और शक्तियाँ :

---

227 देखें अनुच्छेद 164(4)।

1. <u>कार्यपालिका शक्तिः</u> राज्यपाल नाममात्र की शक्ति होता है किन्तु व्यवहार में उसकी कार्यपालिका शक्ति का प्रयोग मंत्रीपरिषद करती है जिसका मुखिया मुख्यमंत्री होता है। अनुच्छेद (164) के अनुसार राज्यपाल को मुख्यमंत्री की परिषद सलाह देती है जिससे वह राज्य में अपनी कार्यपालिका शक्ति का विस्तार करता है। अन्य महत्वपूर्ण पदों पर नियुक्ति के सम्बन्ध में वह राज्यपाल को परामर्श देता है। और इन परामर्शों को किसी न्यायालय में चुनौती नहीं दी जा सकती कि मंत्रीपरिषद और मुख्यमंत्री ने राज्यपाल को क्या परामर्श दिया।[228]
2. <u>विधायी शक्तिः</u> राज्य की विधायी शक्ति के अन्तर्गत मुख्यमंत्री राज्यपाल को यह सलाह देता है कि वह राज्य विधान मण्डल के सत्रों, सत्रावसानों और विधटन सत्र को आहूत करे। साथ ही वह राज्य विधान मण्डल को अपदस्थ करने की सलाह भी राज्यपाल को देता है। वह मंत्रीपरिषद का अध्यक्ष होने के नाते मंत्रीपरिषद की बैठकों की अध्यक्षता करता है तथा मंत्रीपरिषद में सरकार की नीतियों का निर्धारण करना उसका अहम कर्तव्य है।
3. <u>विभिन्न आयोगों की अध्यक्षताः</u> मुख्यमंत्री प्रदेश का मुखिया होने के नाते विभिन्न आयोगों और समितियों का अध्यक्ष होता है जैसे राज्य योजना मण्डल के अध्यक्ष का कार्य, राष्ट्रीय विकास परिषद का सदस्य, सामान्य जन की सुनवाई और उनके कल्याण के लिए घोषणा करना उसके अन्य कार्य होते हैं।

7. मंत्रियों के उत्तरदायित्व : मंत्रियों के उत्तरदायित्व दो प्रकार के हैं...

1. सामूहिक और 2. व्यक्तिगत उत्तरदायित्व।

---

228 देखें अनुच्छेद 163(3)।

1. सामूहिक उत्तरदायित्व (Collective Responsibility) – जिस तरह केन्द्रीय मंत्रीपरिषद का सामूहिक उत्तरदायित्व लोकसभा के प्रति होता है ठीक उसी तरह राज्य मंत्रीपरिषद का सामूहिक उत्तरदायित्व राज्य विधानसभा के प्रति होता है। जब किसी मामले में सरकार का कोई मंत्री सरकार के विरुद्ध है या उससे सहमत नहीं है तो उस मंत्री को त्यागपत्र दे देना चाहिए नहीं तो सामूहिक उत्तरदायित्व के आधार पर समूचे मंत्रीपरिषद को विधानसभा के प्रति जवाबदार होना पड़ेगा। अर्थात् राज्य विधान मण्डल भी केन्द्रीय विधान मण्डल की भाँति ही अकेले समुद्र में मंत्रीमण्डल रूपी नाव में सवार होते हैं जिसमें पानी आ जाने पर समूचे सदस्यों को बारी – बारी से नाव से पानी बाहर करना होता है नहीं तो नाव समुद्र में डूब सकती है।

2. व्यक्तिगत उत्तरदायित्व (Personal Responsibility) – मंत्रियों की सामूहिक जिम्मेदारी के अलावा व्यक्तिगत जिम्मेदारी भी होती है। जब कोई सरकार का मंत्री सरकार के विरुद्ध होता है या उससे सहमत नहीं होता है तो राज्यपाल उसे मुख्यमंत्री की सलाह पर बर्खास्त कर सकता है। इसे ही व्यक्तिगत उत्तरदायित्व कहा जाता है, जिसे मुख्यमंत्री नियन्त्रित करता है।

अध्याय 24
अनुच्छेद (165) राज्य महाधिवक्ता
(Advocate general of State)

---

1. सामान्य परिचय : केन्द्र सरकार को विधिक सहायता और उसकी तरफ से किसी भी न्यायालय में उपसंजात होने के लिए महालेखापरीक्षक, भारत के महाधिवक्ता और अतिरिक्त महाधिवक्ता होते हैं। इसी तरह राज्य को विधिक सहायता प्रदान करने और उसकी तरफ से अन्य अधीनस्थ न्यायालयों में उपसंजात होने के लिए एक राज्य का महाधिवक्ता (Advocate general) होता है।

2. नियुक्ति : संविधान के अनुच्छेद 165(1) के अनुसार महाधिवक्ता की नियुक्ति राज्यपाल के द्वारा की जाती है।

3. योग्यता : अनुच्छेद 165(1) के अनुसार राज्य महाधिवक्ता के पद पर नियुक्त होने के लिए किसी व्यक्ति के पास उच्च न्यायालय के न्यायाधीश के बराबर योग्यता होनी चाहिए।

4. कार्य और कर्तव्य : अनुच्छेद 165(2) के अनुसार राज्य महाधिवक्ता के निम्नलिखित कार्य और कर्तव्य होते हैं...

1. राज्य सरकार को समय–समय पर विधिक सलाह देना,
2. राज्यपाल द्वारा सौंपे गए कार्यों का निष्पादन करना,
3. राज्य में संविधान द्वारा या विधि सम्मत कार्यों का निर्वहन करना,

4. राज्य के किसी भी न्यायालय में सरकार की तरफ से उपसंजात होना और उसमें सरकार का मत रखना,

5. राज्य के विधान मण्डल के दोनों सदनों में बोलने का और भाग लेने का अधिकार और कर्तव्य है।

5. वेतन और भत्ते: महाधिवक्ता को ऐसा वेतन और भत्ते की पात्रता होगी जिसे राज्यपाल अवधारित करें।[229]

6. कार्यकाल: महाधिवक्ता के कार्यकाल के बारे में संविधान में कोई उपबन्ध नहीं है किन्तु अनुच्छेद 165(3) यह कहता है कि महाधिवक्ता राज्यपाल के प्रसादपर्यन्त पद धारण करेगा। प्रसादपर्यन्त (Pleasure) से तात्पर्य यह है की महाधिवक्ता राज्यपाल की दया पर नियुक्त किया जाता है और उसकी मर्जी तक पद पर बना रहता है।

---

[229] देखें संविधान का अनुच्छेद 165(3)।

अध्याय 25
राज्य विधान मण्डल (State Legislature)

राज्य विधान मण्डल का गठन : संविधान के अनुच्छेद 168 (1) के अनुसार राज्य का विधान मण्डल निम्नलिखित तीन अंगों से मिलकर बनता है...

1. राज्यपाल,
2. विधान परिषद[230] और
3. विधानसभा[231]

[1]. राज्यपाल

राज्य के विधान मण्डल में राज्यपाल की भूमिका महत्वपूर्ण होती है, वह राज्य विधान मण्डल के दोनों सदनों में संयुक्त रूप से अभिभाषण देता है, सत्र और सत्रावसान करता है। राज्यपाल विधान मण्डलों द्वारा पारित विधेयकों को अन्तिम रूप प्रदान करता है। राज्यपाल के सन्दर्भ में अधिक जानकारी हेतु कृपया अध्याय 14 राज्य कार्यपालिका का अवलोकन करें।

[2]. विधान परिषद

विधान परिषद राज्य विधान मण्डल का उच्च सदन होता है। विधान परिषद सभी राज्यों में नहीं है यह केवल कुछ राज्यों में है जो क्रमशः बिहार, उत्तर प्रदेश, महाराष्ट्र, कर्नाटक और जम्मू-कश्मीर हैं। विधान परिषद लोप करने का अधिकार संसद को प्राप्त है, जब सम्बन्धित राज्य बहुमत से पारित कर प्रस्ताव को संसद को प्रेषित करे, तब संसद उस राज्य से विधान परिषद को हटा सकती है।

---

[230] कुछ राज्यों में दो सदन विधान परिषद और विधानसभा होंगे। वे राज्य जहाँ दो सदन होंगे उसमे बिहार, उत्तर प्रदेश, महाराष्ट्र, कर्नाटक और जम्मू-कश्मीर है।
[231] बिहार, उत्तर प्रदेश, महाराष्ट्र, कर्नाटक और जम्मू-कश्मीर राज्य को छोड़कर शेष राज्यों में विधानसभा यानी एक सदन होगा।

गठन – विधान परिषद की अधिकतम सदस्य संख्या उस राज्य के विधानसभा के सदस्यों की ⅓ और न्यूनतम सदस्य संख्या 40 होती है। किन्तु जम्मू–कश्मीर राज्य इसका अपवाद है वहाँ की विधान परिषद की न्यूनतम सदस्य संख्या वहाँ के संविधान के अनुसार 36 निर्धारित की गई है।

निर्वाचन – विधान परिषद के निर्वाचन में निम्न सदस्य और संस्थाएँ भाग लेते हैं...

i. 1/3 सदस्य स्थानीय निकायों से चुने जाते हैं जैसे कि नगरपालिका, नगर निगम और जिला मण्डल इत्यादि,
ii. 1/12 सदस्य स्नातक स्तर पर चुने जाते हैं जो कम से कम तीन वर्षों से स्नातक होने चाहिए।
iii. 1/12 सदस्य विद्यालय अध्यापको द्वारा भरे जाते हैं परन्तु ऐसे अध्यापकों को कम से कम तीन वर्ष तक हायर सेकेंडरी विद्यालय या उससे अधिक उच्च विद्यालय में अध्यापनरत होना चाहिए।
iv. 1/3 सदस्य राज्य की विधानसभा से चुने जाते हैं, और
v. बाकी बचे सदस्यों (1/6) को राज्यपाल के द्वारा मनोनीत किया जाता है।

कार्यकाल – विधान परिषद भी राज्यसभा की भाँति एक स्थाई सदन होता है इसके 1/3 सदस्य हर दूसरे वर्ष सेवानिवृत्त होते हैं, बचे सदस्य छः वर्ष तक बने रहते हैं और सेवानिवृत्त सदस्यों की जगह नए सदस्यों को चुना जाता है। सेवानिवृत्त सदस्यों को पुनः चुने जाने की पात्रता होती है।

विधान परिषद के अधिकारी – विधान परिषद में निम्नलिखित अधिकारी और सदस्य होते हैं...

सभापति और उप–सभापति को विधान परिषद के सदस्य अपने में से ही चुन लेते हैं। सभापति और उप–सभापति एक दूसरे को अपना त्यागपत्र सौंपकर भी अपने पद से विमुक्त हो सकते हैं। जब सभापति और उप–सभापति को

पद से हटाने का संकल्प सदन में चल रहा हो तब वे पीठासीन नहीं रहते हैं। संकल्प पारित करने से पहले सभापति या उप–सभापति को चौदह दिन पूर्व नोटिस दिया जाना आवश्यक है। सभापति और उप–सभापति को राज्य संचित निधि से वेतन और भत्तों की पात्रता होती है जिसे राज्य विधान मण्डल विधि बनाकर विहित करता है।

<u>विधान परिषद के सदस्यों की योग्यता</u> – अनुच्छेद (173) में राज्य विधान मण्डल के सदस्यों की योग्यता के बारे में उपबन्ध किया गया है, उसी के अनुसार परिषद के सदस्यों की योग्यता निर्धारित होती है जो इस प्रकार है...

i. वह भारत का नागरिक होना चाहिए और निर्वाचन आयोग के द्वारा प्राधिकृत किसी व्यक्ति के समक्ष अनुसूची तीन के अनुरूप शपथ लेता हो,

ii. तीस वर्ष की आयु पूरी कर चुका हो, और

iii. संसद के द्वारा निर्देशित अन्य कोई योग्यता।

[3]. विधानसभा

प्रत्येक राज्य के लिए एक विधानसभा होगी।[232] यह राज्य की जनता का निम्न सदन कहलाता है जिसमें जनता के द्वारा जन प्रतिनिधियों को सीधे निर्वाचित किया जाता है। जन प्रतिनिधियों को वयस्क मताधिकार प्रणाली से चुना जाता है जिसमें निर्वाचन आयोग और निर्वाचन अधिकारियों (रिटर्निंग ऑफिसर) की अहम भूमिका होती है। विधायकों को लोक प्रतिनिधित्व अधिनियम, 1955 के आधार पर योग्य होना होता है।

<u>विधानसभा का गठन, अनुच्छेद (170)</u> – अनुच्छेद (333)[233] के प्रावधानों के अधीन राज्य में प्रत्यक्ष निर्वाचन प्रणाली के अनुरूप प्रत्येक राज्य में अधिकतम

---

[232] देखें संविधान का अनुच्छेद 168(b)[2]।
[233] अनुच्छेद (333) में यह उपबन्ध किया गया है कि राज्यों की विधानसभाओं में आंग्ल–भारतीय समुदाय की पर्याप्त भागीदारी के लिए राज्यपाल द्वारा एक सदस्य आंग्ल–भारतीय नियुक्त कर सकता है।

500 और न्यूनतम 60 सदस्यों की संख्या से मिलकर विधानसभा का गठन होगा। उप–अनुच्छेद 170(2) निर्वाचन क्षेत्रों में जनसख्या के बारे में उपबन्ध करता है जिसके अनुसार राज्य में विधानसभाओं के निर्वाचन में क्षेत्रों का सीमांकन 1971 की जनगणना के आधार पर किया जाएगा। किन्तु हाल में हुए संविधान संशोधन 2003 में यह व्यवस्था की गई है कि सीमांकन का आधार 2001 की जनगणना होगी।

विधानसभा के पदाधिकारी – विधानसभा में एक अध्यक्ष, उपाध्यक्ष, सदस्य और सचिव स्तर के अधिकारी होते हैं। अध्यक्ष और उपाध्यक्ष को सदस्य अपने में से चुन लेते हैं। अध्यक्ष और उपाध्यक्ष एक दूसरे को अपना त्यागपत्र देकर पद से विमुक्त हो सकते हैं। जब अध्यक्ष और उपाध्यक्ष को हटाने का संकल्प विधानसभा में चल रहा हो तो वे उस समय पीठासीन नहीं हो सकते। उपाध्यक्ष विधानसभा अध्यक्ष की अनुपस्थिति में अध्यक्ष पद का निर्वाहन करता है। अध्यक्ष या उपाध्यक्ष को पद से हटाने वाले संकल्प लाने के पूर्व उन्हें चौदह दिन पहले नोटिस देना होता है। अध्यक्ष और उपाध्यक्ष के निम्नलिखित कार्य होते हैं...

i. वह विधानसभा की अध्यक्षता करता है,
ii. सदन में मर्यादा और शिष्टाचार बनाए रखने की अन्तिम जिम्मेदारी अध्यक्ष या उस समय उपाध्क्ष है तो उसी की होती है। (जिसके अधीन वह सदन में मार्शल बुलाता है।),
iii. जब सदन में गणपूर्ति अर्थात् कोरम पूरा न हो तो कार्यवाही को आगे लम्बित करता है,
iv. दसवीं अनुसूची में निर्दिष्ट दल–बदल क़ानून के आधार पर विधानसभाओं के सदस्यों को अयोग्य कर सकता है, यह शक्ति अध्यक्ष की अनन्य शक्ति होती है किन्तु सर्वोच्च न्यायालय द्वारा इस शक्ति का न्यायिक पुनर्विलोकन किया जा सकता है।

v. कोई विधेयक धन विधेयक है या नहीं इसका विनिश्चय विधानसभा अध्यक्ष करता है।

<u>विधानसभा सदस्यों की योग्यता</u> – अनुच्छेद (173) में विधान मण्डल के सदस्यों की योग्यता के बारे में उपबन्ध किया गया है जिसके अनुसार एक व्यक्ति को विधानसभा सदस्य होने के लिए निम्नलिखित योग्यता होनी चाहिए..

1. उसे भारत का नागरिक होते हुए निर्वाचन आयोग के द्वारा प्राधिकृत किसी व्यक्ति के समक्ष अनुसूची तीन के अनुरूप शपथ लेना अनिवार्य है,
2. पच्चीस वर्ष की आयु पूरी कर चुका हो,
3. अन्य योग्यताएँ जो संसद द्वारा विहित की जाए।

<u>विधानसभा का कार्यकाल अनुच्छेद (172)</u> – विधानसभा को यदि समय से पूर्व विघटित न कर दिया जाए तो इसका कार्यकाल पाँच वर्ष का होता है। किन्तु आपातकाल में संसद इसकी अवधि प्रथम बार एक वर्ष बढ़ा सकती है और यदि एक साल की उद्घोषणा समाप्त हो गई हो तो इसकी अवधि छ: माह बढ़ा सकती है।

<u>विधान मण्डल के सदस्यों की रिक्तता</u> – अनुच्छेद (190) में दोनों सदनों विधान परिषद और विधानसभा के सदस्यों के कुछ मापदण्ड निर्धारित किए गए हैं जिसके अनुसार एक विधान मण्डल के सदस्य पद को रिक्त समझा जाएगा जब वह...

➢ अनुच्छेद 190 (1) के अनुसार कोई व्यक्ति विधान मण्डल के दोनों सदनों का सदस्य नहीं होगा जब वह दोनों सदनों का सदस्य चुन लिया जाता अर्थात् उसे किसी एक सदन का सदस्य होना होगा, दोनों का नहीं।

➢ अनुच्छेद 190(2) के अनुसार कोई व्यक्ति दो या दो से अधिक राज्यों के विधान मण्डल का सदस्य नहीं होगा किन्तु यदि कोई ऐसा

सदस्य किसी अन्य जगह सदस्य नियुक्त किया भी जाता है तो उक्त अवधि के पश्चात् उसे उस राज्य के विधान मण्डल की सदस्यता छोड़ना होगी अन्यथा उस दूसरे राज्य से उसकी सदस्यता समाप्त मानी जाएगी। और

➤ अनुच्छेद 190(4) यदि कोई सदस्य लगातार 60 दिनों तक सदन की आज्ञा के बिना अनुपस्थित रहता है तो वह उस सदन से रिक्त माना जाएगा। किन्तु 60 दिनों की अवधि में सत्रावसान या निरन्तर चार दिनों के सदन के स्थगन को नहीं गिना जाएगा।

2. विधान मण्डल के सदस्यों की निर्योग्यताएँ :

विधान मण्डल के सदस्यों के लिए जो निर्योग्यताएँ निर्धारित की गई है वे इस प्रकार से हैं...

1. अनुच्छेद 191(1)[a]   कोई सदस्य लाभ के पद पर हो,

2. अनुच्छेद 191(1)[b]   यदि वह विकृतचित्त हो और उसे सक्षम न्यायालय ने विकृतचित्त घोषित किया हो,

3. अनुच्छेद 191(1)[c]   वह दीवालिया हो गया हो,

4. अनुच्छेद 191(1)[d]   भारत का नागरिक न रहा हो या स्वेच्छा से विदेश की नागरिकता ले ली हो।

5. अनुच्छेद 191(1)[e]   संसद द्वारा निर्योग्य घोषित किया गया हो।

6. अनुच्छेद 191(2)   दसवीं अनुसूची के आधार पर उसे निर्योग्य कर दिया जाए तो सदस्यों की निर्योग्यता के सम्बन्ध में राज्यपाल का निर्णय अन्तिम होगा। वह चाहे तो निर्वाचन आयोग की सलाह भी ले सकता है।[234]

---

[234] देखें संविधान का अनुच्छेद (192)।

3. राज्य विधान मण्डल के सत्र, सत्रावसान और विघटन :

अनुच्छेद 174(1) के अनुसार राज्यपाल समय-समय पर दोनों सदनों के सत्र आहूत करेगा, किन्तु उन सत्रों के बीच का अन्तराल छ: माह से ज्यादा नहीं होना चाहिए।

अनुच्छेद 174(2) के अनुसार राज्यपाल...

   a. सदन का या किसी एक सदन का सत्रावसान कर सकेगा,
   b. विधानसभा का विघटन करेगा।

4. विधान मण्डल में विधायी प्रक्रिया :

[1]. आम विधेयक

अनुच्छेद (196) के अनुसार जो विधेयक धन विधेयक और वित्त विधेयक नहीं है, वे विधान मण्डल के किसी भी सदन में प्रस्तुत किए जा सकते हैं। विधान मण्डल के दोनों सदनों में विधेयक सामान्यत: चार चरणों से होकर गुजरता है उसके पश्चात वह क़ानून का रूप धारण करता है। ये चार चरण निम्नांकित प्रकार से है...

> प्रथम वाचन – प्रथम वाचन में सामान्यत: किसी विधेयक को मंत्री या सदस्य द्वारा लाया जा सकता है। अध्यक्ष या सभापति की मंजूरी के बाद इसे सदन में रखा जाता है, किन्तु अभी उस पर बहस या मतदान नहीं होता है। इसके पश्चात विधेयक को गजट में प्रकाशित किया जाता है।

> द्वितीय वाचन – इस वाचन में भी विधेयक को कई चरणों से होकर गुजरना पड़ता है, जो विधान मण्डल की जाँच समिति के जाँच के पश्चात बहस हेतु रखा जाता है, सर्वप्रथम विधेयक पर आम बहस की जाती है। इसके पश्चात विधेयक को संसद की एक समिति के समक्ष समीक्षा हेतु भेजा जाता है, उक्त समिति उसमें कुछ परिवर्तन भी कर सकती है परन्तु मौलिक विषय में कुछ भी परिवर्तन नहीं कर सकती है। इसके बाद समिति विधेयक को वापस सदन में सौंप

देती है। जैसे ही सदन को विधेयक प्राप्त होता है अविलम्ब उस पर विचार विमर्श किया जाता है और विधेयक के पक्ष या विपक्ष में मतदान होता है।

- तृतीय वाचन – तृतीय वाचन में विधेयक में कोई संशोधन नहीं किया जा सकता है, जो कुछ संशोधन किया जाना होता है वह द्वितीय वाचन तक ही किया जा सकता है। इस वाचन में बहुमत के आधार पर विधेयक को स्वीकार या अस्वीकार किया जाता है। यदि विधेयक के पक्ष में बहुमत हुआ हो तो उस सदन का अध्यक्ष या सभापति अगले सदन में भेजने की कार्यवाही करता है।

- चतुर्थ वाचन – दूसरे सदन में पुनः यही कार्यवाही की जाती है। दूसरे सदन में विधेयक को यदि स्वीकार कर लिया जाता है तो उसे राज्यपाल के समक्ष अधिनियमित और हस्ताक्षरित करने भेजा जाता है। अनुच्छेद (200) के अनुसार राज्यपाल के पास विधेयक के सम्बन्ध में निम्नलिखित अधिकार और शक्तियाँ होती हैं...

    i. अपनी अनुमति दे देता है,
    ii. चाहे तो विधेयक को रोक सकता है,
    iii. राष्ट्रपति के विचार हेतु आरक्षित रख सकता है, या
    iv. वह विधेयक को पुनः विचारार्थ सदन में भेज सकता है।

किन्तु यदि दोनों सदनों द्वारा विधेयक को पारित करके पुनः राज्यपाल के पास सहमति के लिए भेजा जाता है तो राज्यपाल इस बार विधेयक को रोक नहीं सकता उसे अपनी सहमति देनी ही होगी इसके लिए वह बाध्य है।

[2]. **धन विधेयक (Money Bill)** : "धन विधेयक की परिभाषा : सभी धन विधेयक वित्त विधेयक होते हैं, किन्तु सभी वित्त विधेयक धन विधेयक नहीं होते हैं। केवल वही वित्त विधेयक धन विधेयक कहलाते हैं जो अनुच्छेद 199(3) के अन्तर्गत विधानसभा स्पीकर द्वारा प्रमाणित किए जाते हैं।" संविधान

के अनुच्छेद 199(1) के अनुसार निम्नलिखित विषयों से सम्बन्धित विधेयक धन विधेयक होगा...

a. किसी कर का अधिरोपण, उत्सादन, परिहार, परिवर्तन या विनियम,
b. राज्य सरकार का धन उधार या कोई प्रत्याभूति देने का विनियम और विधि का संशोधन,
c. राज्य की संचित या आकस्मिक निधि की अभिरक्षा, ऐसी किसी निधि में धन जमा करना या उसमें से धन निकालना,
d. राज्य की संचित निधि से धन का विनियोग,
e. किसी व्यय को संचित निधि में जोड़ना या किसी व्यय की रकम को बढ़ाना,
f. राज्य की संचित निधि या संचित लोक लेखा आदि से धन प्राप्त करना, उसकी अभिरक्षा करना या निर्गमन, या
g. उप–खण्ड (a) और उप–खण्ड (f) से सम्बन्धित कोई भी विषय।

अनुच्छेद 199(2) के अनुसार कोई धन विधेयक इस प्रकार से धन विधेयक नहीं माना जाएगा कि वह कोई जुर्मानों, अन्य धनीय शास्तियों (Pecuniary penalties), अनुज्ञप्तियों, सेवाओं के लिए शुल्क की माँग या संदाय, कोई स्थानीय प्राधिकारी या निकाय द्वारा स्थानीय प्रयोजन के लिए कर का अधिरोपण, उत्सादन, परिहार, परिवर्तन या विनियम इत्यादि। अनुच्छेद 199(3) के अनुसार कोई विधेयक धन विधेयक है या नहीं, वह विधानसभा स्पीकर पर निर्भर करता है।

धन विधेयक को पारित करने की प्रक्रिया – अनुच्छेद (198)

1. धन विधेयक विधान परिषद में पुनः स्थापित नहीं किया जाएगा,
2. विधान परिषद धन विधेयक को अधिक से अधिक 14 दिन तक ही अपने पास रख सकती है। यदि 14 दिन के भीतर विधान परिषद धन विधेयक को पारित नहीं करती है तो वह विधान परिषद से पारित माना जाएगा,

3. यदि विधानसभा, विधान परिषद की किसी अनुशंसा को स्वीकार कर लेती है तो धन विधेयक विधान परिषद द्वारा अनुशंसा किए गए और विधानसभा द्वारा स्वीकार किए गए संशोधनों सहित दोनों सदनों द्वारा पारित माना जाएगा,

4. यदि विधानसभा, विधान परिषद की किसी अनुशंसा को स्वीकार नहीं करती है तो धन विधेयक विधान परिषद द्वारा अनुशंसा किए गए किसी संशोधनों के बिना, दोनों सदनों द्वारा उस रूप में पारित माना जाएगा, जिसमें वह विधानसभा द्वारा पारित किया गया था, और

5. यदि विधानसभा द्वारा पारित और विधान परिषद को उनकी अनुशंसाओं के लिए पारेषित धन विधेयक उक्त चौदह दिन की अवधि के भीतर विधानसभा को नहीं लौटाया जाता है, तो उक्त अवधि की समाप्ति पर वह दोनों सदनों द्वारा उस रूप में पारित समझा जाएगा, जिसमें वह विधानसभा द्वारा पारित किया गया था।

[3]. वित्त विधेयक (Finance Bill) : अनुच्छेद (207) में वित्त विधेयक के बारे में विशेष उपबन्ध किए गए हैं। धन विधेयक को छोड़ कर सभी धन सम्बन्धी विधेयक वित्त विधेयक कहलाते हैं। वित्त विधेयक निम्नलिखित प्रकार के होते हैं

1. अनुच्छेद (199) के अधीन धन विधेयक, और
2. अनुच्छेद (207) के अधीन धन सम्बन्धी विधेयक वित्त विधेयक होते हैं।

5. राज्य विधान मण्डल में बजट प्रक्रिया (Budget Process in Parliament Legislature) : संविधान में बजट को परिभाषित नहीं किया गया है परन्तु बजट के स्थान पर अनुच्छेद (202) में 'वार्षिक वित्तीय विवरण' को बताया गया है। भारत में वित्तीय वर्ष 1 अप्रैल को प्रारम्भ होता है और 31 मार्च को समाप्त होता है। जिसमें राज्य की संचित निधि और उससे धारित अन्य व्यय

उपयोग में लाए जाते हैं। संचित निधि पर निम्नलिखित व्यय भारित किए जाते हैं...

1. राज्यपाल की उपलब्धियाँ, भत्ते और अन्य व्यय,
2. विधान परिषद के सभापति, उप–सभापति, विधानसभा अध्यक्ष और उपाध्यक्ष के वेतन और भत्ते,
3. राज्य सरकार के द्वारा उपयोग करने हेतु ऋण या भार,
4. सर्वोच्च न्यायालय और राज्यों के उच्च न्यायालय के न्यायाधीशों के वेतन, भत्ते और पेन्शन,
5. किसी न्यायालय या माध्यस्थम् अधिकरण के निर्णय, डिक्री या पंचाट की तुष्टि के लिए अपेक्षित राशियाँ, किसी न्यायालय या माध्यस्थम् के सम्बन्ध में वेतन, भत्ते और पेन्शन,
6. कोई अन्य व्यय जो संसद द्वारा कोई विधि पारित करके घोषित किया जाए।

6. राज्य विधान मण्डल में प्राक्कलन प्रक्रिया[235] (Estimation procedure in Legislature) : सरकारी आय व्यय को चलाने के लिए विधान मण्डल द्वारा एक प्राक्कलन किया जाता है, उसके पश्चात राज्यपाल की अनुमति मिलने पर ही अनुदान की माँग की जाती है।

7. विनियोग विधेयक[236] (Appropriation Bill) : जब विधान मण्डल द्वारा प्राक्कलन पर राज्यपाल द्वारा सहमति हो जाती है तभी भारत की संचित निधि से लोकसभा द्वारा विनियोग विधेयक पारित किया जाता है। बिना विनियोग विधेयक पारित किए सरकार संचित निधि से कोई धन नहीं निकाल सकती है।

---

[235] देखें अनुच्छेद (203)।
[236] देखें अनुच्छेद (204)।

8. अनुपूरक अनुदान[237] (Supplementary grant) : जैसा कि नाम से स्पष्ट होता है 'अनुपूरक' अर्थात् जब चालू वित्तीय वर्ष में अनुमित अनुदान कम हो जाता है तो अनुपूरक अनुदान पारित करवाकर सरकार धन संचित निधि से प्राप्त करती है, इसे ही अनुपूरक अनुदान कहा जाता है।

9. लेखानुदान (Vote on account), **प्रत्यानुदान** (Vote of Credit) और **अपवादानुदान** (Exceptional Grants)[238] : जब चालू वित्तीय वर्ष (बजट) की प्रक्रिया अभी पूरी न हो पाई हो, तब सरकार को धन की आवश्यकता हो तो वह विनयोग विधेयक पारित हो जाने के बाद क्रमशः लेखानुदान, प्रत्यानुदान और अपवादानुदान पारित कर संचित निधि से धन आहरण कर सकती है।

10. संचित निधि[239] (Consolidated Fund) : संचित निधि दो प्रकार से होती है, 'भारत की संचित निधि' और 'राज्य की संचित निधि'। जब भारत सरकार को कोई कर, शुल्क के आगमन और निगमन, राजस्व, हुंडियों, आदि से धन प्राप्त होता है तो उसे भारत की संचित निधि कहा जाता है। और जब राज्य को प्राप्त होता है तो उसे राज्य की संचित निधि कहा जाता है।

---

[237] देखें अनुच्छेद (205)।
[238] देखें अनुच्छेद (206)।
[239] देखें अनुच्छेद (207)।

अध्याय 26

राज्य न्यायपालिका

राज्यों के उच्च न्यायालय (High Court), और अधीनस्थ न्यायालय (subordinate court)

1. उच्च न्यायालय का गठन : अनुच्छेद (214) के अनुसार प्रत्येक राज्य के लिए एक उच्च न्यायालय होगा किन्तु इसका यह तात्पर्य नहीं है कि एक उच्च न्यायालय केवल एक राज्य का होगा। संसद दो या दो से अधिक राज्यों के लिए एक उच्च न्यायालय को प्राधिकृत कर सकती है।[240] उच्च न्यायालय में एक मुख्य न्यायाधीश और ऐसे अन्य न्यायाधीश होंगे जिन्हें राष्ट्रपति समय–समय पर नियुक्त करे।[241]

2. उच्च न्यायालय न्यायाधीशों की नियुक्ति : अनुच्छेद (217) में उच्च न्यायालय के न्यायाधीशों की न्युक्ति का प्रावधान है जिसके अनुसार उच्च न्यायालय के अन्य न्यायाधीशों की नियुक्ति में भारत का मुख्य न्यायाधीश उस राज्य के राज्यपाल और मुख्य न्यायाधीश के परामर्श के पश्चात राष्ट्रपति के आदेश से नियुक्त किए जाते हैं। **एस०पी० गुप्ता बनाम भारत संघ**[242] – यह मामला न्यायाधीश स्थानांतरण मामले के नाम से भी जाना जाता है, इस मामले में सर्वोच्च न्यायालय ने बहुमत से यह निर्णय दिया कि सरकार अपनी कार्यपालिका शक्ति के प्रयोग से न्यायाधीश का स्थानांतरण कर सकती है और मुख्य न्यायाधीश का परामर्श मानने के लिए राष्ट्रपति बाध्य नहीं है। किन्तु **सर्वोच्च न्यायालय एडवोकेट्स ऑन रिकॉर्ड एसोसिएशन बनाम भारत संघ**[243] के इस मामले में सर्वोच्च न्यायालय ने **एस०पी० गुप्ता बनाम भारत संघ** के

---

240 देखें अनुच्छेद (231)।
241 देखें अनुच्छेद (216)।
242 A.I.R. 1982, S.C. 149, (1981) Supp (1) S.C.C. 87।
243 (1993) 4 S.C.C. 44।

मामले में दिए गए अपने निर्णय को उलटते हुए निर्धारित किया कि सर्वोच्च न्यायालय और उच्च न्यायालय के न्यायाधीशों की नियुक्ति में कार्यपालिका का हस्तक्षेप सीमित है और मुख्य न्यायाधीश की सलाह लेना आवश्यक है। अतः सर्वोच्च न्यायालय और राज्यों के उच्च न्यायालय में नियुक्ति के मुख्य न्यायाधीश की नियुक्ति वरिष्ठता क्रम के आधार पर और अन्य न्यायाधीशों की नियुक्ति मुख्य न्यायाधीश के परामर्श से की जाने लगी थी। किन्तु विगत कुछ वर्षों से यह बात उठने लगी थी कि मुख्य न्यायाधीश अपने व्यक्तियों के नाम सरकार से अनुशंसाओं के माध्यम से करने लगे थे। राष्ट्रपति महोदय ने अनुच्छेद (143) का प्रयोग करते हुए सर्वोच्च न्यायालय से यह पूछा कि क्या न्यायाधीशों की नियुक्ति में मुख्य न्यायाधीश का परामर्श आवश्यक है? जिसके कारण **इन री प्रेसीडेंसियल रिफरेंस**[244] के मामले में यह तथ्य सामने आया। सर्वोच्च न्यायालय की संवैधानिक बैन्च ने निर्णय दिया कि भारत के मुख्य न्यायाधीश को सर्वोच्च न्यायालय के अन्य 4 वरिष्ठतम न्यायाधीशों के समूह (Collegium) से परामर्श करने के पश्चात ही अपनी सलाह राष्ट्रपति को देनी चाहिए अतः अब सर्वोच्च न्यायालय के मुख्य न्यायाधीश, अन्य न्यायाधीशों और राज्यों के मुख्य न्यायाधीश की नियुक्ति में भारत का मुख्य न्यायाधीश, सर्वोच्च न्यायालय के चार वरिष्ठतम न्यायाधीशों के समूह से परामर्श करने के बाद राष्ट्रपति को परामर्श देगा, जिसके उपरान्त मुख्य न्यायाधीश और अन्य न्यायाधीशों की नियुक्ति हो सकेगी।

3. उच्च न्यायालय के न्यायाधीश का कार्यकाल : राज्य उच्च न्यायालय के न्यायाधीश का कार्यकाल 62 वर्ष का होता है।[245]

4. न्यायाधीशों पर महाभियोग : वैसे तो उच्च न्यायालय के न्यायाधीश अपना त्यागपत्र राष्ट्रपति को प्रेषित कर अपने पद से त्याग दे सकता है, किन्तु उन

---

[244] A.I.R. 1999, S.C. 1।
[245] देखें अनुच्छेद 217(1)।

पर निम्नलिखित आधारों पर महाभियोग लगाकर पद से हटाया जा सकता है..।

    I.   सिद्ध कदाचार और

    II.   पद की असमर्थता।

इन दोनों आधारों पर उच्च न्यायालय के न्यायाधीशों पर महाभियोग की प्रक्रिया प्रारम्भ की जाती है। उच्च न्यायालय के न्यायाधीशों पर सर्वोच्च न्यायालय के न्यायाधीशों की भाँति महाभियोग लगाया जाता है।[246] इन दोनों आधारों पर ही उच्च न्यायालय के न्यायाधीशों पर महाभियोग की प्रक्रिया प्रारम्भ की जाती है। उच्च न्यायालय के न्यायाधीशों पर सर्वोच्च न्यायालय के न्यायाधीशों की भाँति महाभियोग लगाया जाता है।[247]

5. योग्यता : उच्च न्यायालय का न्यायाधीश होने के लिए निम्नलिखित योग्यता होनी चाहिए।[248]

- ➢ भारत का नागरिक हो,
- ➢ भारत के किसी भी क्षेत्र में कम से कम दस वर्ष तक न्यायिक पद पर रह चुका हो,
- ➢ किसी भी उच्च न्यायालय में कम से कम दस वर्ष अधिवक्ता रह चुका हो।

6. उच्च न्यायालय के न्यायाधीशों के वेतन और भत्ते : उच्च न्यायालय के न्यायाधीशों को ऐसा वेतन और भत्तों का संदाय किया जाएगा जिसे संसद विधि बनाकर अवधारित करे, किन्तु जब तक संसद ऐसा नहीं करती है तब तक संविधान की दूसरी अनुसूची से वेतन का संदाय किया जाएगा।[249]

---

[246] देखें अनुच्छेद 217(1)[b] इस संबन्ध में अधिक अध्ययन के लिए अध्याय–12 का अवलोकन करें।
[247] तत्रैव।
[248] देखें अनुच्छेद 217(2)।
[249] देखें अनुच्छेद (221)।

7. कार्यकारी मुख्य न्यायाधीश[250] **(Acting Chief Justice)** : जब किसी उच्च न्यायालय का मुख्य न्यायाधीश अनुपस्थित या उसका पद रिक्त है तब राष्ट्रपति अन्य न्यायाधीशों में से एक ऐसा कार्यकारी न्यायाधीश नियुक्त करेगा जिसे मुख्य न्यायाधीश की समस्त शक्ति होगी।

8. उच्च न्यायालय की अधिकारिता (Jurisdiction of High Court) : उच्च न्यायालय की अधिकारिता निम्नलिखित इस प्रकार से है... 1. अभिलेख न्यायालय, 2. प्रारम्भिक क्षेत्राधिकार, 3. रिट्स जारी करने की शक्ति, 4. सभी अधीनस्थ न्यायालयों पर अधीक्षण की शक्ति, 5. मामलों को उच्च न्यायालय में अन्तरण की शक्ति, और 6. न्यायिक पुनर्विलोकन की शक्ति।

[1]. **अभिलेख न्यायालय (Court of Record)** – अनुच्छेद (217) राज्यों के उच्च न्यायालय को अभिलेख न्यायालय घोषित करता है। अभिलेख न्यायालय से अभिप्रेत ऐसे न्यायालय से है जो अपनी अवमानना के लिए दण्ड देने का प्रावधान करता है। अभिलेख न्यायालय की शक्ति सर्वोच्च न्यायालय और सभी उच्च न्यायालयों को प्राप्त है। अभिलेख न्यायालय अपनी ही अवमानना के लिए और अपने अधीनस्थ सभी न्यायालयों की अवमानना के लिए भी दण्ड दे सकता है।

[2]. **प्रारम्भिक क्षेत्राधिकार** – कई दीवानी और प्राकृतिक सम्बन्धी मामले सीधे उच्च न्यायालय में प्रस्तुत किए जा सकते हैं इसे ही मौलिक या प्रारम्भिक अधिकारिता कहते हैं जैसे वसीयत [Will], तलाक, न्यायालय अवमानना और कम्पनी अधिनियम के मामले।

[3]. **रिट्स जारी करने की शक्ति**[251] – उच्च न्यायालय को मूलाधिकार तथा रिट्स जारी करने में अन्नय शक्ति प्राप्त है क्योंकि यह नागरिकों के निकट और राहत प्रदान करने में तुरन्त सहायक है। उच्च न्यायालय को निम्न प्रकार की रिट्स जारी करने का अधिकार होता है...

---

250 देखें अनुच्छेद (223)।

251 उच्च न्यायालय की रिट्स निकालने की शक्ति, देखें अनुच्छेद (226)।

➢ बन्दी प्रत्यक्षीकरण,

➢ परमादेश,

➢ उत्प्रेषण,

➢ प्रतिषेध और

➢ अधिकार–पृच्छा।

(i). बन्दी प्रत्यक्षीकरण[252] (Habeas Corpus)

बन्दी प्रत्यक्षीकरण का अर्थ (Meaning) – सामान्य शब्दों में 'बन्दी व्यक्ति को पेश करो'। लैटिन भाषा में इसका अर्थ होता है 'निरूद्ध व्यक्ति को सशरीर न्यायालय में पेश किया जाए'। सामान्यतः जिस व्यक्ति को अवैध रूप से निरुद्ध किया गया है उसे सशरीर न्यायालय के समक्ष अविलम्ब प्रस्तुत किया जाना चाहिए। यदि कोई ऐसा नहीं करता है तो न्यायालय उसके विरुद्ध बन्दी प्रत्यक्षीकरण याचिका जारी कर सकता है।

बन्दी प्रत्यक्षीकरण के लिए कौन आवेदन कर सकता है – प्रारम्भ में जिस व्यक्ति को अवैध रूप से गिरफ़्तार किया जाता था वह ही बन्दी प्रत्यक्षीकरण याचिका के लिए न्यायालय में आवेदन कर सकता था किन्तु न्यायिक सक्रियता और न्यायालय के नवाचार के कारण अब वह व्यक्ति या उसके तरफ से कोई और व्यक्ति भी बन्दी प्रत्यक्षीकरण याचिका के लिए आवेदन कर सकता है। सामान्यतः नियम यह है कि जिस भी व्यक्ति को पुलिस द्वारा गिरफ़्तार किया जाता है तो उसे अविलम्ब घण्टे अन्दर सक्षम दण्डाधिकारी के समक्ष प्रस्तुत किया जाना चाहिए यदि पुलिस द्वारा ऐसा नहीं किया जाता तो न्यायालय बन्दी प्रत्यक्षीकरण रिट जारी करता है। समय के साथ–साथ बन्दी प्रत्यक्षीकरण याचिका में परिवर्तन आया। **कालू सान्याल बनाम जिला दण्डाधिकारी दार्जिलिंग**[253] के मामले में कालू सान्याल नक्सली नेता था जो

---

252 अनुच्छेद (32) के अनुसार इसे सर्वोच्च न्यायालय भी जारी करता है।
253 A.I.R. 1974, S.C. 510।

नक्सली गतिविधियों में संलिप्त था, उसे गिरफ़्तार कर जेल में बन्द कर दिया गया। कालू सान्याल ने न्यायालय से याचिका की कि उसकी गिरफ़्तारी अवैध है इसीलिए उसे तत्काल बन्दी प्रत्यक्षिकार याचिका से साथ न्यायालय में प्रस्तुत किया जाए। न्यायालय ने बन्दी प्रत्यक्षीकरण रिट तो जारी की परन्तु सशरीर पेश करने से मना कर दिया और यह निर्धारित किया कि यह आवश्यक नहीं कि पीड़ित को सशरीर ही पेश किया जाए, न्यायालय उसे रिहा करने का आदेश भी जारी कर सकता है। संविधान का अनुच्छेद (21) प्राण एवम् दैहिक स्वतन्त्रता के अधिकार का उपबन्ध करता है जिसके अनुसार किसी को भी उसके प्राण एवम् दैहिक स्वतन्त्रता के अधिकार से बिना विधि सम्मत प्रक्रिया के अलग नहीं किया जा सकता। इसीलिए **हुस्न आरा खातून बनाम बिहार राज्य**[254] का मामला जिसमें सर्वोच्च न्यायालय ने शीघ्र परीक्षण (Speedy Trial) के सिद्धान्त को प्रतिपादित किया है यद्यपि ऐसा नहीं किया जाता तो बन्दी व्यक्ति की सहायता के लिए बन्दी प्रत्यक्षीकरण रिट जारी की जा सकती है।

बन्दी प्रत्यक्षीकरण रिट की शर्तें – बन्दी प्रत्यक्षीकरण रिट जारी करने के लिए निम्नलिखित शर्तें अपेक्षित हैं...

➤ यह रिट पीड़ित ही नहीं अपितु कोई भी जारी करवा सकता है,

➤ आवेदन देने के साथ-साथ आवेदक का शपथ-पत्र भी संलग्न होना चाहिए,

➤ यदि उच्च न्यायालय ने बन्दी प्रत्यक्षीकरण याचिका नामंजूर कर दी है तो अनुच्छेद (32) के अधीन सर्वोच्च न्यायालय में याचिका प्रस्तुत की जा सकती है।

पूर्व-न्याय (Res Judicata) के सिद्धान्त बन्दी प्रत्यक्षीकरण के मामलों में लागू नहीं होते हैं क्योंकि न्यायालय को हर हाल में पीड़ित को छुड़ाने के लिए बन्दी प्रत्यक्षीकरण रिट जारी करनी ही पड़ती है। परन्तु वर्तमान में बन्दी

---

[254] A.I.R. 1979, S.C. 1560।

प्रत्यक्षीकरण रिट का दायरा और भी विस्तृत हो गया है। **सुनील बत्रा बनाम दिल्ली प्रशासन**[255] के मामले में सर्वोच्च न्यायालय ने निर्धारित किया है कि इस रिट का विस्तार निरुद्ध व्यक्ति को अवैध निरुद्धि से ही नहीं बचाना अपितु उसके विरुद्ध किए गए क्रूर और अमानवीय व्यवहार से भी संरक्षित करना है। इस ओर **रुदल शाह बनाम बिहार राज्य**[256] का मामला अग्रणी है जिसमें सर्वोच्च न्यायालय ने ऐतिहासिक निर्णय दिया, न्यायिक और प्रशासनिक भूल के कारण याची (Petitioner) रुदल शाह को अवैध रूप से 14 वर्ष जेल में रहना पड़ा जबकि जिला और सत्र न्यायालय ने उसे 14 वर्ष ही छोड़ दिया था। उसे प्रतिकर के रूप में 30,000 रूपये दिलवाए।

बन्दी प्रत्यक्षीकरण और अनुच्छेद (21)/(22) – भारतीय संविधान का अनुच्छेद (21) किसी भी व्यक्ति के प्राण और दैहिक स्वतन्त्रता के सुरक्षा की गारण्टी प्रदान करता है किन्तु अनुच्छेद (22) इस गारण्टी में और इजाफा करता है। अनुच्छेद (22) के प्रावधान इस प्रकार हैं...

- ➢ जिस किसी भी व्यक्ति को गिरफ़्तार किया गया है सबसे पहले उसे गिरफ़्तारी का कारण अविलम्ब बताया जाएगा, यदि पुलिस ऐसी गिरफ़्तारी का उचित कारण नहीं बता सकती तो उसे गिरफ़्तार रखने का कोई आधार नहीं होगा।[257]
- ➢ गिरफ़्तार व्यक्ति को विधिक सलाह और अपनी प्रतिरक्षा करने का अवसर प्रदान किया जाएगा।[258]
- ➢ गिरफ़्तार व्यक्ति को अविलम्ब निकट के दण्डाधिकारी के समक्ष प्रस्तुत किया जाएगा।[259]

---

255 A.I.R. 1980, S.C. 1579।
256 A.I.R. 1983, S.C. 1086।
257 देखें अनुच्छेद 22(1)।
258 तत्रैव।
259 देखें अनुच्छेद 22(2)।

यद्यपि राष्ट्रीय आपातकाल (National Emergency) में अनुच्छेद (22) निलम्बित हो जाता है किन्तु अनुच्छेद (21) के अधीन प्रत्येक व्यक्ति को अपनी गिरफ़्तारी, प्राण एवम् दैहिक स्वतन्त्रता का अधिकार होगा वह चाहे तो अनुच्छेद (21), (226) और (32) के आधार पर उच्च न्यायालय या सर्वोच्च न्यायालय से अवैध गिरफ़्तारी पर रोक लगाने की माँग कर सकता है। अब राष्ट्रीय आपातकाल या अन्य आपातकाल में भी प्राण एवम् दैहिक स्वतन्त्रता के न्यायालय जाने के अधिकार को न्यून नहीं किया जा सकता है, अब कोई भी व्यक्ति अनुच्छेद (32) के अधीन सर्वोच्च न्यायालय, अनुच्छेद (226) के अधीन उच्च न्यायालय में आवेदन दे सकता है।[260]

बन्दी प्रत्यक्षीकरण रिट का प्रारूप : एक व्यवसायी याची की तरफ से अधिवक्ता द्वारा माननीय उच्च न्यायालय (High Court), इलाहाबाद को बन्दी प्रत्यक्षीकरण रिट का आवेदन। जिसमें याची को राज्य सरकार द्वारा अवैध रूप से गिरफ़्तार किए जाने पर रिहा करने और सम्यक कार्यवाही किए जाने की याचना है...

---

[260] देखें संविधान का वाँ संशोधन अधिनियम 1978।

समक्ष माननीय उच्च न्यायालय, इलाहाबाद उच्च न्यायालय, उत्तर प्रदेश

(यह काल्पनिक प्रारूप है)#

याचिका क्र०...../11/2013

दिनांक ...../11/2013

---

1. मनोज प्रजापति पिता श्री धर्मेन्द्र प्रजापति, उम्र 35 वर्ष, निवासी मनोरमा गंज इलाहाबाद (उ०प्र०)

.... याची (Petitioner)

बनाम

1. इलाहाबाद जिला दण्डाधिकारी (इलाहाबाद)
2. मुख्य सचिव राज्य सरकार (उ० प्र०)
3. आरक्षी विभाग (उ० प्र०) .... उत्तरदाता (Respondents)

भारत के संविधान के अनुच्छेद (226) के अधीन बन्दी प्रत्यक्षीकरण रिट जारी करने हेतु आवेदन।

याची आवेदन द्वारा निम्नलिखित निवेदन करता है...

---

1. यह कि प्रार्थी .... का निवासी है और उपरोक्त स्थान पर शाँतिपूर्वक एक दुकान थी।

उच्च न्यायलय में याचिका के साथ–साथ याची को एक शपथ–पत्र भी देना होता है।

2. यह कि जिला इलाहाबाद के जिला दण्डाधिकारी ने दिनांक .... को, निवारक निरोध अधिनियम, 1950 के अधीन एक आदेश दिया था कि प्रार्थी को गिरफ़्तार करके दो माह के लिए निरुद्ध किया जाए।

3. यह कि प्रार्थी को 8/9/2013 को पुलिस द्वारा गिरफ़्तार करके जेल भेज दिया गया और ना ही इसका कोई आधार बताया गया।

4. यह कि पुलिस थाना मनोरम गंज और प्रशासन इलाहाबाद द्वारा इस प्रकार अनुचित क्षेत्राधिकार से बाहर जाकर याची को अवैध रूप से गिरफ़्तार किया गया है।

अतः माननीय न्यायालय से प्रार्थना है कि उत्तरदाताओं के विरुद्ध बन्दी प्रत्यक्षीकरण याचिका जारी करते हुए याची को तत्काल स्वतन्त्र किया जाए।

हस्ताक्षर
प्रार्थी की तरफ से अधिवक्ता, उच्च न्यायालय

(ii) परमादेश रिट (Mandamus)

<u>परमादेश का अर्थ</u> – "परमादेश का तात्पर्य है हम आदेश देते हैं"। जब कोई ऐसा प्राधिकारी या लोक निकाय अपने विधिक कर्तव्य को ठीक से नहीं कर रहा है तो उसे विधि सम्मत कार्य करने का आदेश दिया जाता है। ऐसा आदेश सर्वोच्च न्यायालय या उच्च न्यायालय, किसी के द्वारा भी दिया जा सकता है।

<u>परमादेश रिट के लिए कौन आवेदन कर सकता है?</u> – न्यायालय परमादेश रिट तभी जारी करेगा जब उसे यह सन्तुष्टि हो जाए कि रिट किसी विधिक दायित्व के सम्बन्ध में दायर की गई है।[261]

परमादेश रिट जारी करने की शर्तें : निम्नलिखित शर्तों के आधार पर परमादेश रिट जारी की जाती है...

- रिट लोक प्रवत्ति की होनी चाहिए – न्यायालय परमादेश रिट तभी जारी करता है जब वह लोक प्रवत्ति की होती है। लोक प्रवत्ति से

---

[261] देखें शिवेन्द्र बनाम नालन्दा कॉलेज, A.I.R. 1962, S.C. 1210।

आशय सार्वजनिक कार्य या निकाय, स्थानीय निकाय, या कोई क़ानूनी प्रक्रिया के उपबन्ध से है।

➢ निजी व्यक्तियों के विरुद्ध – यह रिट निजी व्यक्तियों तथा निजी संस्थाओं के विरुद्ध जारी नहीं की जाती है।

➢ विधि द्वारा आबद्धता – परमादेश रिट न्यायिक प्रवत्ति की होती है इसीलिए किसी भी लोक प्राधिकारी का ऐसा कर्तव्य विधि द्वारा आबद्ध होना चाहिए जिसने ऐसा प्राधिकृत कार्य नहीं किया हो, तभी यह रिट जारी की जाती है।

परमादेश रिट प्रशासनिक निकाय के विरुद्ध जारी नहीं की जाती है, यह पूर्णतः न्यायिक या अर्ध–न्यायिक निकाय के विरुद्ध जारी की जाती है। **सोहन लाल बनाम भारत संघ**[262] के मामले में निर्धारित किया है कि सार्वजनिक निकाय के विरुद्ध लोक कर्तव्य के दायित्व के लिए जारी की जाती है। किन्तु परमादेश रिट उच्च न्यायालय द्वारा किसी अन्य उच्च न्यायालय के विरुद्ध जारी नहीं की जा सकती है।[263] क्योंकि उच्च न्यायालय न्यायिक कार्य करता है न कि प्रशासनिक अतः उसके विरुद्ध परमादेश रिट जारी नहीं की जा सकती है।

परमादेश रिट का प्रारूप – एक याची की तरफ से अधिवक्ता द्वारा माननीय उच्च न्यायालय (High Court), मध्य प्रदेश को परमादेश रिट का आवेदन। जिसमें याची द्वारा लिपिक परीक्षा उत्तीर्ण जाने पर भी उसे उस पद पर नियुक्ति नहीं दिए जाने पर जिलाधीश के विरुद्ध सम्यक कार्यवाही किए जाने की याचना है...

---

[262] प्रभाकरन बनाम राज्य, A.I.R. 1970 Kerala 27।
[263] A.I.R. 1957, S.C.R. 738।

मानननीय उच्च न्यायालय, मध्य प्रदेश उच्च न्यायालय, मध्य प्रदेश

(यह काल्पनिक प्रारूप है)

याचिका क्र०...../11/2013

दिनांक...../11/2013

---

1. मनोज प्रजापति पिता श्री धर्मेन्द्र प्रजापति, उम्र 35 वर्ष, निवासी मनोरमा गंज, सागर (म०प्र०) ....

... याची (Petitioner)

बनाम

1. जिलाधिकारी, जिला सागर (म०प्र०)
2. मुख्य सचिव, राज्य सरकार (म०प्र०) .... उत्तरदाता (Respondent)

भारत के संविधान के अनुच्छेद (226) के अधीन परमादेश रिट जारी करने हेतु आवेदन।

याची आवेदन द्वारा निम्नलिखित निवेदन करता है...

---

1. यह कि याची सागर जिले का स्थाई निवासी है और राज्य सरकार ने नियुक्ति के सम्बन्ध में सागर जिले में दिनांक 03/08/2013 को विज्ञापन निकला और नियुक्ति के सारे अधिकार जिला कलेक्टर को दिए थे।

2. यह कि याची ने राज्य सरकार के विज्ञापन दिनांक 03/08/2013 के आधार पर दिनांक 5/08/2013 को ही अपना आवेदन कलेक्ट्रेट में जमा करवा दिया था।

3. दिनांक 12/09/2013 को आयोजित परीक्षा में याची उत्तीर्ण हुआ तब जिला कलेक्टर द्वारा याची को अपने मौलिक दस्तावेज लेकर जिला कलेक्ट्रेट में उपस्थित होने के लिए सूचना दी गई, याची अविलम्ब जिला ने कलेक्टर के समक्ष उपस्थित होकर अपने मौलिक दस्त्यवेज दिखाए और छायाप्रति जमा करवाई।

4. यह कि तत्पश्चात याची को जिला कलेक्टर द्वारा आदेश दिया गया कि दिनांक 01/10/2013 को लिपिक के पद पर कार्यभार ग्रहण कर लिया जाए।

5. यह कि कलेक्टर के आदेश के परिपालन में याची दिनांक 01/10/2013 को कलेक्ट्रेट की जनसम्पर्क और निर्वाचन शाखा में कार्यभार ग्रहण करने पहुँचा किन्तु वहाँ उसे बिना किसी वैध कारण से कार्यभार ग्रहण नहीं करने दिया गया।

6. यह कि याची ने उत्तरदाता क्रमांक 01 को दिनांक 02/10/2013 को कार्यभार ग्रहण करने के लिए एक प्रार्थनापत्र दिया था, किन्तु उत्तरदाता क्रमांक 01 द्वारा कोई सम्यक कार्यवाही नहीं की गई।

7. यह कि याची न्यायालय से प्रार्थना करता है कि जनसम्पर्क और निर्वाचन शाखा में लिपिक के रूप में याची को पदभार देने के लिए उत्तरदाता क्र० 01 को आदेश दिया जाए।

8. उत्तरदाता क्र० 01 जिला कलेक्टर एक लोक सेवक है और अपने लोकपदीय कर्तव्य के पालन में याची को लिपिक का पदभार देने के लिए बाध्य है।

9. यह कि याची जनसम्पर्क और निर्वाचन शाखा जिला कलेक्ट्रेट, सागर में विधिक रूप से पदभार ग्रहण करने का अधिकारी है, जिसके निम्नलिखित आधार हैं...
   a. याची ने जिला स्तर की लिपिक परीक्षा उत्तीर्ण कर ली है,
   b. उत्तरदाता क्र० 01 ने याची को पदभार ग्रहण करने की सूचना और नियुक्ति पत्र दिया है, जो अभी भी याची के पास है,
   c. याची को माननीय न्यायालय से न्याय प्राप्त करने का और अन्य अनुतोष प्राप्त करने का अधिकार है।

अतः माननीय न्यायालय से प्रार्थना है कि उत्तरदाताओं के विरुद्ध परमादेश याचिका जारी करते हुए याची का विधिक अधिकार दिलाया जाए।

हस्ताक्षर (याची)

हस्ताक्षर
प्रार्थी की तरफ से अधिवक्ता, उच्च न्यायालय

(iii). उत्प्रेषण रिट (Certiorari)

उत्प्रेषण का अर्थ – उत्प्रेषण का शाब्दिक अर्थ निकलता है 'प्रमाणित होना'। उत्प्रेषण रिट सर्वोच्च न्यायालय या उच्च न्यायालय द्वारा निचले न्यायालयों को अपने पदीय अधिकारिता से बाहर जाकर कार्य करने के कारण जारी की जाती है। दूसरे शब्दों में जब कोई अधीनस्थ न्यायालय अपनी स्थानीय अधिकारिता से बाहर जाकर न्याय करने लगता है तब सर्वोच्च न्यायालय या उच्च न्यायालय के द्वारा इस रिट को जारी किया जाता है। वरिष्ठ न्यायालय (सर्वोच्च न्यायालय या उच्च न्यायालय) ऐसे मामले को अपने पास बुलवा लेता है, जिस पर स्वयम् कार्यवाही करता है या अधीनस्थ न्यायालय को सम्यक कार्यवाही करने वापस भेज देता है। **रणजीत सिंह बनाम रवि प्रकाश एवम् अन्य** [264] के मामले में सर्वोच्च न्यायालय ने कहा कि यह रिट अधीनस्थ न्यायालयों पर पर्यवेक्षण का कार्य करती है। इस रिट की सहायता से न्यायालयों की भूलों को सुधारा जा सकता है।

उत्प्रेषण रिट किसके विरुद्ध जारी की जाती है? – यह एक न्यायिक प्रकृति की रिट है अतः यह अधीनस्थ न्यायालयों, न्यायाधिकरणों और अर्ध-न्यायिक निकायों (जैसे कलेक्टर और एस०डी०एम० के न्यायालय) आदि के विरुद्ध या सर्वोच्च न्यायालय के द्वारा जारी की जाती है। कोई निकाय न्यायिक प्रकृति का है या नहीं यह उस बात पर निर्भर करता है कि उसे न्यायिक कार्य करने का अधिकार प्राप्त है या नहीं।[265]

उत्प्रेषण रिट जारी किए जाने का आधार – वरिष्ठ न्यायालय निम्नलिखित आधारों पर अधीनस्थ के विरुद्ध उत्प्रेषण रिट जारी करेगा...

> ➤ जब कोई न्यायिक या अर्ध-न्यायिक निकाय अपनी अधिकारिता से बाहर जाकर कार्य करने लगता है,

---

[264] A.I.R. 2004, S.C. 3892।
[265] देखें प्राविंस ऑफ बॉम्बे बनाम खुशहाल दास, A.I.R. 1950, S.C. 222।

- जब किसी न्यायालय ने सम्यक कार्यवाही या नैसर्गिक न्याय का अनुपालन न करते हुए दूसरे पक्ष की उचित सुनवाई न की हो, या
- अभिलेख के सम्मुख विधि की भूल की हो।

वस्तुतः चाहे कोई न्यायालय हो या न्यायाधिकरण, इन संस्थाओं में नैसर्गिक न्याय का अनुपालन किया जाना नितांत आवश्यक है। जब भी इन संस्थाओं के द्वारा पक्षपातपूर्ण व्यवहार किया जाएगा तो वरिष्ठ न्यायालय द्वारा उत्प्रेषण की कार्यवाही की जाएगी। उत्प्रेषण लेख का कार्य किसी ऐसे मामले में पक्षपातपूर्ण कार्यवाही की गई है, उसे सुधरने के लिए वरिष्ठ न्यायालय मामले को अपने पास बुला लेता है ताकि न्याय की भूल को सुधारा जा सके।

(iv). प्रतिषेध रिट (Prohibition)

प्रतिषेध का अर्थ – प्रतिषेध का हिन्दी अर्थ होता है 'रोक लगाना'। जब किसी न्यायिक या अर्ध–न्यायिक निकाय द्वारा किसी कार्यवाही में नैसर्गिक न्याय या पक्षपातपूर्ण कार्यवाही की जाने की आशंका होती है तो पक्षकार वरिष्ठ न्यायालय (सर्वोच्च न्यायालय या उच्च न्यायालय) से प्रतिषेध रिट जारी करवाकर इस पक्षपातपूर्ण कार्यवाही को बन्द करवा सकता है। यह याचिका पूर्णतः न्यायिक प्रवत्ति की होती है जिसमें सर्वोच्च न्यायालय या उच्च न्यायालय अपने अधीनस्थ न्यायालयों के यहाँ चल रही कार्यवाही में यह पाता है कि उन्होंने नैसर्गिक न्याय का अनुपालन नहीं किया है तो यह कार्यवाही के बीच में उस मामले को अपने पास बुलवा लेता है। जबकि उत्प्रेषण रिट में मामले की समाप्ति के बाद यह प्रतीत होता है कि उक्त मामले में नैसर्गिक न्याय की अनदेखी की गई थी तब न्यायालय उत्प्रेषण रिट जारी करता है। **हरिविष्णु कामथ** बनाम **सैयद अहमद इश्हाक**[266] के मामले में सर्वोच्च न्यायालय ने निर्धारित किया कि दोनों रिटों का कर्तव्य एक ही है, प्रतिषेध

---

[266] A.I.R. 1955, S.C. 241।

रिट में मामले को सुनवाई के दौरान तथा उत्प्रेषण रिट को मामले निपटारे के बाद वरिष्ठ न्यायालय द्वारा संज्ञान में लिया जाता है।

क्या इस रिट द्वारा किसी लोक सेवक को उसके पदीय प्राधिकार से बाहर जाकर कार्य करने की शक्ति को इस याचिका द्वारा रोका जा सकता है? इस सम्बन्ध में **हरिनारायण राय बनाम रीजनल ट्रांसपोर्ट अथॉरिटी**[267] का मामला उल्लेखनीय है। इस मामले में मोटर व्हीकल अधिनियम की धारा (62) के अधीन आर०टी०ओ० को किसी भी प्रकार का अस्थायी आवेदन लेने का अधिकार नहीं था फिर भी आर०टी०ओ० ने अपनी शक्ति से परे जाकर अस्थाई परमिट का आवेदन स्वीकार किया। न्यायालय ने इस प्रकार के कार्य के विरुद्ध परमादेश याचिका जारी कर दी। प्रतिषेध रिट निम्नलिखित आधारों पर जारी की जाती है...

1. जब अधीनस्थ न्यायालय या अर्ध-न्यायिक ने नैसर्गिक न्याय की अनदेखी अपनी अधिकारिता से बाहर जाकर की हो,
2. जब अधीनस्थ न्यायालय या अर्ध-न्यायिक निकाय में मामला चल रहा हो।

प्रतिषेध रिट किन लोगों पर जारी नहीं की जाएगी? – निम्नलिखित व्यक्तियों तथा निकायों के विरुद्ध इस रिट को नहीं निकाला जाएगा...

➢ संसदीय कार्य सम्बन्धी,
➢ प्रशासनिक कार्य में लिप्त अधिकारी[268] और
➢ कार्यपालिका पर।

---

[267] A.I.R. 1965, S.C. 248।
[268] जब कलेक्टर या उसके अधीनस्थ प्राधिकारी जिन्हे न्यायालय के अधिकार है जब वे प्रशासनिक कार्य कर रहे हों तो उस दौरान यह रिट जारी नहीं की जा सकती है, किन्तु जैसे ही वे न्यायिक कार्य करते हैं और उस दौरान नैसर्गिक या अपनी अधिकारिता से बाहर जाकर कार्य करते हैं तो उनके विरुद्ध यह रिट जारी की जा सकती है।

(V). अधिकार–पृच्छा (Quo Warranto)

अधिकार–पृच्छा का अर्थ – अधिकार–पृच्छा का शाब्दिक अर्थ है 'किस प्राधिकार से'। जब कोई व्यक्ति किसी लोक महत्व के पद पर बिना किसी अधिकार से कार्य करने लगता है तो सर्वोच्च न्यायालय या उच्च न्यायालय के द्वारा उस व्यक्ति को अधिकार–पृच्छा रिट दी जाती है जिसमें न्यायालय उस अप्राधिकृत व्यक्ति से पूछता है कि उसने यह पद किस प्राधिकार से धारित किया है, समुचित उत्तर न देने पर न्यायालय उस व्यक्ति को अपदस्थ करता है।

<u>अधिकार–पृच्छा किसके विरुद्ध जारी की जा सकेगी?</u> – अधिकार–पृच्छा रिट न्यायिक प्रकृति की है यह निम्नलिखित व्यक्ति या निकाय के विरुद्ध जारी की जाती है...

- सार्वजनिक या लोक महत्व के निकाय पर,
- ऐसे पद को किसी व्यक्ति ने अवैध रूप से हासिल किया हो, किन्तु यह रिट सार्वजनिक, सरकारी पदों पर ही लागू होती है, निजी पदों पर नहीं।[269]

<u>कौन आवेदन दे सकता है?</u> – अधिकार–पृच्छा रिट को लागू करने के लिए कोई भी व्यक्ति आवेदन दे सकता है, चाहे वह उस पद से सम्बन्ध रखता हो या नहीं। इस सम्बन्ध में **विमन चन्द्र बनाम गवर्नर**[270] का मामला उल्लेखनीय है, इसमें न्यायालय ने अवधारित किया है कि कोई अजनबी व्यक्ति भी इस रिट के लिए आवेदन कर सकता है। चाहे वह इस मामले में पीड़ित हो या ना हो, न्यायालय जैसे ही आवेदन प्राप्त करेगा वह अपनी विवेक शक्ति से आदेश दे सकता है।

---

[269] देखें जमालपुर आर्य समाज बनाम डॉ०डी० राम एवम् अन्य, A.I.R. 1954, Pat. 297।
[270] A.I.R. 1952, S.C. Cal. 114।

क्या किसी विधान मण्डल के सदस्यों पर अधिकार–पृच्छा रिट दायर की जा सकती है? – इस सम्बन्ध में **आनन्द बिहारी बनाम राम सहाय**[271] का मामला अग्रणी है। इस मामले में न्यायालय ने कहा कि विधानसभा के अध्यक्ष का पद लोक पद है अतः विधानसभा के अध्यक्ष के विरुद्ध यह रिट जारी की जा सकती है।

[4]. सभी अधीनस्थ न्यायालयों पर अधीक्षण की शक्ति – अनुच्छेद (227) के अनुसार उच्च न्यायालय को राज्य के सभी न्यायालयों पर अधीक्षण की शक्ति प्राप्त है, उप–अनुच्छेद 227(1) के अनुसार प्रत्येक उच्च न्यायालय राज्य के सभी न्यायालयों पर अपनी अधीक्षण शक्ति का प्रयोग कर सकता है। उप–अनुच्छेद 227(2) के अनुसार उच्च न्यायालय सभी ऐसे अधीनस्थ न्यायालयों पर अपनी अधीक्षण शक्ति का निम्नलिखित तरीके से प्रयोग कर सकता है...

- कोई विवरण न्यायालय से बुलवा सकेगा,
- अधीनस्थ न्यायालयों का कोई नियम या उप–नियम बना सकेगा, और
- न्यायालयों की रिकॉर्ड पुस्तिका या लेखाओं के प्रारूप बना सकेगा।

अनुच्छेद (227) के अधीन किसी भी प्रकार से अपील नहीं की जा सकती है। यह तो उच्च न्यायालय की आन्तरिक शक्ति होती है जिससे वह अधीनस्थ न्यायालयों को नियन्त्रित करता है।

[5]. मामलों के उच्च न्यायालय में अन्तरण की शक्ति – अनुच्छेद (228) के अनुसार जब उच्च न्यायालय को यह समाधान हो जाता है कि किसी अधीनस्थ न्यायालय में लम्बित पड़ा कोई मामला ऐसी प्रकृति का है जिसमें विधि का कोई सारवान प्रश्न अन्तर्विलित है और जिसकी अवधारणा करके

---

[271] A.I.R.1952, M.B. 31 ।

मामले को निपटना अत्यन्त आवश्यक है तो वह ऐसे मामले को अपने पास बुला लेगा और...

- ➢ मामले में खुद निर्णय दे सकेगा, या
- ➢ विधि के प्रश्न के स्वयम् अवधारणा कर सकेगा और उस न्यायालय में इस प्रतिलिपि के साथ वापस कर देगा कि मामले को उसकी अवधारणा के साथ निपटाए।

अनुच्छेद (230) यह उपबन्ध करता है कि संसद चाहे तो उच्च न्यायालय की अधिकारिता में अभिवृद्धि कर सकती है, और चाहे तो उसकी अधिकारिता को अपमार्जित (न्यून) कर सकती है। साथ ही संसद नियम बना कर किसी उच्च न्यायालय को दो या दो से अधिक राज्यों के लिय भी स्थापित कर सकती है।[272]

[6]. **न्यायिक पुनर्विलोकन की शक्ति** – न्यायिक पुनर्विलोकन की शक्ति संविधान के अनुसार सर्वोच्च न्यायालय और राज्यों के उच्च न्यायालय को दी गई है, साथ ही वे अभिलेख न्यायालय भी होते हैं जिन्हें अपनी अवमानना के लिए दण्ड देने की शक्ति होती है। अनुच्छेद (32), (137) के अधीन सर्वोच्च न्यायालय और अनुच्छेद (226) के अधीन राज्यों के उच्च न्यायालय को न्यायिक पुनर्विलोकन की शक्ति होती है। सर्वप्रथम **शंकरी प्रसाद बनाम बिहार राज्य**[273] के मामले में सर्वोच्च न्यायालय ने कहा कि "अनुच्छेद (368) के अधीन संविधान संशोधन 'विधि' नहीं है अतः संसद संविधान के किसी भी भाग में संशोधन कर सकती है।" जिसे **सज्जन सिंह बनाम राजस्थान राज्य**[274] के मामले में सर्वोच्च न्यायालय ने पुनः दोहराया कि संसद को संविधान में संशोधन करने की शक्ति प्राप्त है। **गोलख नाथ बनाम पंजाब**

---

272 देखें अनुच्छेद (231)।

273 A.I.R. 1951, S.C. 458।

274 A.I.R. 1965, S.C. 845।

राज्य [275] के मामले में न्यायालय ने निर्णित किया कि अनुच्छेद 13(2) में प्रयुक्त विधि के अन्तर्गत सभी प्रकार की विधि, संसद द्वारा निर्मित विधि और संविधान संशोधन आते हैं यदि इनमें से किसी के द्वारा भी नागरिकों के मौलिक अधिकारों का अतिक्रमण होता है तो न्यायालय ऐसे संशोधन को अविधिमान्य कर सकता है।

24वाँ संविधान संशोधन, 1971 – सर्वोच्च न्यायालय द्वारा गोलक नाथ के मामले में दिए गए निर्णय को बदलने के लिए संसद ने 24वें संविधान संशोधन के द्वारा संविधान के अनुच्छेद 13(4) को जोड़ दिया "इस अनुच्छेद की कोई बात अनुच्छेद (368) के अधीन किए गए इस संविधान के किसी संशोधन पर लागू नहीं होगी।" **केशवानन्द भारती बनाम केरल राज्य**[276] के मामले में सर्वोच्च न्यायालय ने 24वें संविधान संशोधन को विधिमान्य कर दिया और गोलख नाथ के मामले में दिए अपने निर्णय को उलटते हुए निर्णित किया कि संसद की संशोधन करने की शक्ति असीमित नहीं है, यद्यपि वह संविधान में संशोधन तो कर सकती है, परन्तु संविधान के मूलभूत ढाँचे में परिवर्तन नहीं कर सकती। इसी मामले को मूलभूत ढाँचे का सिद्धान्त [Doctrine of Basic Structure] कहा जाता है।

42वाँ संविधान संशोधन, 1976 – केशवानन्द भारती के मामले से उत्पन्न परेशानी को दूर करने के लिए संसद ने 42वाँ संविधान संशोधन बिल पास किया। इस संशोधन अधिनियम के द्वारा अनुच्छेद (368) में दो नए खण्ड जोड़ दिए गए खण्ड (4) और खण्ड (5), खण्ड (4) में यह उपबन्ध किया गया कि अनुच्छेद 368 के अधीन किए गए संविधान संशोधन को किसी भी न्यायालय में चुनौती नहीं दी जा सकेगी और खण्ड (5) यह उपबन्ध करता है कि संसद की संशोधन शक्ति का कोई परिसीमन नहीं कर सकता है।

---

[275] A.I.R. .1968, S.C. 1643 ।
[276] A.I.R. 1973, S.C.1461 ।

मिनर्वा मिल्स और अन्य बनाम भारत संघ और अन्य[277] के मामले में सर्वोच्च न्यायालय ने अनुच्छेद 368 के खण्ड (4) और खण्ड (5) को अविधिमान्य कर दिया है, क्योंकि ये खण्ड संसद को असीमित संशोधन की शक्ति प्रदान करते थे, निश्चित ही इसके प्रयोग से संविधान का मूलभूत ढाँचा नष्ट होता था।

निष्कर्ष: न्यायिक पुनर्विलोकन की शक्ति संविधान का मूलभूत ढाँचा है जिसे न तो कोई विधि बनाकर कम किया जा सकता है और ना ही संशोधन करके।

अधीनस्थ न्यायालय (Subordinate court)

अधीनस्थ न्यायालय से तात्पर्य ऐसे न्यायालय से है जो राज्य में उच्च न्यायालय के बाद अपनी अधिकारिता का प्रयोग करते हैं। संविधान के अनुच्छेद (233) में जिला न्यायाधीश की नियुक्ति का प्रावधान है जिसके अनुसार राज्यपाल उच्च न्यायालय से परामर्श कर ऐसे जिला न्यायाधीश की नियुक्ति करेगा। व्यवहारिक आधार पर यह कृत्य उच्च न्यायालय का है। राज्यपाल का केवल आदेशात्मक कर्तव्य होता है। जिला न्यायाधीश की सहायता के लिए अन्य न्यायालयों का गठन किया गया है जिनकी नियुक्ति अनुच्छेद (234) के आधार पर की जाती है...

1. अतिरिक्त जिला न्यायाधीश,
2. सिविल न्यायाधीश, वर्ग (I), और
3. सिविल न्यायाधीश वर्ग (II)।

इसके अतिरिक्त राजस्व न्यायालय भी होते हैं, जिन्हें कुछ दाण्डिक, सिविल, और राजस्व सम्बन्धी अधिकारिता होती है।

---

[277] A.I.R. 1980, 2 S.S.C. 591।

अध्याय 27
स्थानीय स्वशासन
(पंचायतें और नगरपालिकाएँ)

---

1. पंचायतें

संविधान का अनुच्छेद (40) ग्राम पंचायतों की स्थापना और सुशासन के लिए संकल्पित है, जिसके अनुसार राज्य ग्राम पंचायतों के लिए निम्नलिखित क़दम उठाएगा...

- उनका गठन और स्थापना करेगा,
- उन्हें प्राधिकार और शक्ति प्रदान करेगा, और
- ग्राम पंचायतों को स्वायत्त करने के लिए क़दम उठाएगा जिसके अधीन पंचायती राज व्यवस्था की नींव पड़ी।

ग्राम पंचायतों का गठन : सर्वप्रथम पंचायतों को सुस्थापित करने के लिए जनवरी 1957 में बलवंत राय मेहता समिति की स्थापना की गई। इस समिति ने ग्राम पंचायतों का सर्वेक्षण करने के पश्चात 1958 में अपनी अनुशंसाएँ रखीं जिसमें पंचायतों की त्रिस्तरीय व्यवस्था के बारे में उपबन्ध था जो इस प्रकार है...

1. ग्राम पंचायत – ग्राम पंचायत को प्रत्येक गाँव स्तर पर स्थापित किया जाएगा,
2. पंचायत समिति – यह ब्लाक स्तर पर स्थापित की जाएगी,
3. जिला परिषद – प्रत्येक जिला स्तर पर जिला परिषद की स्थापना की जाएगी जिसका अध्यक्ष जिलाधिकारी होगा।

बलवंत राय मेहता समिति ने यह भी अनुशंसा की थी कि इन पंचायतों में सदस्यों को एक अप्रत्यक्ष निर्वाचन प्रणाली द्वारा चुना जाना चाहिए। सरकार ने इस समिति की अनुशंसाओं को 12 जनवरी 1958 को स्वीकृत कर दिया

और 1 अप्रैल 1959 को भारत में लागू कर दिया गया। इस समिति की अनुशंसाओं के आधार पर सर्वप्रथम राजस्थान राज्य ने पंचायती राज अधिनियम लागू किया और नागौर तहसील में पंचायती राज की तर्ज पर पंचायत का गठन किया गया।[278] इसके पश्चात सन् 1977 में सरकार ने पंचायती राज व्यवस्था में बदलाव के लिए अशोक मेहता समिति का गठन किया जिसने सन् 1978 में अपनी रिपोर्ट सरकार के समक्ष रखी जिसमें समिति ने पंचायत के त्रिस्तर को द्विस्तरीय करने का सुझाव रखा। सरकार ने अशोक मेहता समिति की अनुशंसाओं को खारिज कर दिया। सन् 1985 में सरकार ने पुनः पंचायतों की दशा सुधारने के लिए राव समिति का गठन किया जिसके अध्यक्ष श्री जी०वी० राव थे। राव समिति ने पंचायतों में अनुसूचित जाति और जनजाति की भागीदारी सहित अनेक अनुशंसाएँ दीं, राज्यों में पंचायतों के चार स्तर की अनुशंसा की किन्तु सरकार ने इस समिति की अनुशंसाओं को अमान्य कर दिया। और सन् 1986 में तत्कालीन प्रधानमंत्री श्री राजीव गाँधी ने सिंघवी समिति का गठन किया जिसके अध्यक्ष श्री लक्ष्मीमल सिंघवी थे। इस समिति ने पंचायतों को न्यायिक और संवैधानिक दर्जा देने की वकालत की जिसे सरकार ने मंजूर तो कर लिया किन्तु इसे वैधानिक बनाने में असफल रही। इसका कारण था राजीव गाँधी सरकार का अल्पमत में आकर अपदस्थ हो जाना। इसके पश्चात विश्वनाथ प्रताप सिंह की सरकार आई जिसने पंचायती राज को मजबूत करने के लिए एक संवैधानिक संशोधन संसद में लाया, किन्तु यह जब राज्यसभा में पहुँचा तो वहाँ यह पारित न हो सका और इस दौरान विश्वनाथ प्रताप सिंह सरकार के गिर जाने से इस संशोधन बिल का अन्त हो गया। विश्वनाथ प्रताप सिंह की सरकार के प्रयासों के बाद सन् 1991 में श्री पी०वी० नरसिम्हा राव सरकार ने पंचायतों की वैधानिकता के लिए 73वाँ संशोधन, 1992 पारित किया और एक सशक्त क़ानून, पंचायती राज अधिनियम, 1992 बना। इस संशोधन अधिनियम

---

[278] 2 अक्टूबर 1959 में राजस्थान राज्य की नागौर तहसील में तत्कालीन प्रधानमंत्री श्री पं० जवाहरलाल नेहरू ने पंचायती राज का उद्घाटन किया।

के कारण ग्यारहवीं अनुसूची में व्यापक परिवर्तन किए गए और संविधान के भाग-9 पंचायत में अनुच्छेद (243) से 243(O) तक व्यवस्थित किया गया है जिससे राज्य पंचायतों को अपने स्थानीय क्षेत्रों में सुशासन और प्रशासन करने का अधिकार प्रदान करता है। जिसके अनुसार निम्नलिखित उपबन्ध किए गए हैं...

1. ग्राम सभा – अनुच्छेद 243(A) के अनुसार ग्राम सभा, ग्राम स्तर पर पर ऐसी शक्तियों का प्रयोग और ऐसे कृत्यों का पालन कर सकेगी, जो किसी राज्य के विधान मण्डल द्वारा उपबन्धित होंगे।

2. पंचायतों का गठन – अनुच्छेद 243(B) के अनुसार पंचायतों के निम्नलिखित स्तर होंगे...
   - ग्राम स्तर,
   - मध्यवर्ती स्तर, और
   - जिला परिषद

किन्तु यदि किसी पंचायत के प्रादेशिक स्तर की संख्या बीस लाख से अधिक नहीं है तो मध्यवर्ती स्तर का गठन करना आवश्यक नहीं होगा। अनुच्छेद 243(C) में पंचायतों की संरचना के बारे में उपबन्ध किया गया है, राज्यपाल विधि बना कर उपबन्ध कर सकेगा।

पंचायतों में आरक्षण : अनुच्छेद 243(D) के अनुसार प्रत्येक पंचायत में अनुसूचित जातियों और अनुसूचित जनजातियों के लिए उस पंचायत क्षेत्र के आधार पर आरक्षण प्रदान किए जाएँगे।

2. नगरपालिकाएँ (नगरीय निकाय)

नगरीय क्षेत्र के स्थानीय स्वशासन के लिए संसद ने 74वाँ संविधान संशोधन, 1992 पारित करके बारहवीं अनुसूची में जोड़कर भाग-9(A) में अनुच्छेद जोड़ा है। जो नगरीय क्षेत्र में विकास के लिए कार्य करती है। अनुसूची में नगरीय

विकास, भवन निर्माण स्थानीय सड़कें, पुल, लोक स्वास्थ्य, वानिकी, बस्ती सुधार और सार्वजनिक कार्य इत्यादि 18 विषयों पर कल्याण करने का अधिकार प्रदान करता है। नगरपालिकाओं के सम्बन्ध में अनुच्छेद 243(P) से 243(ZG) में व्यवस्था की गई है।

<u>नगरपालिका का गठन</u> – अनुच्छेद 243(Q) के अनुसार नगरपालिकाओं के तीन स्तर होंगे जो इस प्रकार हैं...

1. नगर पंचायत – यह ऐसे नगरीय या ग्रामीण क्षेत्र के लिए होती है जो विकासशील हैं,
2. नगरपालिका परिषद – यह लघुत्तर नगरीय क्षेत्र में होती है, और
3. नगर निगम – किसी ऐसे नगरीय क्षेत्र में स्थापित की जाती है जो वृहत्तर नगरीय क्षेत्र हो।

कोई ऐसा नगरीय क्षेत्र जिसकी जनसंख्या दस लाख से ज्यादा हो या उसमें एक से अधिक जिले या नगरपालिका सम्मिलित हों तो उस राज्य का राज्यपाल लोक अधिसूचना द्वारा महानगर क्षेत्र घोषित करता है और ऐसे क्षेत्र में महानगरपालिका का गठन किया जाता है।

<u>नगरपालिका में निर्वाचन</u> – नगर पंचायत, नगरपालिका परिषद और नगर निगम में निर्वाचन प्रादेशिक आधार पर प्रत्यक्ष निर्वाचन प्रणाली द्वारा होगा। प्रादेशिक क्षेत्रों को वार्डों में विभक्त कर प्रत्येक वार्ड से सदस्यों को निर्वाचन के लिए खड़े होने का अधिकार दिया जाएगा। उप-अनुच्छेद 243(R)[2] के अनुसार राज्यपाल नगरपालिकाओं में सदस्यों की नियुक्ति के लिए अनुबन्ध कर सकता है।

<u>नगरपालिका में आरक्षण</u> – अनुच्छेद 243(T) के अनुसार प्रत्येक नगरपालिकाओं में अनुसूचित जातियों और जनजातियों के लिए स्थान आरक्षित रहेंगें। स्थानों में सीटों का प्रतिनिधित्व वही रहेगा जो वहाँ की अनुसूचित जाति और जनजातियों की संख्या के अनुपात का है। कुल सीटों का ⅓ स्थान अनुसूचित जाति, जनजातियों और अनुसूचित जाति, जनजातियों

की महिलाओं के लिए आरक्षित होंगे। इसके अलावा अन्य महिलाओं के लिए भी स्थानो का आरक्षण किया जाएगा।

अनुच्छेद 243(ZG) नगरपालिकाओं के निर्वाचन सम्बन्धी मामलों में न्यायालय के हस्तक्षेप का वर्णन करता है। किन्तु यदि उसमें विधि का कोई सारवान प्रश्न अन्तर्निहित है या तथ्य के लिए यह आवश्यक है तो न्यायालय में जाया जा सकता है। किन्तु यह विषय उच्च न्यायालय या सर्वोच्च न्यायालय की अधिकारिता के अन्तर्गत पोषणीय होगा।

अध्याय 28
अनुसूचित और जनजातीय क्षेत्र

1. अनुसूचित क्षेत्र : संविधान की पाँचवीं अनुसूची के अनुसार राष्ट्रपति अपने आदेश से किसी क्षेत्र को अनुसूचित क्षेत्र घोषित करता है।[279] अनुसूची पाँच के अनुसार एक जनजातीय सलाहकार परिषद की नियुक्ति की जायगी जो वहाँ की विधानसभा के बीस सदयों से मिलकर बनेगी। इस परिषद का यह कर्तव्य होगा कि वह अनुसूचित जनजातियों के कल्याण और उन्नति के लिए राज्यपाल को सलाह देंगे। राज्यपाल का यह कर्तव्य होगा कि...

a. परिषद के सदस्यों की संख्या को उनकी नियुक्ति की और परिषद के अध्यक्ष तथा उसके अधिकारियों और सेवकों की नियुक्ति की रीति,

b. उनके अधिवेशनों के संचालन की प्रक्रिया, और

c. अन्य विषय सम्बन्धी रीति या नियम विहित कर सकेगा।

यह उपबन्ध असम, मेघालय, त्रिपुरा और मिज़ोरम राज्यों को छोड़कर अन्य जनजातीय क्षेत्रों में लागू होंगे क्योंकि इन राज्यों के बारे में संविधान की अनुसूची छः में उपबन्ध किया गया है।

2. संविधान की छठी अनुसूची और जनजातीय प्रशासन : असम, मिज़ोरम, मेघालय और त्रिपुरा जनजाति क्षेत्रों के लिए एक स्वशासी जिला होगा जिसे राज्यपाल अपनी अधिसूचना के द्वारा कम, ज्यादा या निर्मित कर सकेगा। इन स्वशासी जिलों में एक जिला परिषद और प्रादेशिक परिषदों का गठन किया जाएगा।

---

279 देखें संविधान की पांचवी अनुसूची का भाग–C।

3. जिला परिषद : जिला परिषद में तीस सदस्य होंगे जिनमें से चार सदस्य राज्यपाल के द्वारा नियुक्त किए जाते हैं और शेष सदस्य निर्वाचन (वयस्क मताधिकार) के द्वारा किए जाएँगे।

जिला परिषद का नाम उस जिले के नाम पर रखा जाता है।

4. क्षेत्रीय या प्रादेशिक परिषद : क्षेत्रीय या प्रादेशिक परिषद में भी सदस्यों की नियुक्ति जिला परिषद की भाँति होती है। जिला परिषद की भाँति क्षेत्रीय परिषदों का नाम भी उन्हीं के क्षेत्रों के नाम पर रखा जाता है। जिला और प्रादेशिक परिषद में सदस्यों के कार्य जनजातीय क्षेत्रों के विकास और उनके कल्याण के लिए प्रतिबद्ध होंगे। राज्यपाल इन जनजातीय क्षेत्रों विशेष भूमिका निभाता है। वह इनके कल्याण के लिए उपबन्ध करता है तो इन क्षेत्रों में संवैधानिक तन्त्र विफल हो जाने पर निलम्बन की कार्यवाही भी कर सकता है।

अध्याय 29

कुछ पिछड़े वर्गों के लिए संवैधानिक उपबन्ध

पिछड़े वर्गों में कौन आता है? भारतीय सविधान सभी व्यक्तियों को समानता प्रदान करता है,[280] किन्तु राज्य कुछ सामाजिक और शैक्षिक दृष्टि से पिछड़े वर्गों के लिए संविधान में कुछ विशेष उपबन्ध कर सकता है और इसे इस बात के लिए निवारित नहीं किया जा सकता है।[281] पिछड़े वर्गों में कौन आता है, इस सम्बन्ध में हमारे संविधान में जो उपबन्ध किए हैं उनमें निम्नलिखित वर्ग आते हैं...

- अनुसूचित जाति (Scheduled Caste),
- अनुसूचित जनजाति (Scheduled Tribe),
- महिलाएँ (Women) और
- अन्य पिछड़ा वर्ग (Other Backward Classes)।

1. अनुसूचित जाति (Scheduled Caste) : सर्वप्रथम 1931 की जनगणना में सामाजिक व्यवस्था में निचले क्रम की इन जातियों को "बाह्य जातियाँ" कहकर संबोधित किया गया था। इसके साथ–साथ जब 1931 में साइमन कमीशन की रिपोर्ट प्रस्तुत की गई तो उस रिपोर्ट में इन निचली जातियों को प्रथम बार अनुसूचित जाति नाम दिया गया। किन्तु आधिकारिक और वैधानिक रूप से भारत के संविधान में अनुसूचित जातियों के लिए अनुच्छेद (341) में व्यवस्था की गई है जिसके अनुसार भारत का राष्ट्रपति किन्हीं जातियों, जनजातियों को उनके मूलवंश या किसी भाग से किन्हीं जातियों को

280 देखें अनुच्छेद (14, 15, 16, 17 और 18)।

281 देखें अनुच्छेद 14 का अपवाद, 15(3)(4) और 16(4)।

अनुसूचित जाति निर्दिष्ट कर सकेगा जिन्हें "अनुसूचित जाति" कहा जाएगा। प्रत्येक राज्य के लिए अलग-अलग सूची निर्धारित की जाती है।

दलित और अनुसूचित जातियों को समाज में बराबरी की सीढ़ी पर लाने के लिए डॉ० बी०आर० अम्बेदकर ने 1924 में 'बहिष्कार हितकारिणी सभा' की स्थापना की थी, किन्तु संगठित होकर संघर्ष करने के लिए बाबासाहब अम्बेदकर ने क्रमशः माहड़ सत्याग्रह, पूना पार्वती सत्याग्रह और कल्याण मन्दिर प्रवेश सत्याग्रह करके सामाजिक सीढ़ी में इन पिछड़ी जातियों के लिए सम्मान और समानता का अग्रणी क़दम उठाया था। अनुसूचित जातियों के लिए निम्नलिखित संवैधानिक उपबन्ध किए गए हैं जो संक्षेप में अन्य पिछड़े हुए वर्गों की सामान्य जानकारी के बाद दिए हैं।

2. अनुसूचित जनजाति (Scheduled Tribe)

सर्वप्रथम 1901 की जनगणना में जनजातियों को प्रकृतिवादी कहकर सम्बोधित किया गया था, क्योंकि इनका सम्बन्ध प्रकृति के अत्यन्त करीब होने से यह नाम दिया गया था। उसके उपरान्त 1911 की जनगणना में थोड़ा सा परिवर्तन करके इन्हें 'जनजातीय प्रकृतिवादी' कहा जाने लगा। किन्तु व्यापक रूप से संविधान सभा में डॉ० जी०एस० घुरिये ने इन्हें 'अनुसूचित जनजाति' नाम देने की अनुशंसा की। इसके पश्चात् अनुसूचित जनजातियों के लिए संविधान के अनुच्छेद (342) में वैधानिक रूप से व्यवस्था की गई है जिन्हें राष्ट्रपति अनुसूचित जनजाति में सम्मिलित करता है। अनुसूचित जनजातियों के लिए निम्नलिखित संवैधानिक उपबन्ध किए गए हैं जो संक्षेप में अन्य पिछड़े हुए वर्गों की सामान्य जानकारी के बाद दिए हैं।

3. महिलाएँ (Womens)

8 मार्च को समस्त संसार अन्तरराष्ट्रीय महिला दिवस के रूप में मनाता है, किन्तु क्या केवल महिला दिवस मनाने से महिलाओं की स्थिति वास्तव में ठीक की जा सकती है? शायद नहीं, क्योंकि भारत जैसे देश में जहाँ एक ओर उसे आदि शक्ति का रूप मानकर पूजती भी है और पति परमेश्वर का

डर दिखाकर दबाती भी है। इस दोहरे मापदण्ड को महिलाएँ समझ नहीं पातीं कि पुरुष प्रधान देश में उसे बराबरी का दर्ज अभी केवल क़ाग़ज़ों में मिला है, वास्तविकता में नहीं। भारत में महिलाओं की स्थिति भी पिछड़े वर्गों की भाँति ही है। अभी तक उसमें कोई सुधार नहीं हुआ है या जो भी सुधार किए गए हैं वो अपर्याप्त हैं। महिलाओं की सहायता के लिए सरकार ने 1990 में एक आयोग की स्थापना की है जिसे राष्ट्रीय महिला आयोग के नाम से जाना जाता है। केन्द्र की तर्ज पर सभी राज्यों में भी राज्य महिला आयोग की स्थापना की गई है। महिलाओं की स्थिति ठीक करने के लिए संविधान ही नहीं अपितु अन्य अधिनियमों में भी उपबन्ध किए गए हैं जिनमें घरेलु हिंसा अधिनियम, 2005 पारित किया गया है और भी कई अधिनियमों में महिलाओं को सुरक्षित रखने का प्रयास किया गया है।

4. अन्य पिछड़ा वर्ग (Other Backward Classes)

संविधान में अन्य पिछड़ा वर्ग को परिभाषित नहीं किया गया है किन्तु सर्वोच्च न्यायालय ने मण्डल आयोग[282] के मामले में कुछ हद तक पिछड़ा वर्ग के बारे में बताया है जिसके अनुसार सामाजिक और शैक्षिक दृष्टि से पिछड़े हुए लोग इस श्रेणी में आते हैं और इन्हें आरक्षण के सामान्य नियम के अनुसार आरक्षण का लाभ दिया जाना चाहिए। सर्वोच्च न्यायालय ने कहा कि ऐसे लोग जो सामान्य से उच्च सीढ़ी पर नहीं है और सामाजिक एवम् शैक्षिक दृष्टि से पिछड़े है वे लोग अन्य पिछड़ा वर्ग में सम्मिलित हो सकते हैं किन्तु जो लोग सामाजिक एवम् आर्थिक रूप से सम्पन्न है अर्थात् मलाईदार परत (Creamy layer) है उन्हें आरक्षण का लाभ नहीं दिया जा सकता है। सामान्यतः पिछड़ा वर्ग वह वर्ग होता है जो अस्पृश्य जाति से उच्च और सवर्ण जाति से निचले क्रम पर होता है। पिछड़ा वर्ग के सन्दर्भ में राष्ट्रपति के आदेश से अनुच्छेद (340) में उपबन्ध किया गया है। सर्वप्रथम सन् 1953 में पिछड़े वर्गों के लिए कांग्रेस सरकार ने काका साहब कालेलकर आयोग की स्थापना की थी। इस

---

282 इन्द्रा साहनी बनाम भारत संघ A.I.R. 1993, S.C. 447, का मामला जो मण्डल आयोग के नाम से भी प्रसिद्ध है।

आयोग ने सन् 1955 में अपनी रिपोर्ट पेश की जिसमें लगभग 2400 जातियों को सामाजिक और शैक्षिक रूप से पिछड़ी तथा 850 जातियों को अति-पिछड़ी माना था। जिसे सरकार ने अस्वीकार कर दिया। इसके पश्चात् सन् 1979 में बी०पी० मण्डल की अध्यक्षता में दूसरे पिछड़ा वर्ग आयोग की स्थापना की गई। इस आयोग ने 1980 में अपनी रिपोर्ट दी जिसके अनुसार भारत में लगभग 3740 जातियाँ पिछड़ी हुई हैं। प्रारम्भ में मण्डल आयोग की अनुशंसाओं (Recommendations) को क्रियान्वित नहीं किया गया। किन्तु 1990 में विश्वनाथ प्रताप सिंह सरकार ने इसे अपनाते हुए एक अधिसूचना निकाली जिसमें "पिछड़े वर्गों" के लिए 27% आरक्षण की व्यवस्था कर दी गई थी। किन्तु देशभर में इस अधिसूचना का विरोध किया गया। इसके पश्चात 1991 में पी०वी० नरसिन्हाराव सरकार ने दोबारा पिछड़े वर्गों के लिए 27% आरक्षण लागू कर दिया, किन्तु इस सरकार के आरक्षण में ग़रीब सवर्णों के लिए भी 10% आरक्षण की व्यवस्था थी। मामला सर्वोच्च न्यायालय तक पहुँच गया तब देश के सर्वोच्च न्यायालय ने **इंद्रा साहनी और अन्य बनाम भारत संघ और अन्य**[283] के मामले में नए दिशानिर्देश दिए जो इस प्रकार हैं...

> पिछड़े वर्गों से मलाईदार परत (Creamy layer) को हटाकर आरक्षण दिया जाएगा।

> विशेष व्यवस्था के अलावा राज्य में 50% से ज्यादा आरक्षण नहीं दिया जाएगा।

> आरक्षण का आधार केवल सामाजिक और शैक्षिक तौर से पिछड़े नागरिकों के लिए हैं न कि आर्थिक आधार पर पिछड़े व्यक्तियों के लिए।

> सरकार को इस दिशा में आवश्यक क़दम उठाने का निर्देश भी दिया।

---

[283] A.I.R. 1992, S.S.C. 217।

5. संवैधानिक उपबन्ध : अनुच्छेद (340) वर्तमान में सामाजिक और शैक्षिक दृष्टि से पिछड़े हुए नागरिकों के लिए एक आयोग का गठन करता है जिसे राष्ट्रीय पिछड़ा वर्ग[284] आयोग कहा जाता है जो ऐसे पिछड़े नागरिकों के कल्याण के लिए कार्य करता है। सामाजिक और शैक्षिक दृष्टि से पिछड़े हुए नागरिकों के लिए निम्नलिखित संवैधानिक उपबन्ध किए गए हैं जो इस प्रकार हैं...

- समानता का अधिकार [अनुच्छेद 14],
- अनुसूचित जाति, जनजाति और महिलाओं सहित अन्य वर्गों के लिए सार्वजनिक स्थानों में लिंग, जाति, मूलवंश, उद्गभव, और निवास स्थान के आधार पर न तो राज्य भेदभाव करेगा और ना ही नागरिक करेंगे, [अनुच्छेद 15]
- राज्य पिछड़े व्यक्तियों जिसमें अनुसूचित जाति, जनजाति, स्त्री और बच्चों के हित में कोई कार्य कर सकेगा, उसे इन पिछड़े वर्गों के कल्याण के लिए कार्य करने से निवारत नहीं किया जाएगा। [अनुच्छेद 15(3)]
- अनुसूचित जाति एवम् जनजाति सहित पिछड़े वर्गों के लिए शासकीय सेवाओं में आरक्षण, [अनुच्छेद 16(4)]
- अस्पृश्यता करने पर पूर्णतः प्रतिबन्ध जिसका उंल्लघन करने पर अनुसूचित जाति और जनजाति अत्याचार (निवारण) अधिनियम, के अधीन दण्ड और जुर्माने का प्रावधान किया गया है, [अनुच्छेद 17]
- बलात श्रम एवम् बेगार जिसमें मैला ढोने की प्रथा का उन्मूलन कर दिया गया है, [अनुच्छेद 23]
- अपने धर्म को मानने की स्वतन्त्रता, [अनुच्छेद 25]

---

284 संसद ने सामाजिक और शैक्षणिक दृष्टि से पिछड़े हुए नागरिकों के लिए सन 1993 में राष्ट्रीय पिछड़ा वर्ग आयोग, अधिनियम पारित किया।

- यदि कोई अनुसूचित जाति अल्पसंख्यक वर्ग में भी आती है तो उसे अपनी संस्कृति को बचाने और उसकी शैक्षिक संस्थाओं में प्रशासन का अधिकार प्रदान किया गया है, [अनुच्छेद 29 और 30]

- छत्तीसगढ़, झारखण्ड, मध्य प्रदेश और उड़ीसा में अनुसूचित जनजातियों के कल्याण के लिए एक जनजाति कल्याण मंत्री होगा जो वहाँ की अनुसूचित जातियों के कल्याण के लिए भी कार्य करेगा,[285] [अनुच्छेद 164]

- प्रत्येक ग्राम पंचायत में अनुसूचित जाति, जनजाति और महिलाओं के लिए आरक्षण की व्यवस्था की जाएगी। [अनुच्छेद 243(D)]

- प्रत्येक नगरपालिकाअ में अनुसूचित जातियों और जनजातियों के लिए स्थान आरक्षित रहेंगें, [अनुच्छेद 243(T)]

- केन्द्र द्वारा ऐसे सभी जनजाति क्षेत्रों वाले राज्यों को विकास और कल्याण के लिए अतिरिक्त अनुदान की व्यवस्था की गई है, [अनुच्छेद 275]

- अनुसूचित जाति और जनजाति जिसे अनुच्छेद 16(4) के अधीन लोक सेवाओं में आरक्षण प्रदान किया गया है ऐसे वर्ग के आरक्षण के लिए सरकार बिना लोक सेवा आयोग की अनुमति के पदों में आरक्षण कर सकती है, [अनुच्छेद 320(4)]

- भारत के नागरिकों को वयस्क मताधिकार का अधिकार होगा, [अनुच्छेद 225]

- लोकसभा में अनुसूचित जाति और जनजाति के लिए स्थानो का आरक्षण प्रदान किया जाएगा, [अनुच्छेद 330]

---

[285] संविधान के 105वें संशोधन द्वारा बिहार को हटाकर उसके स्थान पर झारखण्ड राज्य में एक जनजाति कल्याण मंत्री की नियुक्ति की जाने लगी है।

- राज्यों की विधानसभाओं में अनुसूचित जाति और जनजाति के लिए स्थानो का आरक्षण प्रदान किया जाएगा, [अनुच्छेद 332]
- अनुसूचित जाति और जनजाति के कल्याण के लिए राष्ट्रपति एक अधिकारी नियुक्त करता है, [अनुच्छेद 338]। 1990 में संविधान के 65वें संशोधन के द्वारा अनुसूचित जाति और जनजाति आयोग का एक संयुक्त आयोग बना दिया गया था। किन्तु अब संविधान के 89वें संशोधन से अनुच्छेद (338) में अनुसूचित जातियों के लिए एक राष्ट्रीय अनुसूचित जाति आयोग और अनुच्छेद 338(A) में अनुसूचित जनजाति के लिए एक राष्ट्रीय अनुसूचित जनजाति आयोग की स्थापना की गई है। अब दोनों के लिए पृथक–पृथक आयोग ने कार्य करना प्रारम्भ कर दिया है।
- अनुसूचित जनजाति क्षेत्र में एक राष्ट्रीय आयोग की नियुक्ति राष्ट्रपति के द्वारा की जाएगी, [अनुच्छेद 339(1)]
- पिछड़े वर्ग के कल्याण के लिए एक पिछड़ा वर्ग आयोग का उपबन्ध किया गया है, [अनुच्छेद 340]

अध्याय 30
संघ और राज्यों में सेवाएँ और लोकसेवा आयोग

[1]. **संघ और राज्यों में सेवाएँ :** लोक सेवा के तीन प्रकार है...

- ➢ अखिल भारतीय सेवा,
- ➢ केन्द्रीय सेवा, और
- ➢ राज्य सेवा।

1. अखिल भारतीय सेवा : अनुच्छेद (312) में अखिल भारतीय सेवाओं के बारे में उपबन्ध किया है। अखिल भारतीय सेवा अधिनियम, 1951 के अधीन अखिल भारतीय सेवा में निम्नलिखित सेवाएँ आती हैं...

1. भारतीय प्रशासनिक सेवा [I.A.S.],
2. भारतीय पुलिस सेवा[286] [I.P.S.] और
3. भारतीय वन सेवा[287] [I.F.S.]।

अनुच्छेद 312(1) के अनुसार यदि राज्यसभा को यह प्रतीत होता है या यह समीचीन लगता है कि राज्य या केन्द्र में अखिल भारतीय सेवा की आवश्यकता है तो वह अपने ⅔ बहुमत से एक संकल्प पारित करेगा जिस पर संसद विधि बनाकर राज्य के लिए एक लोक सेवा आयोग या केन्द्र के लिए एक केन्द्रीय लोक सेवा आयोग जिसमें भारतीय न्यायिक सेवा भी सम्मिलित है, की स्थापना कर सकेगी।

---

[286] भारतीय प्रशासनिक सेवा अधिनियम, 1951 में परिवर्तन करते हुए पुलिस सेवा को भी अखिल भारतीय सेवा में जोड़ दिया गया है।

[287] सन् 1963 में वन सेवा, इंजीनियरिंग सेवा और चिकित्सा सेवा को भी अखिल भारतीय सेवा में जोड़ा गया है था किन्तु सन 1988 में अखिल भारतीय सेवा में व्यापक संशोधन करते हुए भारतीय इंजीनियरिंग सेवा और भारतीय चिकित्सा सेवा को इस श्रेणी से हटा कर केन्द्रीय सेवा के अधीन कर दिया गया है।

2. केन्द्रीय सेवा : केन्द्र सरकार की अखिल भारतीय सेवा की भाँति ही केन्द्र सेवाएँ भी होती हैं, यह सेवाएँ केवल केन्द्र सरकार के सीधे नियन्त्रण में होती हैं। केन्द्र सेवा के अधिकारियों के लिए नियम संसद विहित करती है। इस सेवा के अधिकारी राष्ट्रपति के प्रसादपर्यन्त पद पर बने रहते हैं। इन सेवाओं में प्रमुख सेवाएँ क्रमशः भारतीय विदेश सेवा, केन्द्रीय लेखा सेवा, केन्द्रीय इंजीनियरिंग सेवा, भारतीय स्वास्थ्य सेवा, भारतीय सेना लेखा सेवा, भारतीय डाक सेवा, भारतीय रेल सेवा, केन्द्रीय सचिवालय, भारतीय अर्थशास्त्र सेवा, भारतीय विधि सेवा, भारतीय राजस्व सेवा और भारतीय सांख्यिकी सेवा इत्यादि सेवाएँ सम्मिलित है।

3. राज्य सेवा : अनुच्छेद (309) उपबन्ध करता है कि केन्द्र या राज्य में लोक सेवाओं में सेवकों की भर्ती और सेवा शर्तों के लिए संसद कोई विनियम बना सकती है। राज्य सेवा के अधिकारियों की नियुक्ति राज्यपाल के द्वारा की जाती है। किन्तु ये अखिल भारतीय सेवाओं का छोटा रूप होते हैं जो राज्य सरकार और राज्यपाल द्वारा शासित होते हैं। ये अपने विभाग के मुखिया के नियन्त्रण में रहते हैं, उदाहरण के लिए एक डिप्टी कलेक्टर अपने मुखिया कलेक्टर के नियन्त्रण में रहता है। राज्य सेवाओं के अधिकतर विभाग अखिल भारतीय सेवा से मिलते–जुलते हैं। राज्य सेवा के विभाग निम्नलिखित रूप से हैं...

- ➢ राज्य सिविल सेवा (डिप्टी कलेक्टर),
- ➢ राज्य पुलिस सेवा (डिप्टी सुप्रीटेंडेंट ऑफ़ पुलिस),
- ➢ राज्य वन सेवा (डी०एफ०ओ०),
- ➢ चिकित्सीय सेवा,
- ➢ अधीनस्थ सिविल सेवा (नायब तहसीलदार) इत्यादि महत्वपूर्ण है।

[2]. लोक सेवा आयोग :

लोक सेवा आयोग केन्द्र और राज्य में पृथक–पृथक रूप से होता है।

1. <u>संघ लोक सेवा आयोग</u> – अनुच्छेद (315) संघ के लिए एक लोक सेवा आयोग की स्थापना करता है।[288] संघ लोक सेवा आयोग के अध्यक्ष और सदस्यों की नियुक्ति राष्ट्रपति के द्वारा की जाती है। संघ लोक सेवा आयोग का सदस्य होने के लिए प्रत्येक संघ लोक सेवा के आधे से अधिक सदस्यों को राज्य या केन्द्र सरकार के अधीन लगभग दस वर्ष कार्य का अनुभव होना चाहिए।[289] संघ लोक सेवा आयोग के सदस्य अपने पद ग्रहण की तिथि से छः वर्ष की अवधि तक या पैंसठ वर्ष की आयु तक पद पर बने रहते हैं।[290] संघ लोक सेवा आयोग का कोई सदस्य चाहे तो अपनी पदावधि से पहले भी भारमुक्त हो सकता है। यदि वह अपना त्यागपत्र राष्ट्रपति को सौंप देता है तो उसे संघ लोक सेवा आयोग के सदस्य पद से मुक्त माना जाता है।[291] किन्तु यदि संघ लोक सेवा आयोग के किसी सदस्य पर सिद्ध कदाचार के आधार पर निलम्बित या पद से हटाया जाना सुनिश्चित हो तो अनुच्छेद (145) के आधार पर सर्वोच्च न्यायालय से सलाह लेने के बाद राष्ट्रपति उस सदस्य को पद से हटाता है। इसके अलावा यदि कोई सदस्य दिवालिया, अन्य पद पर नियोजित हो जाता हो या राष्ट्रपति की राय में वह मानसिक या शारीरिक शैथिल्य हो, तो राष्ट्रपति उसे पद से हटा सकता है।[292]

2. <u>राज्य लोक सेवा आयोग</u> – अनुच्छेद (315) राज्य के लिए एक लोक सेवा आयोग की स्थापना करता है।[293] राज्य लोक सेवा आयोग के अध्यक्ष और सदस्यों की नियुक्ति राज्यपाल के द्वारा की जाती है। राज्य लोक सेवा आयोग का सदस्य होने के लिए प्रत्येक संघ लोक सेवा के आधे से अधिक सदस्यों को राज्य या केन्द्र सरकार के अधीन लगभग दस वर्ष कार्य का अनुभव होना

---

[288] देखें अनुच्छेद 315(1)।
[289] देखें संविधान का 15वाँ संशोधन, 1963।
[290] देखें अनुच्छेद 316(2)।
[291] देखें अनुच्छेद 316(2)[a]।
[292] देखें अनुच्छेद 316(2)[b], एवं अनुच्छेद (317)।
[293] देखें अनुच्छेद 315(1)।

चाहिए।[294] राज्य लोक सेवा आयोग के सदस्य अपने पद ग्रहण की तिथि से छः वर्ष की अवधि तक या बासठ वर्ष की आयु तक पद पर बने रहते हैं।[295] राज्य लोक सेवा आयोग का कोई सदस्य चाहे तो अपनी पदावधि से पहले भी भारमुक्त हो सकता है। यदि वह अपना त्यागपत्र राष्ट्रपति को सौंप देता है तो उसे संघ लोक सेवा आयोग के सदस्य पद से मुक्त माना जाता है।[296] किन्तु यदि राज्य लोक सेवा आयोग के किसी सदस्य पर सिद्ध कदाचार के आधार पर निलम्बित या पद से हटाया जाना सुनिश्चित हो तो अनुच्छेद (145) के आधार पर सर्वोच्च न्यायालय से सलाह लेने के बाद राष्ट्रपति उस सदस्य को पद से हटाता है,[297] इसके अलावा यदि कोई सदस्य दिवालिया, अन्य पद पर नियोजित हो जाता हो या राष्ट्रपति की राय में वह मानसिक या शारीरिक शैथिल्य हो तो राष्ट्रपति उसे पद से हटा सकता है।[298]

[3]. लोक सेवा आयोग के कार्य : संघ और राज्य लोक सेवा आयोग के निम्नलिखित कार्य हैं...

- ➤ लोक सेवा आयोग यदि केन्द्रीय है तो अखिल भारतीय सेवाओं में और राज्य है तो राज्य की लोक सेवाओं में परीक्षा का आयोजन करता है,
- ➤ लोक सेवाओं की परीक्षा में निष्पक्षता और पारदर्शिता के सिद्धान्तों का अनुसरण करना,
- ➤ लोक सेवाओं की परीक्षा के उपरान्त मेरिट तैयार करना और योग्य उम्मीदवार का चयन करना,

---

[294] देखें अनुच्छेद 316(1)।
[295] देखें अनुच्छेद 316(2)।
[296] देखें अनुच्छेद 316(2)[a]।
[297] राज्य लोक सेवा आयोग के अध्यक्ष और सदस्यों की नियुक्ति राज्यपाल द्वारा की जाती है किन्तु राष्ट्रपति विहित रीति और सर्वोच्च न्यायालय से परामर्श करके उन्हें पद से हटा (Terminate) सकता है।
[298] देखें अनुच्छेद 316(2)[b] एवं अनुच्छेद (317)।

- लोक सेवाओं में आरक्षण और नैसर्गिक न्याय के सिद्धान्त का अनुपालन,
- लोक सेवा आयोग केन्द्र या राज्य सेवा में सेवा भर्ती और दण्ड का प्रावधान करना या इस निमित्त कोई नियम बनाना,
- संघ लोक सेवा आयोग केन्द्र सरकार को और राज्य लोक सेवा आयोग राज्य सरकार को लोक सेवाओं के लिए अपनी अनुशंसाएँ और परामर्श देता है।

अध्याय 31

अधिकरण (Tribunal)

---

1. अधिकरण : अधिकरण अपितु न्यायालय नहीं होते हैं, किन्तु उन्हें न्यायालय की भाँति नैसर्गिक न्याय और ऋजुता का अनुपालन करना होता है। भारतीय संविधान में अधिकरण को परिभाषित नहीं किया गया है किन्तु यह बताया है कि अधिकरण के अन्तर्गत प्रशासनिक अधिकरण, राज्य प्रशासनिक अधिकरण और राज्य द्वारा निर्मित अन्य अधिकरण। कोई अधिकरण तब अधिकरण कहलाता है जब वह निम्न शर्तों को पूरा करता हो...

- अधिकरण में कार्यवाही नागरिकों के नैसर्गिक न्याय और ऋजुता को ध्यान में रखकर मामले का निपटारा किया जाए,
- अधिकरण को न्यायिक कार्य करने के लिए प्राधिकृत किया गया हो,[299]
- अधिकरणों को विधित कार्य करने के लिए राज्य सरकार या केन्द्र सरकार द्वारा प्राधिकृत किया गया हो,[300]
- अधिकरण मामलों की जाँच स्वयम् कर सकता है या इस निमित्त किसी संस्था को प्राधिकृत कर सकता है।

2. अधिकरण के प्रकार : संवैधानिक उपबन्धों के अनुसार अधिकरण इस प्रकार से हैं...

1. प्रशासनिक अधिकरण[301] दो प्रकार का होता है।

---

299 देखें जसवन्त शुगर मिल्स बनाम लक्ष्मी चन्द, A.I.R. 1963, S.C. 677।

300 देखें अनुच्छेद 323 (A)।

301 संविधान के 42वें संशोधन, 1976 द्वारा अनुच्छेद 323(A) में जोड़कर अधिकरण को संवैधानिकता प्रदान की गई है।

2. अन्य अधिकरण।[302]

[A]. प्रशासनिक अधिकरण (Administrative tribunal)

प्रशासनिक अधिकरण एक संवैधानिक संस्था है, यह केन्द्र और राज्य दोनों जगह होता है...

1. केन्द्रीय प्रशासनिक अधिकरण (CAT) – संविधान के अनुच्छेद 323(A) में केन्द्र और राज्य दोनों के लिए एक प्रशासनिक अधिकरण की स्थापना के लिए उपबन्ध करता है। इसीलिए संसद ने प्रशासनिक अधिकरण अधिनियम, 1985 पारित किया। केन्द्रीय प्रशासनिक अधिकरण में एक अध्यक्ष, 16 उपाध्यक्ष सहित 46 सदस्य होते हैं जो न्यायिक और प्रशासनिक क्षेत्र से होते हैं। अध्यक्ष वही व्यक्ति नियुक्त किया जाता है जो राज्य के उच्च न्यायालय के न्यायाधीश के पद पर हो या रहा हो, या निरन्तर दो साल तक उपाध्यक्ष रहा हो या केन्द्र सरकार में सचिव से अवर श्रेणी के पद पर ना हो, ऐसे व्यक्ति को राष्ट्रपति केन्द्रीय प्रशासनिक अधिकरण का अध्यक्ष नियुक्त करता है। केन्द्रीय अधिकरण में सदस्यों का कार्यकाल पाँच वर्ष का होता है या 62 वर्ष की आयु तक पद पर बने रहते हैं किन्तु अध्यक्ष और उपाध्यक्ष 65 वर्ष की आयु तक पद पर बने रहते हैं। उन्हें केवल सिद्ध कदाचार के आधार पर सर्वोच्च न्यायालय के परामर्श के पश्चात नियम बनाकर पद से हटाया जाता है।[303]

2. राज्य प्रशासनिक अधिकरण (SAT) – केन्द्रीय प्रशासनिक अधिकरण की भाँति ही राज्य प्रशासनिक अधिकरण का गठन किया गया है।[304] राज्य प्रशासनिक अधिकरण क्रमशः पश्चिम बंगाल, उड़ीसा, आंध्र प्रदेश, तमिलनाडु, कर्नाटक, हिमांचल प्रदेश, मध्य प्रदेश और महाराष्ट्र राज्य में स्थापित किए गए हैं। इन्हें भी केन्द्र की भाँति सिविल सेवा कर्मचारियों और अधिकारियों के

---

302 देखें अनुच्छेद 323 (B)।
303 देखें प्रशासनिक अधिकरण अधिनियम, 1985 की धारा (9)।
304 देखें अनुच्छेद 323(A)।

विवादों को नैसर्गिक न्याय के अनुरूप निपटाने की शक्ति होती है। राज्य प्रशासनिक अधिकरण के अध्यक्ष और उपाध्यक्ष की नियुक्ति राज्यपाल की सलाह पर राष्ट्रपति करता है।

[B]. अन्य अधिकरण

संविधान का अनुच्छेद 323(B) अन्य अधिकरणों की स्थापना के बारे में भी उपबन्ध करता है जिसके अन्तर्गत राज्य सरकार निम्नलिखित मामलों में अधिकरण की स्थापना कर सकती है...

a. किसी कर के सम्बन्ध में,
b. विदेशी मुद्रा, सीमा शुल्क और आयात–निर्यात सम्बन्धी,
c. औद्योगिक और श्रम विवाद सम्बन्धी,
d. अनुच्छेद 31(A) के अन्तर्गत भूमि सुधार सम्बन्धी,
e. नगर सम्पत्ति पर अधिकतम सीमा सम्बन्धी,
f. संसद और विधान मण्डल के निर्वाचन किन्तु अनुच्छेद (329) और अनुच्छेद 329(A) के विषयों को छोड़कर,
g. खाद्य पदार्थों के सम्बन्ध में,
h. किराया, उसके विनियम आदि के सम्बन्ध में,
i. उप–खण्ड (a) और (h) के विषयों के सम्बन्ध में कोई शुल्क आदि पर,
j. उप–खण्ड (a) से उप–खण्ड (i) के सम्बन्ध में कोई विषयों पर।

अध्याय 32
निर्वाचन आयोग
(Election Commission)

1. भारतीय निर्वाचन आयोग : भारत में स्वतन्त्र और निष्पक्ष चुनाव करने के लिए संविधान में 19वाँ संशोधन, 1966 पारित करके एक निर्वाचन आयोग की स्थापना की गई है जो संसद सदस्यों, राज्यों के विधान मण्डल के सदस्यों के अतिरिक्त राष्ट्रपति और उप-राष्ट्रपति के निर्वाचन में अहम भूमिका निभाता है।[305] संविधान के अनुच्छेद (324) के अनुसार भारत में निर्वाचन करने का जिम्मा निर्वाचन आयोग का है। निर्वाचन आयोगएक मुख्य निर्वाचन आयुक्त और उतने अन्य निर्वाचन आयुक्त जिन्हें समय-समय पर राष्ट्रपति निर्दिष्ट करे, से मिलकर बनेगा।[306] भारत के पहले निर्वाचन आयुक्त होने का गौरव श्री सुकुमार सेन को प्राप्त है जिन्होंने 21 मार्च 1950 को पदभार ग्रहण किया और 19 दिसम्बर 1958 को भारमुक्त हुए। वर्तमान में भारतीय प्रशासनिक सेवा के रिटायर्ड अधिकारी श्री बी०एस० सम्पत मुख्य निर्वाचन आधिकारी नियुक्त किए गए हैं जिन्होंने 11 जून 2012 को मुख्य निर्वाचन आयुक्त का पद संभाला। मुख्य निर्वाचन आयुक्त को सर्वोच्च न्यायालय के न्यायाधीश के बराबर वेतन और भत्ते की पात्रता होती है किन्तु अन्य निर्वाचन आयुक्तों को मुख्य और अन्य निर्वाचन आयुक्त (सेवा और शर्तें) सम्बन्धी अधिनियम, 1991 के अधीन वेतन और भत्तों की पात्रता होती है।

2. निर्वाचन के महत्वपूर्ण अधिकारी : चुनाव आयोग में एक मुख्य निर्वाचन आयुक्त और दो अन्य निर्वाचन आयुक्त नियुक्त किए जाते हैं...

1. मुख्य निर्वाचन आयुक्त (CEC) और अन्य निर्वाचन आयुक्त,

---

[305] देखें अनुच्छेद 324(1)।
[306] देखें अनुच्छेद 324(2)।

2. मुख्य निर्वाचन अधिकारी[307] (राज्यों में) – इनकी नियुक्ति भारत निर्वाचन आयोग के द्वारा की जाती है,

3. जिला निर्वाचन अधिकारी[308] (DEO) – जिले के कलेक्टर को जिला निर्वाचन अधिकारी नियुक्त किया जाता है,

4. निर्वाचन रजिस्ट्रीकरण अधिकारी (ERO) – इस दायित्व को भी जिला कलेक्टर निभाता है,

5. प्रेक्षक (Observer) – अधिकतर रिटायर्ड आई०ए०एस० को प्रेक्षक बनाया जाता है,

6. विशेष सेक्टर दण्डाधिकारी (Sector Magistrate) – राज्य सरकार के दण्डाधिकारी जैसे नायब तहसीलदार और तहसीलदार को अपने निर्वाचन सेक्टर का सेक्टर दण्डाधिकारी बनाया जाता है। ताकि निर्वाचन क्षेत्र में शाँति व्यवस्था को बनाया जा सके और गड़बड़ी करने या बूथ कैप्चरिंग करने वालों पर गोली चलने के आदेश इन दण्डाधिकारियों द्वारा त्वरित आरक्षी (Police) विभाग को दिए जा सकें,

7. सेक्टर अधिकारी (Sector Officer) – इसे जोनल अधिकारी (Nodal Officer) भी कहा जाता है,

8. पीठासीन अधिकारी (Presiding Officer) – पीठासीन अधिकारी अपने मतदान केन्द्र का अधिकारी होता है।

3. आधुनिक निर्वाचन आयोग – एक महत्वपूर्ण फेरबदल : आज जो सशक्त और मजबूत निर्वाचन आयोग है उसके पीछे कई महत्वपूर्ण बदलाव हुए हैं। ये बदलाव और सुधार निम्न प्रकार से हैं...

❖ सर्वप्रथम निर्वाचन आयोग की सहायता से 1952 में आम चुनाव हुए।

---

[307] देखें लोक प्रतिनिधित्व अधिनियम, 1950 की धारा 13(A)।
[308] देखें लोक प्रतिनिधित्व अधिनियम, 1950 की धारा 13(AA)।

- राष्ट्रपति और उप–राष्ट्रपति के चुनाव में हुए विवादों को छोड़कर शेष चुनाव सम्बन्धी विवादों का निपटारा निर्वाचन आयोग निपटता है, यह व्यवस्था संविधान का अनुच्छेद (71) करता है।
- मतदान करने की आयु 21 साल से घटाकर 18 साल कर दी गई है।[309]
- राष्ट्रपति के निर्वाचन में कम से कम 50 मतदाताओं का प्रस्ताव और 50 मतदाताओं का अनुमोदन आवश्यक कर दिया गया है जबकि पहले 20 मतदाताओं का प्रस्ताव और 20 मतदाताओं का अनुमोदन आवश्यक था।[310]
- लोक प्रतिनिधित्व (संशोधन) अधिनियम, 1989 से इलेक्ट्रॉनिक वोटिंग मशीन का उपबन्ध किया गया।
- राष्ट्रीय धरोहर और पुरातातविक महत्व के स्थल अधिनियम के अनुसार दण्डित व्यक्ति को चुनाव लड़ने से अयोग्य किया जा सकता है।
- चुनाव प्रारम्भ होने के समय और चुनाव समाप्त होने तक लगभग 48 घण्टे पूर्व तक मादक पदार्थ और शराब की बिक्री पूर्णतः प्रतिबन्धित रहती है।
- आचार संहिता लगने पर शस्त्र और शस्त्र लाइसेंस पूर्णतः निलम्बित हो जाते हैं।
- यदि कोई कर्मचारी या अधिकारी अपने मतदान में मत डालना चाहता है तो वह डाक के माध्यम से अपना मतदान कर सकता है।
- चुनाव से अपना नाम वापस करने की सीमा को घटाकर 14 दिन कर दिया गया है पहले इसकी सीमा 20 दिन थी।

---

309 देखें संविधान का 61वाँ संशोधन 1989।

310 देखें राष्ट्रपति और उपराष्ट्रपति निर्वाचन (संशोधन) अधिनियम, 1997।

4. निर्वाचन आयोग के कार्य : भारत एक बहुत बड़ा लोकतान्त्रिक देश है इस नाते निष्पक्ष चुनाव करने के लिए एक निर्वाचन आयोग का होना नितांत आवश्यक है जो जिम्मेदारी से इस कार्य को पूरा कर सके। निर्वाचन आयोग के निम्नलिखित कार्य हैं...[311]

- ❖ निष्पक्ष और स्वतन्त्र चुनाव करना,
- ❖ क्षेत्रों का परिसीमन करना,
- ❖ निर्वाचक नामावली तैयार करना,
- ❖ क्षेत्रीय या राष्ट्रीय राजनैतिक दलों को मान्यता प्रदान या उनकी मान्यता रद्द करना,
- ❖ राजनैतिक दलों को चुनाव चिन्ह आवंटित करना,
- ❖ चुनाव में अनावश्यक खर्चों पर पैनी नज़र रखना तथा कम खर्चों में चुनाव करना,
- ❖ आदर्श चुनाव आचार संहिता का कड़ाई से पालन करवाना,
- ❖ राष्ट्रपति और उप–राष्ट्रपति के निर्वाचन को छोड़कर शेष सभी चुनावों के विवादों का निपटारा करना।

---

[311] देखें अनुच्छेद 324।

अध्याय 33

राजभाषा

1. भारत की राष्ट्रीय भाषा क्या है? : भारत की कोई राष्ट्रीय भाषा नहीं है परन्तु भारत का संविधान संघ और राज्यों के लिए "राजभाषा" का उपबन्ध करता है।[312] जिसके अनुसार संघ की राजभाषा हिन्दी और लिपि देवनागरी होगी तथा संघ के शासकीय प्रयोजनों में प्रयोग होने वाले अंकों का स्वरूप अन्तरराष्ट्रीय स्तर का होगा।[313] अनुच्छेद 343(2) प्रबन्ध करता है कि संविधान के प्रारम्भ होने के बाद 15 वर्षों तक जिन शासकीय कार्यालयों में अंग्रेजी भाषा का प्रयोग किया जाता रहा है ऐसे सभी कार्यालयों में राष्ट्रपति आदेश देकर अंग्रेजी के अतिरिक्त हिन्दी तथा देवनागरी लिपि और भारतीय अंकों का अन्तरराष्ट्रीय स्तर का प्रयोग करने के लिए प्राधिकृत कर सकेगा। किन्तु अनुच्छेद 343(2) के अनुसार जैसे ही संविधान के 15 वर्ष पूरे हो जाएँगे संसद विधि बनाकर (a) अंग्रेजी भाषा का, या (b) अंकों के देवनागरी स्वरूप के प्रयोग सभी शासकीय निकायों में कार्य करने के लिए प्राधिकृत कर सकती है, किन्तु दुर्भाग्य से अभी तक किसी भी सरकार ने हिन्दी और देवनागरी के लिए कोई प्रयास नहीं किए हैं जबकि अनुच्छेद (351) स्पस्ट रूप से केन्द्र सरकार को निदेश देता है कि "संघ का यह कर्तव्य होगा कि वह हिन्दी भाषा का प्रसार बढ़ाए और उसके विकास के लिए कार्य करे।"

विश्व के प्रत्येक राष्ट्र में वहाँ के राजकार्य हेतु एक निश्चित भाषा की आवश्यकता होती है अतः जिस भाषा में प्रदेश या देश का राजकाज होता है, उसे राजभाषा कहते हैं। सामान्यता देश की राष्ट्रभाषा ही राजभाषा होती है क्योंकि जन सामान्य के व्यवहार से बड़ी होने के कारण राष्ट्रभाषा को

---

[312] देखें अनुच्छेद 343 और 345।
[313] देखें अनुच्छेद 343(1)।

राजभाषा का दर्ज देने से उसका प्रचार–प्रसार और प्रयोग सरल ढंग से किया जा सकता है। भारत की स्वाधीनता 15 अगस्त 1947 से पहले हिन्दी में राजभाषा शब्द का प्रयोग प्रायः नहीं मिलता है। सबसे पहले सन् 1949 ई० में भारत के महान नेता श्री राजगोपालाचार्य ने भारतीय संविधान सभा में 'National Language' शब्द का प्रयोग किया। संविधान सभा की कार्यवाही के हिन्दी प्रारूप तैयार करते समय 'State Language' के स्थान पर 'Official Language' शब्द का प्रयोग अधिक उपर्युक्त समझा था और 'Official Language' का हिन्दी अनुवाद राजभाषा ही किया था (सरकारी या कार्यालयी भाषा नही)। इस परिप्रेक्ष्य में राजभाषा' शब्द का अर्थ है – "राजा (शासक) अथवा राज्य (सरकार) द्वारा प्राधिकृत भाषा"। भारत की राजभाषा के रूप में हिन्दी को स्वीकृत किए जाने के कारण हिन्दी को राष्ट्रभाषा के रूप में सम्मान नहीं दिया गया, परन्तु यह उसका अधिकार है। हिन्दी भाषा में वे सारी विशेषताएँ उपस्थित हैं जो एक राजभाषा में होनी आवश्यक हैं। महात्मा गाँधी ने राजभाषा के सम्बन्ध में निम्नलिखित लक्षण बताए थे...

- अमलदारों के लिए वह भाषा सरल होनी चाहिए,
- उस भाषा के द्वारा भारतवर्ष का आपसी धार्मिक, आर्थिक और राजनीतिक व्यवहार हो सकना चाहिए,
- यह आवश्यक है कि भारतवर्ष के बहुत से लोग उस भाषा को बोलते हों,
- राष्ट्र के लिए वह भाषा आसान होनी चाहिए,
- उस भाषा का विचार करते समय किसी शैक्षिक या अल्प स्थायी स्थिति पर ज़ोर नहीं देना चाहिए,

इन सभी बातों पर हिन्दी भाषा शत–प्रतिशत खरी उतरती है।

2. राजभाषा आयोग : राजभाषा आयोग का गठन संविधान के 10 वर्षों के पश्चात् राष्ट्रपति के आदेश द्वारा किया जाएगा। इस आयोग में एक अध्यक्ष

और अन्य प्रतिनिधि सदस्य होंगे जो विभिन्न भाषाओं का प्रतिनिधित्व करते हों।[314]

राजभाषा आयोग के कार्य : अनुच्छेद 344(2) के अनुसार...

- संघ के शासकीय प्रयोजन के लिए हिन्दी भाषा का आधिकारिक प्रयोग,
- संघ के सभी या किन्हीं शासकीय प्रयोजनों के लिए अंग्रेजी भाषा के प्रयोग पर निर्बन्धनों हेतु,
- अनुच्छेद (348) में उल्लिखित सभी या किन्हीं प्रयोजनों के लिए प्रयोग हेतु भाषा के लिए,
- संघ के किसी या अनेक प्रयोजनों के लिए अंको के प्रयोजन हेतु,
- संघ या राज्यों के मध्य पत्र–व्यवहार करने हेतु राष्ट्रपति द्वारा निदेश दिया जाना, आदि

की अनुशंसाएँ आयोग करता है। ऐसी अनुशंसाएँ औद्योगिक सांस्कृतिक और वैज्ञानिक उन्नति का और लोक सेवाओं के सम्बन्ध में अहिन्दी भाषी को ध्यान में रखकर की जाती हैं।

राजभाषा के लिए संसद की समिति : अनुच्छेद 344(3) के अनुसार एक समिति का गठन किया जाएगा जो लोकसभा और राज्यसभा के तीस सदस्यों से मिलकर बनेगी। सदस्यों की नियुक्ति लोकसभा से 20 और राज्यसभा से 10 सदस्यों के आनुपातिक प्रतिनिधित्व पद्धति के अनुसार एकल संक्रमणीय मत द्वारा होगी।

समिति का कार्य : समिति का यह कर्तव्य होगा कि वह अनुच्छेद 344 के खण्ड (1) के अधीन गठित आयोग की अनुशंसाओं की परीक्षा करे और राष्ट्रपति को उन पर अपनी राय का प्रतिवेदन दे। राष्ट्रपति ऐसी अनुशंसाओं पर सहमत होने के पश्चात निदेश देता है।

---

[314] देखें अनुच्छेद 344(1)।

3. प्रादेशिक भाषाएँ : <u>राज्य की राजभाषा या राजभाषाएँ</u> अनुच्छेद (346) और (347) के अधीन राज्य का विधान मण्डल उस राज्य में प्रयोग की जाने या बोली जाने वाली किसी भाषा या भाषाओं को या हिन्दी को राज्य के सभी या किन्हीं शासकीय प्रयोजनों के लिए प्रयोग की जाने वाली भाषा के रूप में अंगीकृत कर सकेगा। इसके अलावा राज्य किसी अन्य राज्य या केन्द्र से पत्र–व्यवहार के लिए किसी ऐसी भाषा को प्राधिकृत करेगा जो उस समय प्रचलन में होगी।[315] अनुच्छेद (347) प्रादेशिक भाषाओं के लिए यह उपबन्ध करता है कि यदि उस राज्य के अधिक संख्या में नागरिक राष्ट्रपति से माँग करे कि किसी बोली को राज्य की भाषा घोषित करे तो वह उस भाषा को सम्पूर्ण राज्य में या किसी भाग लागू कर सकता है।[316]

4. उच्च और सर्वोच्च न्यायालय की भाषा : अनुच्छेद (348) यह उपबन्ध करता है कि संसद जब तक सर्वोच्च न्यायालय, उच्च न्यायालयों और विधेयकों के लिए कोई नियम नहीं बना देती तब तक अनुच्छेद (1) का खण्ड उपबन्ध करता है...

a. सर्वोच्च न्यायालय और राज्यों के उच्च न्यायालयों की भाषा अंग्रेजी होगी,

b. इस खण्ड के अधीन अंग्रेजी भाषा का प्रयोग निम्नलिखित पर होगा..

    i. संसद और राज्य विधान मण्डल के सभी विधेयकों और संशोधनों पर,

    ii. राष्ट्रपति और राज्यपाल के अध्यादेशों पर, और

    iii. संसद या राज्य विधान मण्डल के आदेशों, नियमों और उप–नियमों पर।

---

[315] देखें अनुच्छेद (346)।
[316] देखें अनुच्छेद (347)।

5. राजभाषा के अन्य उपबन्ध : भारत के प्रत्येक नागरिक के लिए अपनी भाषा के प्रयोग आदि के लिए विशेष व्यवस्था की गई है जिसके अनुसार...

- अपनी भाषा में किसी अधिकारी, केन्द्र या राज्यों के समक्ष अभ्यावेदन देने का अधिकार,[317]
- भाषाई आधार पर अल्पसंख्यकों के बालकों के लिए प्राथमिक शिक्षा प्रदान करने के लिए राष्ट्रपति किसी राज्य को कोई निदेश दे सकता है,[318]
- भाषाई अल्पसंख्यक वर्गों के लिए राष्ट्रपति एक विशेष अधिकारी की नियुक्ति करता है,[319]
- इस अधिकारी का यह कर्तव्य होगा कि वह अल्पसंख्यक वर्गों के भाषा सम्बन्धी विषयों का अन्वेषण करके अपनी रिपोर्ट राष्ट्रपति को देगा। राष्ट्रपति इस प्रतिवेदन को संसद के पटल में रखेगा या राज्य सरकार को देगा ताकि उनके कल्याण के लिए कार्य किया जा सके,[320]
- हिन्दी भाषा के विकास के लिए संघ का यह कर्तव्य होगा कि वह हिन्दी भाषा का प्रसार बढ़ाए। भारत की संस्कृति के तत्वों को अभिव्यक्ति का माध्यम बनाते हुए उसकी प्रकृति में बिना हस्तक्षेप किए हिन्दुस्तानी में और आठवीं अनुसूची में निर्दिष्ट करेगा और उसकी समृद्धि सुनिश्चित करेगा।[321]

संविधान की आठवीं अनुसूची के अनुसार निम्नलिखित भाषाओं को भारतीय भाषा का दर्जा प्राप्त है जो इस प्रकार हैं। असमिया, बांगला, गुजराती, हिन्दी,

---

[317] देखें अनुच्छेद (350)।
[318] देखें अनुच्छेद 350(A)।
[319] देखें अनुच्छेद 350(B)[1]।
[320] देखें अनुच्छेद 350(B)[2]।
[321] देखें अनुच्छेद (350)।

कन्नड़, काश्मीरी, मलयालम, मराठी, उड़िया, पंजाबी, संस्कृत, सिन्धी [322] नेपाली, कोंकणी, मणिपुरी, [323] तमिल, तेलुगू और उर्दू, [324] मैथिली, बोडो, संथाली, और डोंगरी। [325] अंग्रेजी भाषा यद्यपि भारत के कई दफ्तरों और न्यायालयों में प्रयोग की जाती है किन्तु उसे भारतीय भाषाओं में स्थान प्राप्त नहीं है परन्तु वह यूरोपीय भाषा के संघ में सम्मिलित है।

---

322 सिन्धी भाषा को संविधान के 21वें संशोधन, 1967 द्वारा राजकीय भाषा के अंतर्गत भाग–17 में जोड़ा गया है।

323 नेपाली, कोंकणी और मणिपुरी भाषा को संविधान के 71वें संशोधन, 1992 द्वारा जोड़ा गया है।

324 तमिल, तेलगु और उर्दू भाषा को संविधान के 92वें संशोधन, 2003 द्वारा जोड़ा गया है।

325 मैथली, बोडो, संथाली, और डोंगरी भाषा को संविधान के 100वें संशोधन, 2003 द्वारा जोड़ा गया है।

अध्याय 34
आपात उपबन्ध

आपातकाल भारत में तीन प्रकार का होता है...

1. राष्ट्रीय आपात (National Emergency),
2. राष्ट्रपति शासन (President's Rule), और
3. वित्तीय आपात (Financial Emergency)

(1). राष्ट्रीय आपात (National Emergency)

संविधान के अनुच्छेद (352) के अनुसार "यदि राष्ट्रपति को यह समाधान हो जाता है कि गंभीर आपात विद्यमान है जिससे युद्ध या बाह्य आक्रमण या सशस्त्र विद्रोह [326] के कारण भारत या उसके किसी भी राज्यक्षेत्र में संकट उत्पन्न हो गया है तो वह भारत या उसके किसी भी राज्यक्षेत्र में आपातकाल की उद्घोषणा करेगा।" इसे ही 'राष्ट्रीय आपात' कहा जाता है। ऐसा अब तक केवल तीन बार हो चुका है...

प्रथम – भारत और चीन युद्ध के समय (26 अक्टूबर 1962 से 10 जनवरी 1968),

द्वितीय – भारत और पाकिस्तान युद्ध के समय (3 दिसंम्बर 1971 से 27 मार्च 1977) और

तृतीय – आभ्यन्तरिक अशाँति के आधार पर श्रीमती इन्दिरा गाँधी सरकार द्वारा 26 जून 1975 में लगाया गया था, जिसे 27 मार्च 1977 को हटाया गया।

प्रथम और द्वितीय आपातकाल उतना सन्देहास्पद और नाटकीय नहीं था जितना कि श्रीमती इन्दिरा गाँधी सरकार द्वारा आंतरिक अशाँति को लेकर किया गया 1975 का आपात काल था। जयप्रकाश नारायण (जे०पी०) ने इसे

---

326 संविधान के 44वें संशोधन, 1978 द्वारा अनुच्छेद (352) में उल्लेखित शब्द "सशस्त्र विद्रोह" को "आभ्यन्तरिक अशाँति" के स्थान पर जोड़ा गया है।

सर्वाधिक काली अवधि का समय कहा है। निश्चित ही जयप्रकाश जी का कथन सत्य प्रतीत होता है क्योंकि इस आपातकाल में आधे से अधिक विपक्ष के नेताओं को जबरदस्ती गिरफ़्तार करके बन्दी बना लिया गया था। जयप्रकाश नारायण, मोरारजी देसाई, चौधरी चरण सिंह, जार्ज फर्नाण्डिस, अटल बिहारी वाजपेयी और लालकृष्ण आडवाणी सहित कई दिग्गज नेता सरकार का विरोध करने के कारण नज़रबन्द थे। सरकार के विरोधियों को न तो न्यायालय में जाने का अधिकार था और ना ही प्राण एवम् दैहिक स्वतन्त्रता का अधिकार था। डाक, तार, टेलीफोन और ब्रॉडकास्ट (संचार) की सेवाएँ ठप्प कर दी गई, लोगों तक समाचार भी वही पहुँच रहे थे जिन्हें सरकार दिखाना चाह रही थी। यह लोकतन्त्र पर अब तक का सबसे बड़ा हमला था जिसे न्यायालय भी दूर नहीं कर पा रहे थे। समाचार–पत्रों पर सेंसरशिप लगा दी गई थी। चारो तरफ अफरातफरी का माहौल था। सरकार ने लगभग एक लाख लोगों को बन्दी बना लिया था। 1975 के आपातकाल की आवश्यकता ही क्यों पड़ी? इसका उत्तर न्यायपालिका के इर्द–गिर्द मिल सकता है, ज्ञात है कि **गोलख नाथ बनाम पंजाब राज्य** [327] के मामले में सर्वोच्च न्यायालय ने कड़े शब्दों में कहा था कि संसद के अनुच्छेद (368) के अधीन संशोधन विधि शब्द में आते हैं अतः संसद संविधान में संशोधन करता है और यदि वह नागरिकों के विरुद्ध है तो न्यायालय उसे असंवैधानिक (Overrule) कर सकते हैं या उसका न्यायिक पुनर्विलोकन कर सकते हैं। इसके पश्चात इन्दिरा गाँधी द्वारा लिए गए दो अहम निर्णय इस प्रकार हैं...

➢ भारत के सभी बड़े 14 बैंकों का राष्ट्रीयकरण करने और
➢ राजाओं की पेन्शन बन्द करने का निर्णय।

किन्तु सर्वोच्च न्यायालय ने **रुस्तम कावसजी कूपर बनाम भारत संघ** [328] के इस अहम मामले में इन्दिरा गाँधी के बैंकों के राष्ट्रीयकरण के आदेश पर रोक

---

[327] A.I.R. 1967, S.C. 1643।
[328] A.I.R. 1970, S.C. 564।

लगा दी, और प्रिवीपर्स[329] के मामले में राजाओं की पेन्शन बन्द करने के सरकार के निर्णय पर भी रोक लगा दी जिससे क्षुब्ध होकर इन्दिरा गाँधी सरकार ने दो नए संशोधन किए सभी 14 निजी बैंकों को राष्ट्रीयकृत करने के लिए 25वाँ संशोधन, 1971 और राजाओं की पेन्शन बन्द करने के लिए 26वाँ संशोधन, 1971 पारित किया। अब यह साफ हो चला था कि सरकार और न्यायपालिका में सीधी भिड़न्त हो रही है। इसके पश्चात **केशवानन्द भारती बनाम केरल राज्य**[330] के मामले में सरकार को और सोचने पर मजबूर हो जाना पड़ा जब सर्वोच्च न्यायालय ने **गोलखनाथ**[331] के मामले में दिए अपने निर्णय को उलटते हुए निर्णित दिया कि संसद की संशोधन करने की शक्ति असीमित नहीं है, यद्यपि वह संविधान में संशोधन तो कर सकती है, परन्तु मौलिक संविधान के ढाँचे में परिवर्तन नहीं कर सकती है।

गुजरात में उसी समय चिमन भाई पटेल की कांग्रेस सरकार के विरुद्ध छात्र संगठन और बाद में पूरा गुजरात राज्य उमड़ पड़ा जिससे घबराकर चिमन भाई पटेल सरकार को इस्तीफा देना पड़ा और श्रीमती इन्दिरा गाँधी को मध्यवर्ती चुनाव करवाने का आश्वासन देना पड़ा था और इधर बिहार में जय प्रकाश नारायण का अब्दुल गफूर सरकार के प्रति रोष सड़कों पर उमड़ आया था। इन मामलों के बाद सरकार लड़खड़ाकर चल तो रही थी किन्तु इस मसलें में नाटकीय मोड़ तब आ गया जब श्रीमती इन्दिरा गाँधी के चुनावी क्षेत्र से उनके विरुद्ध चुनाव लड़ने वाले राजनारायण ने इलाहाबाद उच्च न्यायालय में इन्दिरा गाँधी को चुनाव में गड़बड़ी और लोक प्रतिनिधित्व अधिनियम के उपबन्धों का उल्लंघन करने के आरोप में याचिका

---

[329] प्रिवीपर्स का मामला माधव राव सिंधिया बनाम भारत संघ के नाम से भी जाना जाता है, A.I.R. 1971, S.C. 530।
[330] A.I.R. 1973, S.C. 1461।
[331] 1967 S.C.R.(2) 762।

दर्ज कर दी।[332] 12 जून 1975 को इलाहाबाद उच्च न्यायालय के न्यायाधीश न्यायमूर्ति सिन्हा ने श्रीमती इन्दिरा गाँधी को चुनाव में गड़बड़ी और लोक प्रतिनिधित्व अधिनियम के उपबन्धों का उल्लंघन करने का दोषी पाया और छः साल के लिए किसी भी प्रकार का चुनाव लड़ने पर पाबन्दी लगा दी। सर्वोच्च न्यायालय में अपील के लिए बीस दिन का समय दिया। श्रीमती इन्दिरा गाँधी ने सर्वोच्च न्यायालय में अपील[333] कर दी किन्तु उस समय सर्वोच्च न्यायालय में अवकाश (Vacation) चल रहा था। तब कार्यवाहक न्यायाधीश न्यायमूर्ति कृष्ण अय्यर ने मामले की सुनवाई की और श्रीमती इन्दिरा गाँधी दोषी मानते हुए संसद के अधिकार छीन लिए किन्तु प्रधानमंत्री पद पर बने रहने की रियायत दे दी। उसी दौरान 25 जून 1975 को जय प्रकाश नारायण ने दिल्ली के रामलीला मैदान में एक रैली की तथा कांग्रेस सरकार को उखाड़ फेंकने का आह्वान जनता तथा सशस्त्र बलों से किया, जिसे आन्तरिक अशाँति का आधार मानते हुए मध्यरात्रि 26 जून 1975 को श्रीमती इन्दिरा सरकार ने भारत के राष्ट्रपति फकरुद्दीन अली अहमद के आदेश से आन्तरिक आपातकाल (Internal Emergency) लगा दिया। 1975 का यह आपातकाल लोकतन्त्र पर अब तक का सबसे बड़ा हमला था। जनता के अधिकार छीन लिए गए थे, सरकार मीसा अधिनियम (MISA)[334] के अधीन जनता को गिरफ़्तार कर रही थी और उन्हें न्यायालय जाने का अधिकार भी समाप्त कर दिया था।

राष्ट्रीय आपातकाल का संवैधानिक प्रावधानः अनुच्छेद (352) राष्ट्रीय आपातकाल की उद्घोषणाः

---

332 देखें राज नारायण बनाम श्रीमती इन्दिरा नेहरू गांधी, A.I.R. 1972, INS.C. 80 (15 March 1972)।
333 देखें इन्दिरा गांधी बनाम राज नारायण, A.I.R. 1975, S.C. 2299।
334 उस समय इन्दिरा सरकार द्वारा देश में आंतरिक अशाँति के आधार पर लगाए गए आपातकाल में सरकार जनता को Maintenance of Internal Security Act, 1971 के आधार पर गिरफ़्तार कर रही थी, जिसमें गिरफ़्तार व्यक्ति को कोई विधिक अधिकार नहीं दिया जाता था, सरकार जितना चाहे उतने समय के लिए व्यक्तियों को निरुद्ध रख सकती थी, किन्तु बाद में जनता पार्टी की सरकार ने इस अधिनियम को 1977 में समाप्त कर दिया।

1. यदि राष्ट्रपति को यह समाधान हो जाता है कि गंभीर आपात विद्यमान है जिससे युद्ध या बाह्य आक्रमण या 'सशस्त्र विद्रोह'[335] के कारण भारत या उसके किसी भूभाग की सुरक्षा संकट में है तो वह सम्पूर्ण भारत या किसी भूभाग में आपातकाल की उद्घोषणा करेगा।

   स्पष्टीकरण – यदि राष्ट्रपति को यह समाधान हो जाता है कि ऐसे युद्ध, बाह्य आक्रमण या सशस्त्र विद्रोह का संकट सन्निकट है तो वह पहले भी आपातकाल की घोषणा कर सकता है।

2. खण्ड (1) के अधीन उद्घोषणा को बाद में एक और उद्घोषणा जारी करके समाप्त भी किया जा सकता है,

3. राष्ट्रपति राष्ट्रीय आपातकाल की घोषणा तब तक नहीं करेगा जब तक कि उसे प्रधानमंत्री और उसकी मंत्रीपरिषद की लिखित सलाह नहीं मिल जाती।

4. राष्ट्रीय आपातकाल की सभी उद्घोषणा संसद के प्रत्येक सदन में रखी जाएंगी और यदि एक माह समाप्त होने के पहले आपात उद्घोषणा को जारी रखने का संकल्प पारित नहीं किया जाता तो आपातकाल प्रवर्तन में नहीं रहेगा।

   किन्तु राष्ट्रीय आपातकाल की उद्घोषणा करने के पहले यदि लोकसभा का विघटन हो जाता है या आपातकाल की घोषणा के दौरान लोकसभा का विघटन हो जाता है और आपातकाल का संकल्प राज्यसभा में पारित भी हो जाता है तो भी नई लोकसभा के आने की प्रथम बैठक से तीस दिन की अवधि के समाप्त होने तक आपातकाल का संकल्प प्रवर्तन में रहता है, उक्त अवधि के बाद नहीं रहता।

5. यदि राष्ट्रीय आपातकाल को वापस लेनें का संकल्प पारित नहीं किया गया है तो राष्ट्रीय आपातकाल की अवधि छः माह की होती है। यदि

---

[335] संविधान के 44वें संशोधन, 1978 से "आभ्यन्तरिक अशाँति" के स्थान पर सशस्त्र विद्रोह शब्द को जोड़ा गया है।

संसद ने संकल्प पारित करके उसकी अवधि नहीं बढ़ाई तो ऐसी आपातकाल की उद्घोषणा छ: माह के बाद समाप्त हो जाएगी।

किन्तु उसे और अधिक समय के लिए जारी रखना है तो संसद एक संकल्प पारित करके उसे छ: माह के लिए बढ़ा सकती है। राष्ट्रीय आपातकाल की उद्घोषणा करने के पहले यदि लोकसभा का विघटन हो जाता है या आपातकाल की घोषणा के दौरान लोकसभा का विघटन हो जाता है और आपातकाल का संकल्प राज्यसभा में पारित भी हो जाता है तो भी नई लोकसभा के आने की प्रथम बैठक से तीस दिन की अवधि के समाप्त होने तक आपातकाल का संकल्प प्रवर्तन में रहता है।

6. राष्ट्रीय आपातकाल को पारित करने का संकल्प संसद के जिस भी सदन में रखा जाता है उस सदन की कुल सदस्य संख्या के बहुमत और उपस्थित सदस्यों के संख्या के ⅔ बहुमत द्वारा ही पारित किया जाएगा।

7. यदि संसद आपातकाल या उसमें परिवर्तन (समाप्त) करने वाली उद्घोषणा का संकल्प पारित कर देती है तो राष्ट्रपति ऐसी उद्घोषणा को वापस ले लेगा।

8. राष्ट्रीय आपातकाल की उद्घोषणा और उसे समाप्त करने की उद्घोषणा या उसे जारी रखने के अनुमोदन वाले संकल्प की सूचना लोकसभा की कुल सदस्य संख्या के दसवें भाग (कोरम) द्वारा हस्ताक्षरित कराके चौदह दिन पूर्व सूचना देकर बैठक की जा सकेगी, किन्तु उसके पहले निम्न शर्तों को पूरा करना होगा...

> लोकसभा सत्र में है तो अध्यक्ष को, या
> लोकसभा सत्र में नहीं है तो राष्ट्रपति को,

अनुच्छेद (353) आपातकाल का प्रभाव : जब राष्ट्रीय आपातकाल प्रवर्तन में है तब...

a. संघ की कार्यपालिका का विस्तार राज्य तक होगा या राज्य को निदेश देगा कि राज्य कार्यपालिका शक्ति का प्रयोग की रीति से करेगा, और

b. संसद संघ सूची के अतिरिक्त किसी भी सूचि में कोई क़ानून बना सकती है या संघ के अधिकारियों को शक्ति प्रदान कर सकती है।

(2). **राज्यों में राष्ट्रपति शासन (President's rule in states) :** [Internal Emergency]

अनुच्छेद (356) आंतरिक आपातकाल का उपबन्ध करता है जिसके अनुसार "राज्यों में संवैधानिक तन्त्र विफल होने पर आपातकाल की घोषणा की जाती है"...

1. यदि राष्ट्रपति को किसी राज्य के राज्यपाल से प्रतिवेदन मिलने के बाद या अन्यथा समाधान हो जाता है कि ऐसी स्थिति उत्पन्न हो गई है जिसमें उस राज्य का शासन इस संविधान के अनुसार नहीं चलाया जा सकता तो राष्ट्रपति उद्घोषणा द्वारा...

   a. उस राज्य से सभी या कुछ कृत्य राज्यपाल में या राज्य विधान मण्डल से अलग किसी निकाय को या किसी अन्य प्राधिकारी को या उसके द्वारा प्रयुक्त सभी या कोई अधिकार अपने हाथ में ले सकता है,

   b. राज्य विधान मण्डल की शक्तियाँ संसद या उसके प्राधिकार द्वारा प्रयोग की जाएगी,

   c. राष्ट्रपति को राज्य के किसी प्राधिकरियों को निलम्बित करने का अधिकार होगा।

राज्यों में आपातकाल के दौरान उच्च न्यायालय के सभी या कुछ अधिकार या उसे निलम्बित करने के अधिकार राष्ट्रपति को नहीं होंगे।

2. इस उद्घोषणा को कभी भी वापस लिया जा सकता है,

3. राज्यों में राष्ट्रपति शासन लगाने वाली प्रत्येक उद्घोषणा को संसद के दोनों सदनों के समक्ष रखा जाएगा और यदि ऐसी उद्घोषणा को दो माह की समाप्ति के पूर्व पारित नहीं किया जाता तो वह प्रवर्तन में नहीं रहेगी। राष्ट्रपति शासन की उद्घोषणा करने के पहले यदि लोकसभा का विघटन हो जाता है या आपातकाल की घोषणा के दौरान लोकसभा का विघटन हो जाता है और आपातकाल का संकल्प राज्यसभा में पारित भी हो जाता है तो भी नई लोकसभा के आने की प्रथम बैठक से तीस दिन की अवधि के समाप्त होने तक आपातकाल का संकल्प प्रवर्तन में रहता है, उक्त अवधि के बाद नहीं रहता।

4. राष्ट्रपति शासन की उद्घोषणा की अवधि यदि वापस नहीं ले ली जाती है तो वह छः माह के लिए प्रवर्तन में रहती है, किन्तु संसद छः-छः माह बढ़ाकर राष्ट्रपति शासन को जारी रख सकती है पर उसकी अवधि तीन वर्ष से ज्यादा की नहीं हो सकेगी। तीन वर्ष के पश्चात राज्यों में राज्य का शासन बहाल करना ही होगा। किन्तु पंजाब राज्य के लिए तीन वर्ष की अधिकतम अवधि के स्थान पर पाँच वर्ष माना जाएगा।

अनुच्छेद (358)। आपातकाल के दौरान अनुच्छेद (19) का निलम्बन : युद्ध या बाह्य आक्रमण की स्थिति में अनुच्छेद (19) में वर्णित वाक् एवम् अभिव्यक्ति की स्वतन्त्रता का निलम्बन स्वतः (Automatically) ही आपातकाल की अवधि तक के लिए हो जाता है।

अनुच्छेद (359)। आपातकाल के दौरान भाग-3 के अधिकारों का निलम्बन : अनुच्छेद 359(1) यह उपबन्ध करता है कि राष्ट्रपति राष्ट्रीय आपातकाल में अनुच्छेद (20) और (21) को छोड़कर अन्य मौलिक अधिकारों का निलम्बन आदेश देकर कर सकता है। किन्तु संविधान के 44वें संशोधन में ऐसी व्यवस्था नहीं थी, और सर्वोच्च न्यायालय ने भी **एस०डी०एम० बनाम शिवकांत**

शुक्ला[336] जिसे बन्दीप्रत्यक्षीकरण का मामला भी कहा जाता है के मामले में निर्धारित किया था कि जब भी आपातकाल में राष्ट्रपति यह आदेश देता है कि भाग–3 के अधिकारों का निलम्बन किया जाता है तो कोई भी व्यक्ति न्यायालय में नहीं जा सकता है। किन्तु 1975 में इन्दिरा सरकार द्वारा लगाया गया आपातकाल जिसमें विभिन्न नेताओं और नागरिकों को गिरफ़्तार किया गया था, ऐसी स्थिति की पुनरावृत्ति ना हो इसीलिए जनता पार्टी सरकार ने संविधान में 44वाँ संशोधन, 1978 पारित किया जिसके अनुसार सरकार आपातकाल में भी अनुच्छेद (20) अपराधों से दोषसिद्धि के सन्दर्भ में अधिकार और अनुच्छेद (21) प्राण एवम् दैहिक स्वतन्त्रता के अधिकारों का निलम्बन नहीं कर सकती है, जिससे न्यायालयों के अधिकारों और गरिमा में बढ़ोतरी हुई है। राष्ट्रपति शासन अर्थात् राज्यों में संवैधानिक तन्त्र विफल हो जाने पर लगा आपातकाल अब तक 110 बार लग चुका है।

(3). वित्तीय आपातकाल अनुच्छेद (360), Financial Emergency

अनुच्छेद 360(1) के अनुसार जब राष्ट्रपति को यह समाधान हो जाता है कि ऐसी स्थिति उत्पन्न हो गई है जिससे भारत या उसके राज्यक्षेत्र के किसी भाग का वित्तीय स्थायित्व या प्रत्यय संकट में है तो वह वित्तीय आपातकाल की घोषणा करता है।

उप–खण्ड 360(2) के अनुसार...

a. वित्तीय आपातकाल की उद्घोषणा को किसी अन्य उद्घोषणा द्वारा वापस लिया जा सकता है या उसमें परिवर्तन किया जा सकता है,
b. संसद के किसी भी सदन में रखा जा सकता है, और
c. दो माह की समाप्ति पर प्रवर्तन में नहीं रहेगी जब तक उसे फिर से संसद द्वारा पारित नहीं कर दिया जाता है।

---

[336] A.I.R. 1976, S.C. 1207।

किन्तु अभी तक भारत में वित्तीय आपातकाल लगाने की आवश्यकता नहीं पड़ी है और लेखक को यह उम्मीद है कि भारतवर्ष में कभी इसकी आवश्यकता ना पड़े।

अध्याय 35
संविधान संशोधन
(Constitutional Amendment)

1. सामान्य और ऐतिहासिक परिचय : "जो लोग वर्तमान संविधान से सहमत नहीं है वो इसमें बदलाव कर सकते हैं, किन्तु ऐसा करने से पहले उन्हें संसद में दो-तिहाई बहुमत की आवश्यकता पड़ेगी। यदि वे इतना बहुमत भी हासिल नहीं कर पाए तो उनकी संविधान संशोधन की राय जनता की राय नहीं हो सकेगी।"[337]

संविधान सभ्य समाज और लोकतान्त्रिक देश का पवित्र दस्तावेज होता है, अतः यह क़ानून की धुरी कहलाता है। समय के साथ परिवर्तन होता है और इस गतिशील परिवर्तित समय में क़ानूनों को भी बदलाव की आवश्यकता होती है और संविधान को भी। डॉ बाबासाहब ने कहा था कि "संविधान कितना भी अच्छा क्यों न हो, वे लोग जो इसे चलाने वाले है, यदि वे अच्छे नहीं है तो संविधान अच्छा नहीं होगा, इसके विपरीत संविधान कितना भी बुरा क्यों न हो, वे लोग जो इसे चलाने वाले है, अच्छे निकले तो संविधान अच्छा प्रमाणित होगा।" अतः हमारे संविधान में भी कुछ बदलाव किए जा सकते हैं किन्तु एक युक्ति-युक्त तरीके से, मनमानेपन से नहीं। मनमानेपन से संशोधन का तात्पर्य यह है कि संसद ऐसा संविधान संशोधन पेश नहीं करेगी जो संविधान की मौलिक भावना के विरुद्ध हो या उसके मौलिक स्वरूप को नष्ट करता हो।[338] इसीलिए संविधान के अनुच्छेद (368) में संशोधन का उपबन्ध किया गया है।

2. संविधान संशोधन :

---

[337] डॉ० अम्बेदकर, "संविधान सभा वाद-विवाद", खण्ड-II पृ० 976।
[338] देखें केशवानन्द भारती बनाम केरल राज्य, A.I.R. 1973, S.C. 1461।

भारतीय संविधान में संशोधन की तीन प्रक्रियाएँ अपनाई जाती हैं...

1. प्रथम, साधारण बहुमत [½ Majority] से :– साधारण बहुमत से तात्पर्य ऐसे संशोधन से है जिसमें संसद को ऐसे संविधान संशोधन करने की शक्ति होती है जो सामान्य प्रकृत्ति के होते हैं जिन्हें संसद सदस्य ½ बहुमत से पारित कर सकते हैं। जैसे अनुच्छेद (3) के अधीन नए राज्यों का गठन, निर्माण, सीमा परिवर्तन और नाम परिवर्तन इत्यादि।
2. द्वितीय, विशेष बहुमत [⅔ Majority] से :– विशेष बहुमत से तात्पर्य ऐसे बहुमत से है जिसमें संसद के सदस्यों की संख्या 50% से अधिक, अर्थात् दो–तिहाई (⅔) होनी चाहिए। इस प्रकार का संशोधन मौलिक अधिकारों और निदेशक तत्वों जैसे संशोधनों के लिए किया जाता है।
3. तृतीय, विशेष बहुमत (⅔) तथा राज्यों के अनुसमर्थन से :– इस संशोधन को हमारे संविधान में रखने का तात्पर्य यह है कि कुछ संवैधानिक पदों और प्रक्रियाओं में सरलता से बदलाव न किया जा सके अर्थात् कुछ संवैधानिक प्रक्रियाएँ जटिल होनी चाहिएँ ताकि कोई इनका दुरुपयोग न कर सके। इन संशोधनों में राष्ट्रपति, सर्वोच्च और उच्च न्यायालय के न्यायाधीश, संविधान की सातवीं अनुसूची से सम्बन्धित कोई विषय, इत्यादि।

सर्वप्रथम **बेरुबारी यूनियन**[339] के मामले में सर्वोच्च न्यायालय ने निर्धारित किया था कि "प्रस्तावना संविधान का अंग है अतः संविधान संशोधन द्वारा उसमें संशोधन किया जा सकता है।" इसके पश्चात **शंकरी प्रसाद बनाम भारत संघ**[340] का मामला सर्वोच्च न्यायालय के समक्ष प्रस्तुत हुआ। इस मामले में न्यायालय ने कहा कि "अनुच्छेद (368) के अधीन संविधान संशोधन

---

339 A.I.R. 1960, S.C. 845।
340 A.I.R. 1951, S.C. 458।

'विधि' नहीं है, अतः संसद संविधान के किसी भी भाग में संशोधन कर सकती है।" इस प्रकार संसद को अनुच्छेद (368) के अनुसार संशोधन करने की असीमित शक्ति प्राप्त थी जिसे सर्वोच्च न्यायालय ने **गोलख नाथ बनाम पंजाब राज्य**[341] के मामले में सीमित करते हुए कहा कि "अनुच्छेद 13(2) में प्रयुक्त विधि के अन्तर्गत सभी प्रकार की विधि, संसद द्वारा निर्मित विधि और संविधान संशोधन आते हैं, यदि इनमें से किसी के द्वारा भी नागरिकों के मौलिक अधिकारों का अतिक्रमण होता है तो न्यायालय ऐसे संशोधन को अविधिमान्य कर सकता है।" सर्वोच्च न्यायालय के इस निर्णय से हुई परेशानी को दूर करने के लिए संसद ने 24वाँ संविधान संशोधन, 1971 पारित किया। संसद ने 24वें संविधान संशोधन के द्वारा संविधान के अनुच्छेद 13 में एक उप–अनुच्छेद जोड़ दिया गया जो इस प्रकार है...

13(4). "इस अनुच्छेद की कोई बात अनुच्छेद (368) के अधीन किए गए इस संविधान के किसी संशोधन को लागू नहीं होगी।"

सर्वोच्च न्यायालय ने **केशवानन्द भारती बनाम केरल राज्य**[342] के इस ऐतिहासिक मामले में 24वें संविधान संशोधन को विधिमान्य कर दिया और **गोलख नाथ**[343] के मामले में दिए अपने निर्णय को उलटते हुए निर्णित किया कि "संसद की संशोधन करने की शक्ति असीमित नहीं है, यद्यपि वह संविधान में संशोधन तो कर सकती है, परन्तु मौलिक संविधान के ढाँचे में परिवर्तन नहीं कर सकती।" इसी मामले को मूलभूत ढाँचे का सिद्धान्त [Doctrine of Basic Structure] कहा जाता है। इस मामले में सर्वोच्च न्यायालय ने संविधान का मूलभूत ढाँचा बताया उसके मौलिक तत्व इस प्रकार हैं...

➢ संघात्मक संविधान,
➢ भारत का लोकतन्त्र,

---

[341] A.I.R. 1968, S.C. 1643।
[342] A.I.R. 1973, S.C. 1461।
[343] A.I.R. 1968, S.C. 1643।

> संविधान का धर्मनिरपेक्ष स्वरूप।

इसके पश्चात सर्वोच्च न्यायालय द्वारा **केशवानन्द भारती बनाम केरल राज्य**[344] के इस निर्णय से हुई परेशानी को दूर करने के लिए सरकार ने 42वाँ संविधान संशोधन, 1976 पारित किया। इस संशोधन अधिनियम के द्वारा अनुच्छेद (368) में दो नए खण्ड जोड़ दिए गए – खण्ड (4) और खण्ड (5)। खण्ड (4) में यह उपबन्ध किया गया कि अनुच्छेद 368 के अधीन किए गए संविधान संशोधन को किसी भी न्यायालय में चुनौती नहीं दी जा सकेगी और खण्ड (5) यह उपबन्ध करता है कि संसद की संशोधन शक्ति का कोई परिसीमन नहीं कर सकता है। किन्तु सर्वोच्च न्यायालय ने **मिनर्वा मिल्स और अन्य बनाम भारत संघ और अन्य**[345] के मामले में अनुच्छेद 368 के खण्ड (4) और खण्ड (5) को अविधिमान्य कर दिया क्योंकि ये खण्ड संसद को असीमित संशोधन की शक्ति प्रदान करते थे, निश्चित ही इनके प्रयोग से संविधान का मूलभूत ढाँचा नष्ट होता था। इस प्रकार **मिनर्वा मिल्स** के मामले में सर्वोच्च न्यायालय ने निम्नलिखित मूलभूत तत्व और जोड़ दिए जो इस प्रकार हैं...

> न्यायिक पुनर्विलोकन,
> नागरिकों के मौलिक अधिकार और
> निदेशक तत्वों के बीच सन्तुलन।

प्रश्न यह उठता है कि सर्वोच्च न्यायालय को इस तरह न्यायिक पुनर्विलोकन क्यों करना पड़ा? यह इसीलिए आवश्यक था क्योंकि जब संसद अपनी मर्यादा को छोड़कर मनमानापन करती रहेगी और नागरिकों के मौलिक अधिकारों का अतिक्रमण करेगी, तब–तब न्यायालयों का यह कर्तव्य रहेगा कि वह इस क्षरण को रोके और संविधान के मौलिक स्वरूप को बदलने से रोके। डॉ०

---

[344] A.I.R. 1973, S.C. 1461।
[345] A.I.R. 1980, 2 S.C. 591।

अम्बेदकर ने भी बदलावों को स्वीकार किया था किन्तु ऐसा बदलाव नहीं जो संविधान की मौलिक आत्मा को ही नष्ट कर देता हो।

3. अभी तक हुए संविधान संशोधनों का संक्षिप्त विवरण :

संविधान के निर्माण से अब तक कई संशोधन हो चुके है। पहला संशोधन तो संविधान बनने के एक वर्ष के भीतर कर दिया गया था। संक्षिप्त रूप से संशोधन इस प्रकार हैं...

1. संशोधन अधिनियम, 1951 : संविधान का प्रथम संशोधन विधेयक सन् 1951 में पारित कर निम्नलिखित संशोधन किए गए...

   - संविधान की आठ अनुसूचियों में एक नई अनुसूची को जोड़ दिया गया, अब तक संविधान में नौ (nine) अनुसूची बढ़ गई थी।
   - अनुच्छेद को जोड़ा गया जिसमें सामाजिक और शैक्षिक दृष्टि से पिछड़े हुए नागरिकों के हितों को ध्यान में रखते हुए राज्य के कार्य करने का विशेष अधिकार प्रदान किया गया जिसे किसी अन्य विधि द्वारा निवारित नहीं किया जाएगा,
   - अनुच्छेद 31 में उप–अनुच्छेद 31(a) और (b) जोड़ दिया गया जो भूमि सुधारों से सम्बन्धित था,

2. संशोधन अधिनियम, 1952 : संविधान में सन् 1952 में द्वितीय संशोधन किया गया और अनुच्छेद 81 में प्रयुक्त लोकसभा के निर्वाचन के लिए जनगणना का आधार 1951 की जनगणना को कर दिया गया।

3. संशोधन अधिनियम, 1954 : इस संशोधन के द्वारा संसद समवर्ती सूचि के विषय में आवश्यकता पड़ने पर नियम बना सकती है।

4. संशोधन अधिनियम, 1955 : इस संशोधन के द्वारा अनच्छेद 31(a) में संशोधन करके यह व्यवस्था कर दी गई जिसके अनुसार सम्पत्ति के अनिवार्य अर्जन के लिए सरकार अनुच्छेद 305 के आधार पर कोई प्रतिकार निर्धारित कर सकती है जिसे किसी भी न्यायालय में चुनौती नहीं दी जा सकती है।

5. संशोधन अधिनियम, 1955 : इस संशोधन के माध्यम से अनुच्छेद (3) में यह संशोधन किया गया कि यदि अनुच्छेद (3) के विषय में राज्य सरकार से कोई राय माँगी जाए और राष्ट्रपति द्वारा निर्धारित समय–सीमा पर राज्य सरकार कोई राय नहीं देती है तो संसद उस विषय में क़ानून बना सकती है।

6. संशोधन अधिनियम, 1956 : इस संशोधन के द्वारा सातवीं अनुसूची की संघ सूची में निर्दिष्ट विषय 92 में उप–विषय (a) जोड़ दिया गया जो समाचार–पत्रों के विदेश स्तर में क्रय–विक्रय से सम्बन्धित है।

7. संशोधन अधिनियम, 1956 : इस संशोधन के माध्यम से राज्यों का पुनर्गठन किया गया। इस तरह अनुच्छेद (1) में अब 14 राज्य और 6 केन्द्र–शासित प्रदेश जोड़ लिए गए।

8. संशोधन अधिनियम, 1959 : इस संशोधन के माध्यम से संसद ने अनुसूचित जाति और जनजाति के लिए लोकसभा, राज्यसभा और राज्यों की विधानसभाओं में सीटों के आरक्षण की अवधि 20 वर्षों के लिए बढ़ा दी।

9. संशोधन अधिनियम, 1960 : इस संशोधन के द्वारा भारत और पाकिस्तान के मध्य भूमि हस्तांतरण समझौते पर नियम बनाए गए।

10. संशोधन अधिनियम, 1961 : इस संशोधन में दादर और नगर हवेली क्षेत्र को केन्द्र–शासित प्रदेश के रूप में सम्मिलित किया गया।

11. संशोधन अधिनियम, 1961 : इस संशोधन में यह व्यवस्था की गई कि राष्ट्रपति और उप–राष्ट्रपति के निर्वाचन मण्डल की अपूर्णता को कहीं भी चुनौती नहीं दी जाएगी।

12. संशोधन अधिनियम, 1962 : इस संशोधन द्वारा गोवा, दमन और द्वीव को भारत का केन्द्र–शासित प्रदेश बनाया गया।

13. संशोधन अधिनियम,1962 : इस संशोधन द्वारा नागालैण्ड को राज्य बनाया गया और साथ ही उसे अनुच्छेद के अधीन एक विशेष राज्य का दर्जा भी दिया गया।

14. संशोधन अधिनियम, 1962 : इस संशोधन द्वारा पॉण्डिचेरी को केन्द्र-शासित प्रदेश बनाया गया।

15. संशोधन अधिनियम, 1963 : इस संशोधन द्वारा राज्यों के उच्च न्यायालयों में न्यायाधीशों की सेवानिवृत्ति की आयु बढ़ाकर 62 वर्ष कर दी गई, जो पहले 60 वर्ष थी।

16. संशोधन अधिनियम, 1963 : इस संशोधन के द्वारा मौलिक अधिकारों पर देश की एकता और अखण्डता के आधार पर निर्बन्धन लगाने का प्रावधान किया।

17. संशोधन अधिनियम, 1964 : इस संशोधन के द्वारा संविधान की नवीं अनुसूची में कई भूमि सुधार अधिनियमों को जोड़ा गया।

18. संशोधन अधिनियम, 1966 : इस संशोधन के द्वारा अनुच्छेद 3 में एक उप-अनुच्छेद 3(a) जोड़ दिया गया।

19. संशोधन अधिनियम, 1966 : इस संशोधन के द्वारा निर्वाचन के मामलों के सन्दर्भ में उच्च न्यायालय की आधिकारिता में बढ़ोतरी।

20. संशोधन अधिनियम, 1966 : इस संशोधन के द्वारा जिला न्यायालयों में जिला न्यायाधीशों की नियुक्ति से सम्बन्धित उप-अनुच्छेद जोड़ा गया।

21. संशोधन अधिनियम, 1967 : इस संशोधन के द्वारा राजभाषा खण्ड में सिंधी भाषा को सम्मिलित किया गया।

22. संशोधन अधिनियम, 1969 : इस संशोधन के द्वारा मेघालय राज्य जोड़ा गया। अनुच्छेद 244(a), 275(1)[b] और 371(b) के अनुसार विशेष व्यवस्था की गई।

23. संशोधन अधिनियम, 1969 : इस संशोधन के द्वारा अनुसूचित जाति और अनुसूचित जनजाति के सदस्यों के लिए लोकसभा, राज्यसभा और राज्यों की विधानसभाओं में सीटों का आरक्षण अगले दस वर्षों के लिए बढ़ा दिया गया।

24. संशोधन अधिनियम, 1971 : इस संशोधन के द्वारा अनुच्छेद 13 में एक उप–अनुच्छेद 13(4) जोड़ दिया गया जो संसद को संशोधन की असीमित शक्ति प्रदान करता था

25. संशोधन अधिनियम, 1971 : इस संशोधन के द्वारा अनुच्छेद 31(C) को जोड़ा गया जो यह व्यवस्था करता है कि ऐसी विधियों को शून्य नहीं माना जाएगा जो अनुच्छेद 14 और 19 के आधार पर भाग–4 को न्यून करती हों।

26. संशोधन अधिनियम, 1971 : इस संशोधन के द्वारा पूर्व राजाओं के विशेषाधिकारों पर रोक लगा दी गई।

27. संशोधन अधिनियम, 1971 : इस संशोधन के द्वारा पूर्वांचल राज्यों का पुनर्गठन किया गया तथा मणिपुर राज्य को विशेष राज्य का दर्जा प्रदान किया।

28. संशोधन अधिनियम, 1972 : इस संशोधन के द्वारा भारतीय सिविल सेवा के अधिकारियों की सेवा और शर्तों में परिवर्तन किया गया।

29. संशोधन अधिनियम, 1972 : इस संशोधन के द्वारा संविधान की नवीं अनुसूची में संशोधन किया गया।

30. संशोधन अधिनियम, 1972 : इस संशोधन के द्वारा अनुच्छेद 133 में बदलाव करते हुए निम्नलिखित परिवर्तन किए गए। "अनुच्छेद (133) के अनुसार सर्वोच्च न्यायालय में सिविल मामलों में अपील की जा सकती है", किन्तु ऐसी अपील अनुच्छेद 133(1) के अनुसार निम्न रूप से होनी चाहिए...

   ➤ विधि का सारवान प्रश्न अन्तर्निहित हो, और
   ➤ उस उच्च न्यायालय की राय में सर्वोच्च न्यायालय में विनिश्चय आवश्यक हो।

31. संशोधन अधिनियम, 1973 : इस संशोधन के द्वारा 1971 की जनगणना के अनुसार लोकसभा की अधिकतम सीटों की संख्या 545 निर्धारित की गई जिसमें 525 राज्यों से, 20 केन्द्र–शासित प्रदेशों से निर्वाचित होंगे और शेष 2 आंग्ल–भारतीय सीटें राष्ट्रपति के द्वारा मनोनीत की जाएँगी।

32. संशोधन अधिनियम, 1973 : इस संशोधन के द्वारा आंध्र प्रदेश राज्य के लिए विशेष प्रावधान है।

33. संशोधन अधिनियम, 1974 : इस संशोधन के द्वारा अनुच्छेद 101(3)[b] में संशोधन करते हुए यह प्रावधान जोड़ा गया "यथास्थिति, सभापति या अध्यक्ष को किसी सदस्य द्वारा प्रेषित त्यागपत्र स्वैच्छिक है तो स्वीकार्य किया जाएगा या जैसा सभापति या अध्यक्ष चाहे, स्वीकार्य नहीं करेगा" किन्तु स्पष्टीकरण में यह प्रावधान भी किया गया है कि यदि सदस्यों के त्यागपत्र की ऐसी स्वीकृति मौलिक या स्वैच्छिक नहीं है तो त्यागपत्र स्वीकार्य नहीं किया जाएगा।

34. संशोधन अधिनियम, 1974 : इस संशोधन के द्वारा संविधान की नवीं अनुसूची में संशोधन किया गया।

35. संशोधन अधिनियम, 1974 : इस संशोधन के द्वारा सिक्किम के बारे में विशेष प्रबन्ध किया गया।

36. संशोधन अधिनियम, 1975 : इस संशोधन के द्वारा सिक्किम को भारत का राज्य घोषित किया गया।

37. संशोधन अधिनियम, 1975 : इस संशोधन के द्वारा अरुणाचल प्रदेश में विधानसभा की व्यवस्था की गई।

38. संशोधन अधिनियम, 1975 : इस संशोधन में यह व्यवस्था की गई कि राष्ट्रपति और राज्यपालों के द्वारा प्रख्यापित अध्यादेशों की किसी भी न्यायालय के द्वारा जाँच नहीं की जाएगी।

39. संशोधन अधिनियम, 1975 : इस संशोधन में यह व्यवस्था की गई कि राष्ट्रपति, उप-राष्ट्रपति, लोकसभा के अध्यक्ष और प्रधानमंत्री के निर्वाचन को किसी न्यायालय में चुनौती नहीं दी जाएगी। किन्तु इस व्यवस्था को 44वें संविधान संशोधन, 1978 द्वारा लोप कर दिया गया।

40. संशोधन अधिनियम, 1976 : इस संशोधन के द्वारा संविधान की नवीं अनुसूची में संशोधन किया गया।

41. संशोधन अधिनियम, 1976 : इस संशोधन के द्वारा राज्य लोक सेवा आयोग के अध्यक्ष और सदस्यों की सेवानिवृत्ति की आयु 60 से 62 वर्ष कर दी गई।

42. संशोधन अधिनियम, 1976 : यह एक व्यापक संविधान संशोधन था, इस संविधान संशोधन के माध्यम से निम्नलिखित संशोधन किए गए...

- संविधान की प्रस्तावना में धर्मनिरपेक्ष, समाजवादी और अखण्डता जैसे शब्दों को जोड़ा गया,
- कतिपय मामलों में निदेशक तत्वों को लागू कराने में मौलिक अधिकारों में कुछ संशोधन किए जा सकते हैं, यह प्रावधान अनुच्छेद 31(C) में संशोधन करके जोड़ा गया है।
- भाग–4 में संशोधन करके एक नया भाग–4[A] जोड़ दिया गया जो नागरिकों का मौलिक कर्तव्य कहलाता है जिसकी संख्या प्रारम्भ में दस रखी गई।
- संविधान संशोधन को किसी न्यायालय में चुनौती वर्जित।
- संसद और राज्यों की विधानसभाओं में गणपूर्ती का प्रावधान निलम्बित कर दिया गया।

43. संशोधन अधिनियम, 1977 : इस संविधान संशोधन के माध्यम से कतिपय 42वें संविधान संशोधन, 1976 के कुछ प्रावधानों को निरस्त किया गया।

44. संशोधन अधिनियम, 1978 : यह संविधान संशोधन भी 42वें संविधान संशोधन, 1976 की भाँति व्यापक संविधान संशोधन था, इस संविधान संशोधन के माध्यम से निम्नलिखित संशोधन किए गए...

- मौलिक अधिकार में वर्णित सम्पत्ति के अधिकार को मौलिक अधिकार की श्रेणी से हटाकर अनुच्छेद 300–A के अधीन वैधानिक अधिकार बना दिया गया है।
- अनुच्छेद 83(2) के अधीन लोकसभा की अवधि पाँच वर्ष की कर दी गई।

- संसद सदस्यों की निर्योग्यताओं के बारे में अनुच्छेद 103 में संशोधन किया गया।
- अनुच्छेद 132(A) के अधीन केन्द्रीय विधियों पर सर्वोच्च न्यायालय की अनन्य अधिकारिता शब्द के स्थान पर उच्च न्यायालय के प्रमाणपत्र शब्द को प्रत्यास्थापित किया गया।
- उप–अनुच्छेद 361(A) जोड़कर संसद और राज्यों के विधान मण्डलों की कार्यवाहियों के प्रकाशन पर प्रतिबन्ध लगाया गया।

45. संशोधन अधिनियम, 1980 : इस संशोधन के माध्यम से अनुसूचित जाति और अनुसूचित जनजाति के लिए आरक्षण की सीमा अगले दस वर्षों के लिए बढ़ा दी गई।

46. संशोधन अधिनियम, 1982 : इस संशोधन में बिक्री कर तथा वसूली की दरें कुछ वस्तुओं के लिए समान कर दी गईं।

47. संशोधन अधिनियम, 1984 : इस संशोधन के द्वारा संविधान की नवीं अनुसूची में संशोधन किया गया।

48. संशोधन अधिनियम, 1984 : इस संशोधन से पंजाब राज्य में राष्ट्रपति शासन की अवधि दो वर्षों के लिए बढ़ा दी गई।

49. संशोधन अधिनियम, 1984 : इस संशोधन से जनजाति क्षेत्रों को स्वायत्ता प्रदान करने के उद्देश्य से पाँचवीं और छठी अनुसूची में संशोधन करके त्रिपुरा राज्य के लिए उपबन्ध किए गए।

50. संशोधन अधिनियम, 1984 : सुरक्षा बलों को पुनः मौलिक अधिकार प्रदान करने के उद्देश्य से अनुच्छेद 33 को पुनः स्थापित किया गया

51. संशोधन अधिनियम, 1984 : इस संशोधन से जनजाति क्षेत्रों में लोकसभा की सीटों के आरक्षण हेतु मेघालय, अरुणाचल प्रदेश, नागालैण्ड और मिज़ोरम राज्यों के लिए व्यवस्था की गई।

52. संशोधन अधिनियम, 1985 : अनुच्छेद 102(2) और 191(2) में संशोधन करते हुए संविधान में दसवीं अनुसूची को जोड़ा गया।

53. संशोधन अधिनियम, 1986 : इस संशोधन के माध्यम से अनुच्छेद 371(G) में मिज़ोरम राज्य के लिए विशेष प्रावधान किए गए।

54. संशोधन अधिनियम, 1986 : इस संशोधन के माध्यम से दूसरी अनुसूची में निर्दिष्ट सर्वोच्च और उच्च न्यायालयों के न्यायाधीशों के वेतन में बढ़ोतरी की गई।

55. संशोधन अधिनियम, 1986 : इस संशोधन के माध्यम से अरुणाचल प्रदेश को राज्य का दर्जा प्राप्त हुआ तथा उसके लिए विशेष राज्य के उपबन्ध भी किए गए।

56. संशोधन अधिनियम, 1987 : इस संशोधन के माध्यम से अनुच्छेद 371(I) में गोवा के लिए विशेष प्रावधान किए गए जिनके अनुसार राज्य की विधानसभा कम से कम तीस सदस्यों से मिलकर बनेगी।

57. संशोधन अधिनियम, 1987 : इस संशोधन से जनजाति क्षेत्रों में विधानसभा की सीटों के आरक्षण हेतु मेघालय, अरुणाचल प्रदेश, नागालैण्ड और मिज़ोरम राज्यों के लिए व्यवस्था की गई।

58. संशोधन अधिनियम, 1987 : इस संशोधन के माध्यम से संविधान के भाग–22 में हिन्दी भाषा में संविधान के कुछ अनुच्छेदों को तत्काल प्रारम्भ करने का निदेश दिया गया था जिनमें निम्नलिखित अनुच्छेद सम्मिलित हैं – 5 से 9, 60, 324, 366, 367, 379, 380, 388, और 391 से 393। इसके अलावा संविधान को हिन्दी भाषा में प्रकाशित करने अनुच्छेद 394(A) में संशोधन किया गया।

59. संशोधन अधिनियम, 1988 : इस संशोधन से राज्यों में लगने वाले राष्ट्रपति शासन की अवधि तीन वर्ष तक बढ़ा दी गई।

60. संशोधन अधिनियम, 1988 : स्थानीय स्वशासन को बढ़ावा देने के लिए नगरपालिकाओं द्वारा लगाए जाने वाले कर का मूल्य रुपए 2500/- कर दिया गया।

61. संशोधन अधिनियम, 1988 : इस संशोधन में अनुच्छेद 326 में वयस्क संशोधन करते हुए मताधिकार की आयु 21 से घटाकर 18 वर्ष कर दी गई।

62. संशोधन अधिनियम, 1989 : इस संशोधन के माध्यम से अनुसूचित जाति और अनुसूचित जनजाति के लिए आरक्षण की सीमा अगले दस वर्षों के लिए बढ़ा दी गई।

63. संशोधन अधिनियम, 1989 : इस संशोधन से 59वें संशोधन के प्रावधानों को निरस्त किया गया।

64. संशोधन अधिनियम, 1990 : इस संशोधन से पंजाब राज्य में राष्ट्रपति शासन की अवधि बढ़ा दी गई।

65. संशोधन अधिनियम, 1990 : इस संशोधन के माध्यम से अनुसूचित जाति और अनुसूचित जनजाति के लिए एक आयोग की स्थापना अनुच्छेद 338 में की गई।

66. संशोधन अधिनियम, 1990 : इस संशोधन के द्वारा संविधान की नवीं अनुसूची में संशोधन किया गया।

67. संशोधन अधिनियम, 1990 : इस संशोधन से पंजाब राज्य में राष्ट्रपति शासन की अवधि 4 वर्ष बढ़ा दी गई।

68. संशोधन अधिनियम, 1991 : इस संशोधन से पंजाब राज्य में राष्ट्रपति शासन की अवधि 5 वर्ष बढ़ा दी गई।

69. संशोधन अधिनियम, 1991 : इस संशोधन से दिल्ली राष्ट्रीय राजधानी क्षेत्र घोषित किया गया। यह प्रावधान भी किया गया कि दिल्ली विधानसभा में 70 सीटें और 7 का मंत्रीमण्डल हो सकेगा।

70. संशोधन अधिनियम, 1992 : इस संशोधन के माध्यम से दिल्ली और पॉण्डिचेरी केन्द्र-शासित प्रदेश के विधानसभा को राष्ट्रपति के निर्वाचक मण्डल में सम्मिलित किया गया।

71. संशोधन अधिनियम, 1992 : इस संशोधन से आठवीं अनुसूची में निर्दिष्ट भारतीय भाषाओं में मणिपुरी, नेपाली और कोंकणी भाषा को सम्मिलित किया गया।

72. संशोधन अधिनियम, 1992 : इस संशोधन से लोकसभा और विधान मण्डलों के निर्वाचन क्षेत्रों का परिसीमन किया गया।

73. संशोधन अधिनियम, 1992 : इस संशोधन से संविधान के भाग–9 के अनुच्छेद 243 में संशोधन करके अनुच्छेद 243(A) और ग्यारहवीं अनुसूची जो पंचायती राज से सम्बन्धित है, को जोड़ा गया।

74. संशोधन अधिनियम, 1992 : इस संशोधन से संविधान के भाग–9(A) नगरपालिकाओं के सन्दर्भ में बारहवीं अनुसूची पारित कर अनुच्छेद 243(G) जोड़ा गया।

75. संशोधन अधिनियम, 1993 : संविधान के इस संशोधन से मकानो के किराया भाड़े से सम्बन्धित विवादों के निपटारे के लिए एक अधिकरण की स्थापना की गई।

76. संशोधन अधिनियम, 1994 : संविधान के इस संशोधन से तमिलनाडु के पिछड़े वर्गों के संरक्षण के लिए तमिलनाडु राज्य में आरक्षण की सीमा से ज्यादा निर्धारित की गई।

77. संशोधन अधिनियम, 1995 : अनुच्छेद 16 में संशोधन करके उप–अनुच्छेद 4(A) जोड़ा गया जिसमें अनुसूचित जाति और अनुसूचित जनजाति को सरकारी नौकरी में आरक्षण देने के लिए राज्य को अधिकार प्रदान किए गए।

78. संशोधन अधिनियम, 1995 : इस संशोधन के द्वारा संविधान की नवीं अनुसूची में संशोधन किया गया।

79. संशोधन अधिनियम, 2000 : अनुसूचित जाति और अनुसूचित जनजाति के वर्गों के लिए आरक्षण अगले दस वर्षों के लिए बढ़ा दिया गया और यह संविधान के लागू होने से साठ वर्षों तक के लिए किया गया।

80. संशोधन अधिनियम, 2000 : इस संशोधन के द्वारा अनुच्छेद 269(1) में संशोधन कर यह व्यवस्था जोड़ी गई कि किसी माल के क्रय–विक्रय और पारेषण पर उद्ग्रहण और संग्रहण भारत सरकार द्वारा किया जाएगा किन्तु उप–खण्ड (2) में निर्दिष्ट रीति से किया जाना हो तो अप्रैल 1966 पर या उसके बाद राज्य सरकार को समुचित कार्यवाही करने को कहा जा सकता है।

81. संशोधन अधिनियम, 2000 : इस संशोधन के द्वारा **इन्दिरा शाहनी बनाम भारत संघ**[346] के मामले में दिए गए सर्वोच्च न्यायालय के आरक्षण की सीमा निर्धारित किए जाने वाले निर्णय से हुई परेशानी को दूर करने के लिए यह बिल संसद में पारित किया गया और अनुच्छेद 16 में नया उप–अनुच्छेद 16(4)[B] पारित किया गया जिसके अनुसार यदि एक वर्ष में अनुसूचित जाति और अनुसूचित जनजाति के पद रिक्त रह जाते हैं तो उसे पृथक वर्ग मानकर अगले वर्ष अनुसूचित जाति और अनुसूचित जनजाति के अभ्यर्थियों से भरा जाएगा।

82. संशोधन अधिनियम, 2000 : इस संशोधन के द्वारा अनुसूचित जाति और अनुसूचित जनजाति के सदस्यों को प्रमोशन में आरक्षण के लिए न्यूनतम प्राप्तांकों में छूट प्रदान की गई।

83. संशोधन अधिनियम, 2000 : जनजाति क्षेत्रों में पंचायती राज व्यवस्था के अन्तर्गत अनुसूचित जाति के लिए आरक्षण न प्रदान करने की व्यवस्था की गई।

84. संशोधन अधिनियम, 2001 : अनुच्छेद 55 के स्पष्टीकरण के परन्तुक में जनसंख्या पद से तात्पर्य यह होगा कि जब तक जनगणना 2026 के बाद पहली जनगणना के आँकड़े प्रदर्शित नहीं हो जाते तब तक 1971 की जनगणना के ही आँकड़े माने जाएँगे।

85. संशोधन अधिनियम, 2002 : इस संशोधन से तीन नए राज्यों का गठन किया गया जो क्रमशः छत्तीसगढ़, उत्तराखण्ड और झारखण्ड हैं।

86. संशोधन अधिनियम, 2002 : निदेशक तत्वों के अनुच्छेद 45 में संशोधन करते हुए "शैशव पूर्व देखरेख और छः वर्ष से कम की आयु के बालकों की शिक्षा हेतु राज्य के कर्तव्यों का निर्धारण किया गया।" इसके अलावा संविधान के अनुच्छेद 51(A) में संशोधन करके ग्यारहवाँ मौलिक कर्तव्य जाड़ा गया है।

[346] A.I.R. 1993, S.C. 477।

87. संशोधन अधिनियम, 2003 : इस संशोधन के द्वारा अनुच्छेद 81(4), 82(ii), 170(3) का स्पष्टीकरण और 330(3) का स्पष्टीकरण में 'जनसंख्या' पद से तात्पर्य यह होगा कि जब तक जनगणना 2026 के बाद पहली जनगणना के आँकड़े प्रदर्शित नहीं हो जाते तब तक 1971 की जनगणना के ही आँकड़े माने जाएँगे।

88. संशोधन अधिनियम, 2003 : इस संशोधन के माध्यम से अनुच्छेद 270 में संघ सूची के कर वाले विषयों को छोड़कर निम्नलिखित अनुच्छेदों के विषयों 268, 268(A), तथा 269 में उल्लिखित विषयों पर केन्द्र के बाद राज्य अधिभार लगा सकेंगे।

89. संशोधन अधिनियम, 2003 : इस संशोधन से अनुसूचित जातियों के लिए अलग से एक राष्ट्रीय आयोग की स्थापना की गई और अनुच्छेद 338 में इसके लिए व्यवस्था की गई।

90. संशोधन अधिनियम, 2003 : इस संशोधन के द्वारा अनुच्छेद 332 के खण्ड (6) में बोडोलैण्ड के प्रादेशिक लोगों को असम विधानसभा में सीटों का आरक्षण दिया गया है।

91. संशोधन अधिनियम, 2003 : इस संशोधन में पहली बार मंत्रीमण्डल पर लगामी लगाई गई जिसके अधीन अनुच्छेद 75 के खण्ड 1(A), 1(B) को जोड़कर अब केन्द्रीय मंत्रीमण्डल में मंत्रियों की संख्या प्रधानमंत्री को मिलाकर लोकसभा की कुल संख्या के 15% से ज्यादा नहीं होनी चाहिए। इसी तरह 164 के खण्ड 1(A), 1(B) को जोड़कर राज्यों के विधान मण्डलों में भी मंत्रियों की संख्या मुख्यमंत्री को मिलाकर कुल विधानसभा संख्या के 15% से ज्यादा नहीं होनी चाहिए।

92. संशोधन अधिनियम, 2003 : इस संशोधन से तमिल, तेलगु और उर्दू भारतीय भाषाओं को जोड़ा गया है।

93. संशोधन अधिनियम, 2005 : इस संशोधन के द्वारा अनुच्छेद 15 में संशोधन करके खण्ड (5) जोड़ा गया जो यह व्यवस्था करता है कि अनुच्छेद

19 के खण्ड (1) के उप-खण्ड (g) की कोई बात सामाजिक और शैक्षिक दृष्टि से पिछड़े नागरिकों की प्रगति के लिए या अनुसूचित जाति और जनजाति के सदस्यों के लिए कोई विशेष नियम बनाने के लिए राज्य सरकार को निवारित नहीं किया जाएगा चाहे अल्पसंख्यक शिक्षण संस्थाओं में प्रवेश से सम्बन्धित मामले क्यों ना हों।

94. संशोधन अधिनियम, 2006 : इस संशोधन के माध्यम से अनुच्छेद 164 के अधीन एक जनजातीय कल्याण मंत्री का विशेष प्रावधान किया गया जिसमें छत्तीसगढ़ और झारखण्ड राज्यों में भी एक जनजातीय कल्याण मंत्री की नियुक्ति की जाएगी। पहले यह मध्यप्रदेश, उड़ीसा राज्य के लिए था।

95. संशोधन अधिनियम, 2009 : इस संशोधन के द्वारा अनुच्छेद 334 में उल्लिखित लोकसभा, राज्यसभा और राज्यों की विधानसभा में सीटों के आरक्षण की अवधि जो संविधान के प्रारम्भ से साठ वर्ष के लिए थी उसे बढ़ाकर सत्तर वर्ष कर दिया गया है, जिससे आरक्षण की समय-सीमा सन् 2020 तक के लिए बढ़ा दी है।

96. संशोधन अधिनियम, 2011 : इस संशोधन के द्वारा आठवीं अनुसूची में विनिर्दिष्ट 15वें नम्बर की भाषा 'उड़िया' का नाम परिवर्तित करके <u>ओडिया</u> कर दिया गया।

97. संशोधन अधिनियम, 2011 : इस संशोधन से अनुच्छेद 19 के खण्ड (1) के उप-खण्ड (C) में पद 'संघ' के साथ <u>सहकारी समिति</u> शब्द को भी जोड़ दिया गया है। इसके अलावा भाग-4 में निर्दिष्ट अनुच्छेद 43 में एक नया उप-खण्ड (B) जोड़ा गया है।

98. संशोधन अधिनियम, 2012 : हैदराबाद और कर्नाटक राज्य में आरक्षण को प्रभावी बनाने के लिए इस संशोधन को पारित किया गया।

99. संशोधन अधिनियम, 2013 : इस संशोधन में न्यायपालिका की जवाबदेही सुनिश्चित करने और न्यायाधीशों की नियुक्ति को राजनीति से पृथक करने के उद्देश्य से एक न्यायिक आयोग की अनुशंसा की गई जो न्यायिक नियुक्ति

आयोग कहलाएगा, जिसमें चेयरपर्सन माननीय मुख्य न्यायाधीश सर्वोच्च न्यायालय, दो अन्य न्यायाधीश सर्वोच्च न्यायालय, क़ानून मंत्री और देश के दो प्रतिष्ठित व्यक्तियों के पैनल से मिलकर बनेगा।

100. संशोधन अधिनियम, 2013 : यह संशोधन विधेयक संविधान की 8 वीं अनुसूची में बोडो, डोगरी, मैथिली और संथाली को सम्मिलित करने के उद्देश्य से पारित किया गया।

परिशिष्ट – 1

भारत के राष्ट्रिय चिन्ह /प्रतीक

1. **राजकीय चिन्ह** : भारत का राजकीय चिन्ह महान सम्राट अशोक के सारनाथ स्थित स्तंभ से लिया गया है जिसे संवैधानिक सभा ने 26 जनवरी 1950 को अपनाया । मूल स्थंभ में चार सिंह, नीचे एक हांथी, घोडा, सांड, और चलता हुआ एक सिंह की मूर्तियों को उकेरा गया है । इस स्थंभ के पद्म में धम्म चक्र प्रवर्तन उत्कीर्ण है जो सम्राट अशोक की महानता को दर्शाता है । सबसे नीचे देवनागरी लिपि में *सत्यमेव जयते* लिखा है जिसे *मुंडकोपनिषद* से लिया गया है जिसका अर्थ होता है "सत्य की हमेशा विजय होती है।" इस राष्ट्रीय स्थंभ को केंद्र व राज्य सरकारें, राष्ट्रपति,प्रधानमंत्री, राज्यपाल , उच्च और उच्चतम न्यायालय के न्यायाधीश आदि व्यक्ति उपयोग में लाते है ।

सत्यमेव जयते

2. **राष्ट्रीय ध्वज** : 22 जुलाई 1947 को हमारी संविधान सभा ने राष्ट्रीय ध्वज को अपनाया । में क्रमश केसरिया, सफेद और हरे रंग की पट्टियाँ है और सफेद रंग की पट्टी के बीच में नीले रंग का अशोक चक्र रखा गया है जिसमे 24 तीलिया है । यह अशोक चक्र सारनाथ स्थित अशोक स्थंभ से लिया गया है जो धम्म चक्र प्रवर्तन को दर्शाता है । ध्वज में केसरिया रंग सहस तथा सौर्य को दर्शाता है, सफेद रंग शांति व सत्यता तथा हरा रंग हरयाली को दर्शाता है बीच में स्थित अशोक चक्र धम्म व सत्यता की प्रगति को प्रदर्शित करता है । वैसे तो राष्ट्रीय ध्वज को कोई भी फहरा सकता है

किन्तु अशासकीय स्थानों में केवल राष्ट्रीय त्योहारों पर सूर्योदय और सूर्यास्त के मध्य फहराया जा सकता है, इस तरह राष्ट्रीय ध्वज के सम्मान को बचाए रखने के लिए एक ध्वज संहिता का निर्माण किया गया है जिसमे राष्ट्रीय ध्वज का अपमान करने पर दंड की व्यवस्था की गई है ।

3. **राष्ट्रीय गान** : हमारा राष्ट्रीय गान जन गण मन है इसे रविन्द्र नाथ टैगोर ने लिखा है इस कविता के प्रथम पद की कविताओं को ही राष्ट्र गान के रूप में स्वीकार किया गया है जो इस प्रकार है...

"जन गण मन अधिनायक जय हे, भारत भाग्य विधाता
पंजाब– सिंध – गुजरात – मराठा, द्रविड़– उत्कल– बंग
विन्ध्य– हिमांचल– यमुना – गंगा, उच्छल – जल्दी तरंग
तब शुभ नामें जागे, तब शुभ आशीष मांगे, गाहे तब जय – गाथा,
जन– गण मंगल दायक जय हे, भारत भाग्य विधाता,
जय हे, जय हे, जय हे
जय जय जय जय हे ।"

राष्ट्रीय गान को 24 जनवरी 1950 को हमारी संविधान सभा ने अंगीकृत किया इसे गाने में 52 सेकेण्ड का समय लगता है किन्तु राष्ट्रीय शोक या अन्य अवसरों में से 20 सेकेण्ड में गाया जाता है ।

4. **राष्ट्रीय गीत :** राष्ट्रीय गीत वन्दे मातरम् है जिसे बंकिम चन्द्र चट्टोपाध्याय की कृति आनंद मठ से लिया गया है ।

वन्दे मातरम।
सुजलाम् सुफलाम् मलयजशीतलाम
शस्यश्यामलाम् मातरम। वन्दे मातरम ।।1 ।।
शुभ्रज्योत्स्ना पुलकितयामिनीम फुल्लकुसुमित द्रुमदलशोभिनीम
सुहासिनीम् सुमधुरभाषिणीम सुखदाम् वरदाम् मातरम वन्दे मातरम
।।2 ।।

परिशिष्ट – 2

ग्रंथ सूची

ग्रंथ

1. डॉ. बी. आर. आंबेडकर, संविधान वाद – विवाद खंड,।
2. डॉ. एन० वी० परांजपे, "भारत का वैधानिक और संवैधानिक इतिहास", सेन्ट्रल लॉ एजेंसी, पुनः मुद्रण संस्करण ।
3. डॉ. एस० सी० सिंहल, "तुलनात्मक शासन एवं राजनीति", लक्ष्मी नारायण अग्रवाल, पब्लिकेशन, आगरा ।
4. डॉ. सुभाष कश्यप और विश्वप्रकश गुप्त, "राजनीति कोष", चौथा संस्करण 2011, हिंदी माध्यम कार्यान्वयन निदेशालय, दिल्ली वि. वि. प्रकाशन ।
5. ग्रेनविले ऑस्टिन, "द इंडियन कांस्टीटयूसन काटनेरोटोन ऑफ ए नेशन", आक्सफोर्ड, 1996 ।
6. प्रो. महेंद्र पाल सिंह "भारत का संविधान", ईस्टर्न बुक कंपनी, ग्यारहवां संस्करण ।
7. डॉ जय नारायण पाण्डेय, "भारत का संविधान", सेन्ट्रल लॉ एजेंसी ।
8. डी. डी. बसु, "भारत का संविधान",
9. डॉ. सुभाष कश्यप, "हमारा संविधान", नेशनल बुक ट्रस्ट ।
10. डॉ. जे. जे. राम उपाध्याय, "मानव अधिकार", सेन्ट्रल लॉ एजेन्सी ।
11. भगवती शरण मिश्र, "भारत के प्रधानमंत्री", राजपाल पब्लिकेशन ।
12. चौधरी और कुमार, "भारतीय शासन और राजनीति", ओरियेंट क्लैक स्वान ।

पत्रिका

1. आल इंडिया रिपोर्टर ।
2. क्रिमिनल लॉ जर्नल ।

वेबसाइट

1. "इनसाइक्लोपीडिया अमेरिकाना", http://www.britannica.com/EBchecked/topic/118828/citizenship
2. "गृह विभाग", http://mha.nic.in/pioscheme
3. "विकिपीडिया", www.en.wikipedia.org/wiki/Exploitation ,
4. "ऑक्सफोर्ड डिक्सनरी", www.oxforddictionaries.com/definition/english/exploitation
5. "लोकसभा", www. http://loksabha.nic.in/

वाद – क्रम

अ

अखिल भारतीय रेलवे शोषित कर्मचारी संघ बनाम भारत संघ : 100
अम्बिका प्रसाद मोहंती बनाम उड़ीसा इंजीनियरिंग कॉलेज और अन्य : 44,
अहमदाबाद सेंट जेवियर कॉलेज बनाम. गुजरात राज्य : 96
अटॉर्नी-जनरल बनाम. लक्ष्मा देवी : 80
अमृत सिंह बनाम. पंजाब : 72
आनन्द बिहारी बनाम राम सहाय : 201

इ

इन रि बेरूबरी युनियन : 30, 248
इन रि अरुंधती राय : 70
इन री स्पेशल कोर्ट बिल : 157
इन री केरल एजुकेशन बिल : 157
इन री एजुकेशन बिल : 157
इन री विनय चन्द्र मिश्र : 150
इन री प्रेसीडेंसियल रिफरेंस : 147, 185
इस्माइली फारुकी बनाम. भारत संघ : 113, 157
इब्राहीम वजीर बनाम. बम्बई राज्य : 40
इंद्रा साहनी बनाम. भारत संघ : 55, 57, 214, 215
इन्दिरा गांधी बनाम राज नारायण : 240
इंडियन एक्सप्रेस न्यूज पेपर्स (बम्बई) प्रा. लि. और अन्य बनाम. भारत संघ और अन्य : 64, 65

ई

ई. पी. रोयप्पा : 52,

उ

उत्तर प्रदेश राज्य बनाम. करतार सिंह : 68
उन्नीकृष्णन बनाम आन्ध्र प्रदेश राज्य : 79

ए

ए. ए. मुल्ला और अन्य बनाम. महाराष्ट्र राज्य : 71
ए. के. गोपालन बनाम. मद्रास : 46, 74, 85
ए. के. राय बनाम. भारत संघ : 85
एस. डी. एम. बनाम. शिवकांत शुक्ला : 86, 245
एम. सी. मेहता बनाम. भारत संघ : 77, 78, 88
एम. एम. हासकाट बनाम.. महाराष्ट : 79
एन. बी. खरे बनाम. दिल्ली : 68
एस. पी. आनंद बनाम. एच. डी. देवेगौड़ा : 117
एस. पी. गुप्ता बनाम. भारत संघ : 147, 184

ओ

ओलेगा तेलिस बनाम. बाम्बे म्युनिसिपल कार्पोरेशन : 74

क

कलावती बनाम. हिमांचल प्रदेश : 72
कर आयुक्त : 47,
कमिश्नर हिन्दू रीलिजियस एन्डाउमेंटस् मद्रास बनाम. स्वामियार : 91, 92
कालू सान्याल बनाम. जिला मजिस्ट्रेट दार्जिलिंग : 185, 188
कॉमन कॉज बनाम. भारत संघ : 101

केशवानंद भारती बनाम. केरल राज्य :. 30, 31, 48, 97, 146, 155, 203, 239, 249, 250

कशेव माधव मेनन बनाम. मंबुई राज्य : 46,

केहर सिंह बनाम. भारत संघ : 81, 112

ख

खड़क सिंह बनाम. उत्तरप्रदेश : 75

ग

गुजरात राज्य बनाम. श्री अम्बिका मिल्स : 27, 49,

गुरबचन सिंह बनाम. . बम्बई राज्य :

गोलकनाथ बनाम. पंजाब : 42, 48, 154, 155, 203, 238, 239, 249

गोविन्द बनाम मध्य प्रदेश राज्य : 74

च

चेयरमैन रेलवे बोर्ड बनाम. चंद्रिमा दास और अन्य : 74

चिंतामन राव बनाम. मध्य प्रदेश : 68

ज

जया बच्चन बनाम. भारत संघ : 131

जनता दल बनाम. एस. एस. चौधरी : 100

जमालपरु आर्य समाज बनाम डॉ०डी० राम एवम् अन्य : 200

ट

टी. एम. ए. फाउंडेशन बनाम. कर्नाटक : 79

टी. वी. वाथिश्वरण बनाम. . तमिलनाडु : 82

टी. एन. गोदावर्मन बनाम. . भारत संघ : 101

टी. पी. नाईक बनाम. भारत संघ : 157

ड

डी. एस. नकरा बनाम. भारत संघ : 52,

डी. ए. वी. कॉलेज, जालंधर बनाम. पंजाब : 93

डॉ.नीलिमा बनाम. डीन पीजी. स्टडीज एग्रीकल्चर यु.टी.डी. आंध्र प्रदेश : 56,

द

दत्तात्रेय बनाम. . बम्बई राज्य : 54,

दिल्ली न्यायिक सेवा संघ तीस हजारी कोर्ट बनाम. गुजरात : 72, 154

दिल्ली न्यायिक सेवा संघ बनाम. गुजरात : 149

दीना बनाम भारत संघ : 88

दुर्गा पद घोष बनाम. बंगाल और अन्य : 84

दुलाल सामंत बनाम. जिला दंडाधिकारी : 88

प

प्युपिल्स यूनियन फॉर सिविल लिबर्टीज (PUCL) बनाम. भारत संघ : 64, 75

प्युपिल्स युनियन फॉर डेमोक्रेटिक राइट्स बनाम. . भारत संघ : 88, 100

परमानंद कटारा बनाम. भारत संघ : 80

पश्चिम बंगाल राज्य बनाम. सुबोध गोपाल बोस : 63,

पी. रतिनाम बनाम. भारत संघ : 76, 77

प्रदीप जैन बनाम. युनियन ऑफ इंडिया : 37,

प्रेम शंकर शुक्ला बनाम. दिल्ली : 80

प्रभाकरन बनाम राज्य : 194

प्राविंस ऑफ बॉम्बे बनाम खुशहाल दास : 197

फ

फर्टिलाइजर कर्पो. कामगार बनाम. संघ भारत संघ : 98

ब

बम्बई बनाम. बम्बई एजुकेशन सोसाइटी. : 95

बालाजी बनाम. मैसूर : 55,

बालाजी राघवन बनाम. . भारत संघ : 61,

बाबूलाल पराटे बनाम. . बम्बई राज्य : 33,

बाला पाटिल बनाम. भारत संघ : 95

ब्रिज भूषण बनाम. दिल्ली : 66

ब्रह्मचारी सिद्धेश्वर सहाय बनाम. पश्चिम बंगाल : 92

बीजो बनाम. ईमैनुअल : 91

भ

भीखाजी बनाम. मध्य प्रदेश : 47,

म

महाराष्ट्र राज्य बनाम. लक्ष्मीपत : 72

मध्य प्रदेश बनाम. शोभा राम : 83

मद्रास राज्य बनाम. . चम्पाक दोराई राजन : 55, 95

मंडल आयोग : 55, 214

मणिलाल सिंह बनाम. . डॉ. बोराबाबू सिंह और अन्य : 150

मारुती श्रीपति दूबल बनाम. महाराष्ट्र : 75

माधव राव सिंधिया बनाम भारत संघ : 239

मेनका गांधी बनाम. भारत संघ : 43, 52, 74, 75

मोहिनी जैन बनाम. कर्नाटक : 78

मुंबई कामगार सभा बनाम. अब्दुल भाई : 100

मिट्ठू बनाम. पंजाब : 81

मुहम्मद यामीन बनाम. टाउन एरिया कमेटी : 44,

मिनर्वा मिल्स और अन्य बनाम. भारत संघ और अन्य : 49, 155, 204, 250

य

युसूफ अब्दुल अजीज बनाम. बम्बई : 54,

र

रतनलाल बनाम. पंजाब राज्य : 71

रनवीत कौर बनाम. क्रिश्चियन मेडिकल महाविद्यालय : 95

रणजीत सिंह बनाम रवि प्रकाश एवम् अन्य : 197

राजस्थान विद्युत मण्डल बनाम मोहनलाल : 44,

रामकृष्ण मिशन : 92

राज नारायण बनाम श्रीमती इन्दिरा नेहरू गांधी : 240

रोमेश थापर बनाम. मद्रास राज्य : 65, 69

रुस्तम कावसजी कूपर बनाम. भारत संघ : 238

रुदल शाह बनाम. बिहार राज्य : 81, 190

व

वासप्पा बनाम. नागप्पा : 98

विशाखा और अन्य बनाम. राजस्थान : 80, 101

विमन चन्द्र बनाम गवर्नर : 200

न

न्यायमूर्ति वी० रामास्वामी : 148

श

शंकरी प्रसाद बनाम. बिहार राज्य : 47, 202, 248

शिवेन्द्र बनाम नालन्दा कॉलेज : 193

स

स्टील अथौर्टी ऑफ इंडिया लि. बनाम. प. बंगाल एवं अन्य : 103

सतवंत सिंह बनाम. डी. रमार्थनाम, असिस्टेटं पासपोर्ट ऑफिसर नई दिल्ली और अन्य : 75

सुप्रीम कोर्ट एडवोकेट्स ऑन रिकॉर्ड एसोसिएशन बनाम. भारत संघ : 147, 150, 184

सेन्ट्रल बैंक ऑफ इंडिया बनाम . रामनारायण : 38,

सेन्ट्रल वाटर ट्रांसपोर्ट कॉर्पो. बनाम ब्रजोनाथ गंगोली : 52,

सोजान फ्रांसिस बनाम. एम. जी. विश्वविद्यालय : 67,

सोहन लाल बनाम भारत संघ : 194

सुभाष कुमार बनाम. बिहार : 78

सुनील बत्रा बनाम. दिल्ली प्रशासन : 190

सूर्य नारायण बनाम. भारत संघ : 163

सैयद कासिम रिजवी बनाम. हैदराबाद : 47,

संटे स्टफिंस कॉलेज और अन्य बनाम. दिल्ली विश्वविद्यालय : 96

ह

हर गोविन्द बनाम. रघुकुल : 163

हाथीसिंह मैन्युफैक्चरिंग कम्पनी बनाम. भारत संघ : 71

हुस्नआरा खातून बनाम. बिहार : 79, 189

हरिविष्णु कामथ बनाम सैयद अहमद इश्हाक : 198

हरिनारायण राय बनाम रीजनल ट्रांसपोर्ट अथॉरिटी : 199

श्र

श्रीमती ज्ञान कौर बनाम. पंजाब राज्य : 76

www.ingramcontent.com/pod-product-compliance
Lightning Source LLC
Chambersburg PA
CBHW071403170526
45165CB00001B/165
* 9 7 8 1 5 0 2 3 3 2 2 7 1 *